大学技术转移与学术创业

THE CHICAGO HANDBOOK OF UNIVERSITY TECHNOLOGY TRANSFER AND ACADEMIC ENTREPRENEURSHIP

· 芝 加 哥 手 册 ·

[美] 艾伯特·N.林克
(Albert N. Link)

[美] 唐纳德·S.西格尔
(Donald S. Siegel)

[美] 麦克·赖特 —— 编
(Mike Wright)

高李义 —— 译

中国科学技术出版社
·北 京·

The Chicago Handbook of University Technology Transfer and Academic Entrepreneurship
Edited by Albert N.Link, Donald S.Siegel, and Mike Wright, ISBN:9780226178349
Licensed by The University of Chicago Press, Chicago, Illinois, U.S.A.
Copyright ©2015 by The University of Chicago.
All rights reserved.
Simplified Chinese translation copyright © 2024 by China Science and Technology Press Co., Ltd.
北京市版权局著作权合同登记　图字：01-2024-0707

图书在版编目（CIP）数据

大学技术转移与学术创业：芝加哥手册 /（美）艾伯特·N.林克（Albert N. Link），（美）唐纳德·S.西格尔（Donald S. Siegel），（美）麦克·赖特（Mike Wright）编；高李义译 . — 北京：中国科学技术出版社，2024.4

书名原文：The Chicago Handbook of University Technology Transfer and Academic Entrepreneurship

ISBN 978-7-5236-0429-8

Ⅰ.①大… Ⅱ.①艾…②唐…③麦…④高… Ⅲ.①高等学校—技术转让—芝加哥—手册 Ⅳ.① G644-62

中国国家版本馆 CIP 数据核字（2024）第 042362 号

策划编辑	刘　畅　屈昕雨	责任编辑	孙倩倩
封面设计	马筱琨	版式设计	蚂蚁设计
责任校对	张晓莉	责任印制	李晓霖

出　　版	中国科学技术出版社
发　　行	中国科学技术出版社有限公司发行部
地　　址	北京市海淀区中关村南大街 16 号
邮　　编	100081
发行电话	010-62173865
传　　真	010-62173081
网　　址	http://www.cspbooks.com.cn

开　　本	880mm×1230mm　1/32
字　　数	248 千字
印　　张	12.375
版　　次	2024 年 4 月第 1 版
印　　次	2024 年 4 月第 1 次印刷
印　　刷	北京盛通印刷股份有限公司
书　　号	ISBN 978-7-5236-0429-8 / G·1037
定　　价	79.00 元

（凡购买本社图书，如有缺页、倒页、脱页者，本社发行部负责调换）

目录

001 导言
艾伯特·N.林克、唐纳德·S.西格尔和迈克·赖特

017 第一章
大学技术转移办公室、许可与初创企业
唐纳德·S.西格尔和迈克·赖特

073 第二章
开放科学与开放创新:从大学获取知识
马库斯·珀克曼和乔尔·韦斯特

119 第三章
问责、政府权利与公共利益:《拜杜法案》颁布30年回顾
阿尔蒂·K.雷和巴文·N.桑帕特

149 第四章
创业者通往大学的指南
菲奥娜·默里和朱利安·科列夫

201 第五章
大学技术转移面临的挑战与创业教育的积极作用
安德鲁·J. 纳尔逊和托马斯·H. 拜尔斯

241 第六章
研究-科学-技术园区：技术转移的媒介
艾伯特·N. 林克和约翰·T. 斯科特

269 第七章
欧洲的大学专利申请：知识产权的教师所有权是否阻碍了大学技术转移？
戴维·布鲁斯·奥德兹和德夫里姆·戈克特佩–胡尔滕

307 第八章
向创业型大学转型：意大利学术创业评估
尼古拉·巴尔迪尼、里卡尔多·菲尼和罗莎·格里马尔迪

339 第九章
美国东北大学：技术转移与学术型企业家研究
塔克·J. 马里昂、丹尼丝·邓拉普和约翰·H. 弗里亚尔

导言

艾伯特·N.林克、唐纳德·S.西格尔和迈克·赖特近年来，大学的技术商业化率大幅提高。1980年，美国国会通过了《拜杜法案》[①]（*Bayh-Dole Act*），这是管理大学技术转移的里程碑式立法。《拜杜法案》极大地改变了对大学和企业从事大学技术转移的激励措施。通过实行一项统一的专利政策并取消对联邦资助技术许可的诸多限制，该法案简化了技术商业化进程。更重要的是，它使大学得以拥有源自联邦研究拨款的专利。几乎所有大学现在都设有技术转移办公室或技术许可办公室，很多大学还建立了风险投资部门以及概念证明中心（Proof of Concept Center, PoCC）（例如，美国波士顿大学和哥伦比亚大学建立了风险投资部门；美国爱荷华州立大学和雪城大学建立了概念证明中心；等等）。此外，大学日益被政策制定者视为经济增长和地方／区域发展的引擎，途径是通过技术转移将大学的知识产权商业化。

正式的技术转移机制包括专利、版权、商标、大学与私营企业之间的许可协议、以大学为基础的初创企业和孵化器以及以知识产权为基础的机构，如加速器和研究-科学-技术园区等。关

[①] 为了表达对《拜杜法案》两位提案人的尊重，该法案以两人的姓氏命名。他们分别是来自印第安纳州的民主党资深参议员伯奇·埃文斯·拜赫（Birch Evans Bayh）和堪萨斯州的共和党参议员罗伯特·约瑟夫·杜尔（Robert Joseph Dole）。20世纪70年代末期，这两位党派不同、风格迥异的参议员先后注意到了美国联邦政府资助合同中如何确定专利条款的政策问题。在美国第95届国会会议期间，两人达成一致，决定共同提出立法案。《拜杜法案》于1984年进行了修订，后被纳入《美国法典》第35编（《专利法》）第18章，标题为"联邦资助所完成发明的专利权"。——译者注

于大学技术转移的跨学科学术文献亦如雨后春笋般涌现,众多关于这一主题的会议和学术期刊的特刊都表明了这一点。随之而来的一个趋势是,在商学院、工程学院、法学院和公共政策学院以及社会科学学院中,与技术创业有关的研究生课程和项目与日俱增。

随着《拜杜法案》的颁布,额外的立法支持(例如美国"小企业创新研究计划"的制定和泛欧知识转移机构网的形成,泛欧知识转移机构网是一个由欧洲境内的技术转移办公室和与大学互动的公司组成的网络)和公私关系、大学-产业研究伙伴关系(例如美国半导体制造技术战略联盟)的提升导致了大学技术商业化的快速发展。大学现在从事知识产权组合管理,并且常常积极试图将大学实验室中的发现商业化。这项活动的部分驱动力是利润丰厚的潜在许可收入(例如,哥伦比亚大学在2003年获得的许可收入超过1.78亿美元)以及互联网搜索引擎和浏览器、佳得乐[①]、基因测序和药物发明带来的与首次公开募股(IPO)相关的财富(例如,美国斯坦福大学在2005年通过出售其持有的谷歌公司股票获利3.36亿美元)。特别是在英国和欧洲大陆,由于捐赠缩减、政府资助减少和运营成本增加,大学也在被迫积极寻求技术商业化。

---

① 佳得乐是美国百世公司(Pepsi)旗下知名运动饮料品牌。佳得乐饮料由美国佛罗里达大学的研究人员于1965年研发,当时的研发目的是帮助佛罗里达大学短吻鳄橄榄球队的队员们在如沼泽地一般湿热的赛场上比赛时不至于脱水。在该款饮料的帮助下,短吻鳄队在那个赛季创造了全胜战绩,并赢得了"下半场球队"的雅号,因为该队总是在下半场时赶超对手。——译者注

不幸的是，对许多大学而言，知识产权组合的正式管理仍然是相对较新的现象。这导致高等教育机构的管理者和政策制定者在与发明人激励、技术转移"定价"、法律问题、战略目标以及衡量和监督机制有关的最佳组织做法方面存在相当大的不确定性。

大学技术转移的兴起也在学术文献中引起了相当大的关注。许多作者分析了大学专利申请和许可的前因后果，与此同时，一些研究人员还评估了大学技术转移的创业层面。这些作者分析了为促进商业化而出现的新机构，例如技术转移办公室（Technology Transfer Office，TTO）、产业-大学合作研究中心（Industry-University Cooperative Research Center，IUCRC）、工程研究中心（Engineering Research Center，ERC）、孵化器和加速器以及研究-科学-技术园区。其他研究则更为直接地关注参与技术商业化的代理人，例如学术型科学家和创业者。具体而言，众多学者研究了教师参与大学技术转移和成立以大学为基础的初创企业等。

对研究-科学-技术园区、孵化器、加速器以及其他促进技术从大学向企业转移的基于知识产权机构的公共投资也出现了大幅增长。虽然专利许可传统上是以大学为基础的知识产权的商业化最受欢迎的机制，但大学愈发强调创立新公司。美国联邦政府和州政府出台了包括补贴资助计划在内的各项措施以支持大学的技术转移。

这样的趋势已经在国际上扩散到了各种各样的大学制度之中。各国之间的差异包括学术研究人员和大学管理部门在知识产权所有权方面的不同，以及大学教师从事技术转移的能力和激励措施的差异。这些发展具有极为重要的经济、社会影响，这正是本书试图探讨的。本书的目的是整合关于大学技术转移与学术创业的研究，同时关注这一活动在先进工业国兴起所产生的管理和政策影响。

需要指出的是，本书是第一个综述了大学技术转移重大学术研究成果的著作。鉴于大学技术转移方面的文献具有高度的跨学科性，本书的另一个重要方面是，撰稿人代表了各种社会科学领域、工商管理领域以及其他专业项目和研究领域。由于大学技术转移是一种全球现象，本书包含了大量国际证据，反映了各国对这一主题的各种看法。

本书内容

在本导言的剩余部分，我们对各章进行了概述，并试图为大学管理者、技术转移办公室的主任和员工、企业经理、政策制定者以及孵化器、加速器、研究–科学–技术园区等总结一些经验教训。表 0.1 概述了各章的关键研究问题和发现。

唐纳德·S.西格尔和迈克·赖特回顾并综合了关于大学技术转移的前因与后果的研究，为大学管理者、政策制定者以及与大学互动的公司和创业者提供了一些经验教训。他们指出，若干学者发现，从大学管理者的角度来看，一个关键的问题是许多大学教师没有向技术转移办公室披露发明。作者还对特许权使用费制度、发明人的参与以及股权在技术商业化中的重要性进行了评论。技术转移办公室的双重代理问题强调技术转移办公室内部需要适当的管理和激励措施。

表 0.1 《芝加哥手册：大学技术转移与学术创业》各章内容

作者	研究问题	关键结果
唐纳德·S. 西格尔——美国亚利桑那州立大学；迈克·赖特——英国帝国理工学院	与大学技术转移办公室，许可批准和初创企业有关的最有效组织做法是什么？	促进更有效的大学技术转移的关键组织做法： （1）教师友好型特许权使用费分配方案； （2）通过晋升/终身教职奖励技术转移； （3）基于激励的技术转移办公室员工薪酬； （4）建立左右兼顾的组织结构和流程； （5）提高技术转移办公室员工的技能和能力； （6）将创业者引入校园； （7）制定一项技术转移战略
马库斯·珀克曼（Markus Perkmann）——英国帝国理工学院；乔尔·韦斯特（Joel West）——美国凯克研究院	（从企业角度）考察开放创新与大学技术转移之间的关系	发现企业与大学之间的三种互动模式（知识产权许可、研究服务和研究伙伴关系）与开放创新新兼容
阿尔蒂·K. 雷（Arti K. Rai）——美国杜克大学；巴文·N. 桑帕特（Bhaven N. Sampat）——美国哥伦比亚大学	《拜杜法案》中的"公共利益"条款分析	回顾了关于《拜杜法案》报告条款遵守情况的稀少学术文献。作者还对生物医学领域进行了定量分析。他们发现了关于不合规的证据，特别是在药物发明领域

续表

作者	研究问题	关键结果
菲奥娜·默里（Fiona Murray）——美国麻省理工学院；朱利安·科列夫（Julian Kolev）——美国麻省理工学院	从创业者的角度考察大学技术转移	大学技术的成功商业化需要大学内部和外部的创业者理解大学技术转移的三个不同"层面"： （1）国家层面，涉及大学技术商业化的制度性规则和法律环境； （2）地方层面，涉及《拜杜法案》的地方解释和实施； （3）个人层面，涉及社交网络和规范，以及对参与技术商业化的不同行为人的激励
安德鲁·J.纳尔逊（Andrew J. Nelson）——美国俄勒冈大学；托马斯·H.拜尔斯（Thomas H. Byers）——美国斯坦福大学	对大学技术转移的创业层面进行综合分析，包括创业教育的作用	考虑了成功的初创企业所需的资源，包括财务资源、设施、专业设备和人力资本（即经理、团队成员、董事会成员和顾问）。还考虑了创业教育在应对这些资源要求如何促进技术转移方面的作用。更重要的是，作者论证了创业教育能够促进技术转移，但同时告诫称，不要将创业教育与技术转移联系得过于紧密，也不要为了技术转移而进行创业教育
艾伯特·N.林克——美国北卡罗来纳大学格林斯博罗分校；约翰·T.斯科特（John T. Scott）——美国达特茅斯学院	研究科学技术园区如何影响知识流动和技术转移？	回顾了关于研究科学技术园区的文献并得出结论：园区在促进大学和企业之间的知识流动和技术转移方面发挥着重要作用，因此应该得到更大的支持

续表

作者	研究问题	关键结果
戴维·布鲁斯·奥德兹(David Bruce Audretsch)——美国印第安纳大学；德夫里姆·戈克特佩-胡尔滕(Devrim Göktepe-Hultén)——瑞典隆德大学	为什么欧洲的大学技术转移不如美国的活跃？	对欧洲大学专利申请情况的全面回顾；知识产权的教师所有权("教授特权")并不妨碍欧洲的技术转移方面的表现，欧洲在技术转移方面的表现优于此前的报道；这种错误报道是由于欧洲的非正式大学技术转移多于美国
尼古拉·巴尔迪尼(Nicola Baldini)——意大利博洛尼亚大学；里卡尔多·菲尼(Riccardo Fini)——英国帝国理工学院；罗莎·格里马尔迪(Rosa Grimaldi)——意大利博洛尼亚大学	对意大利大学技术转移与学术创业的全面研究	作者评估了意大利64所科学、技术、工程和数学(STEM)教育大学在过去10年间的学术创业情况。具有以下特征的大学取得了更好的成果： (1)在知识产权管理方面拥有更大自主权； (2)拥有受过技术转移培训的技术转移办公室员工； (3)拥有学术创业支持机制
塔克·J.马里昂(Tucker J. Marion)——美国东北大学；丹尼丝·邓拉普(Denise Dunlap)——美国东北大学；约翰·H.弗里亚尔(John H. Friar)——美国东北大学	决定学术创业取得成功的关键因素是什么？	决定大学衍生企业取得成功的最重要因素是： (1)教师的创业经验水平； (2)商业化倾向； (3)参与产业赞助的研究协议。 有兴趣支持以研究为基础的新企业的大学应积极招聘和留任创业经验更加丰富的教师，通过晋升和终身教职奖励学术创业，并通过培训促进创业学习和思维

导言

有证据表明，大学在商业化活动方面的差异与大学内部的环境和制度因素密切相关，这表明在大学中发展组织以促进商业化的重要性。尽管很难就不同类型的机构进行概括，但关键的"最佳做法"包括：减少大学教师、大学管理者和企业/创业者之间的文化障碍；通过实行更有利的特许权使用费分配方案和将技术转移活动纳入晋升和终身教职标准，鼓励教师参与到技术转移中来；以及在技术转移办公室内部实行基于激励的薪酬制度。大学还需要通过建立左右兼顾的组织结构和流程来管理传统活动（例如研究、教学和服务）和技术转移相关活动之间的紧张关系。

此外，还需要提高技术转移办公室员工的技能和能力，并将技术转移办公室重新配置成更小的单位，可能以区域部门为重点。基于大学知识产权（IP）的新企业的创建程度受到人力资本（例如技术转移办公室的人员配置、"明星科学家"以及创业团队）和大学文化（例如大学的研究实力、院系主任和受雇于这些机构的创业者）以及群体规范的极大影响。衍生企业数量的增长带来了重大挑战，包括需要发展外部商业网络以及发展具有商业和创业经验的董事会和管理团队。其他政策结论是，大学必须制订一项一致且可行的技术转移战略，该战略需要考虑大学的研究实力、不同商业化模式和相应知识产权战略之间的平衡，以及与其他大学的合作。作者还讨论了几个与技术转移办公室相关的争议性问题，例如一些大学是否构成"专利流氓"，商业化和创业是否应该在涉及晋升和终身教职的决定中得到奖励。最后，作者还考虑了商学院在大学技术转移与学术创业中的作用。

马库斯·珀克曼和乔尔·韦斯特通过企业与大学直接的正式

互动，考察了开放科学与开放创新在企业获取知识方面的作用。他们表示，尽管在某些部门，大学对企业而言是知识和创新的关键来源，但关于开放创新的研究对大学-产业关系的关注相对不足。因此，他们从企业的角度回顾了关于企业-大学互动的更广泛文献，确定了它如何为我们提供关于这种开放创新的特定变化形式的认识，继而提出了整合这两类文献的进一步研究的机会。

马库斯·珀克曼和乔尔·韦斯特概述了企业与大学之间直接互动的三种主要模式：知识产权许可、研究服务和研究伙伴关系。他们概述了每种模式的主要特征、它们对企业的相对重要性以及它们的好处和面临的挑战。虽然许可仍然是企业利用公共资助、以大学为基础的研究的一种重要模式，但作者强调了企业和大学之间基于关系的互动模式——研究服务和研究伙伴关系——的重要作用。作者的结论是，其中一些基于关系的互动模式使得通过知识产权占有研究成果成为可能，而另一些基于关系的互动模式则更符合开放式科学的规范，并通过产生基础知识、创造技能和促成后续创新为企业创造利益。他们认为，尽管侧重点不同，但这些互动模式中的任何一种与开放科学之间都不存在必然的矛盾。通过许可进行技术转移是在科学研究已经进行的情况下发生的，而且在许多情况下，研究成果在获得专利的同时已经在公开文献中发表。知识产权往往产生于研究伙伴关系和研究服务期间进行的工作，而研究服务往往是由大学教师提供的，他们的发明已经被授权给企业，但需要发明人的更多参与才能成功地利用相关技术。最后，作者建议，有必要展开进一步研究，从企业的角度理解开放知识资源的获取过程，以平衡我们从大学的角度已经知晓的信息。

阿尔蒂·K. 雷和巴文·N. 桑帕特考察了《拜杜法案》中的公共利益条款。就该项立法而言，保护公共利益的一个关键方面是一系列遵守和报告条款。这些条款包含的要求有：披露联邦资助专利中的政府利益，并向资助机构报告这些专利。作者首先讨论了美国商务部的实施条例和关于对不遵守报告要求的行为实施制裁的现有判例法。他们的结论是，关于遵守《拜杜法案》要求的经验证据极少。作者继而回顾了生物医学领域的大规模定量数据，以深入了解报告要求的执行情况，并认为存在关于不遵守《拜杜法案》要求的证据。最后，他们聚焦药物开发（该领域的问责制可以说尤为重要）进行了定性回顾，并提供了具体的证据，说明他们为何认为至少有15项专利（涉及8种药物）的联邦资助没有得到适当的报告。他们还表明，对于另外5项专利（涉及5种药物），联邦资助至少涉及部分相关研究或与这些专利药物密切相关的化合物研究。总体而言，这一证据表明，专利的潜在价值受到了损害。

菲奥娜·默里和朱利安·科列夫从大学内部和外部的创业者的角度考察了大学技术转移。他们着眼于美国的情况，考察了创业者如何在技术转移过程与大学展开有效合作。作者的结论是，创业者可以通过理解影响商业化参与的法律法规以及激励措施和期望引导教师对创业者的态度来实现有效合作。基于对大学及其在商业化中的作用的系统研究，以及麻省理工学院和其他大学的轶事证据，他们认为，如果大学内部和外部的创业者要在技术商业化过程中取得成功，就需要意识到并理解技术转移的三个不同层面。这三个层面是：①国家层面，涉及《拜杜法案》和大学技术商业化的法律环境；②地方层面，涉及各个机构对国家层面法律法规的解释和实施；③个人层面，涉及社交网络、规范以及对参与技术商业化的不同行为人的激励。作者认为，创业者和研究人员之间的关系结构是大学技术有效商业化的核心。

安德鲁·J.纳尔逊和托马斯·H.拜尔斯概述了通过衍生企业或初创企业实现大学技术商业化的努力所面临的诸多挑战。他们还考虑了创业教育在应对这些挑战方面的作用。作者首先考虑了初创企业相对其他机制而言在大学研究商业化中的作用。接着，他们概述了成功的初创企业所需的资源，包括财务资源、设施、专业设备和人员——包括潜在的经理、团队成员、董事会成员和顾问。随后，他们考虑了创业教育在应对这些资源要求方面的作用。借助广泛的文献回顾，他们从受众、课程和外部参与方面详细阐述了创业教育的最佳做法。他们强调了创业教育和技术转移之间的一些重要区别，并提出了一系列问题，这些问题可能有助于创业教育项目评估这些领域之间的关系。最后，他们指出了创业教育能够借以加强技术转移的一些方法，但同时告诫称，不要将创业教育与技术转移联系得过于紧密，也不要为了技术转移而动用创业教育。

艾伯特·N.林克和约翰·T.斯科特回顾了关于研究-科学-技术园区中的知识和技术转移的文献，并考虑了这些发现对公共政策的影响。作者的结论是，大学与产业之间成功的双向知识流动是"国家创新体系"的一个关键要素，而研究-科学-技术园区在促进这种流动方面发挥着重要的作用。然而，他们指出，园区并不是这些知识流动的必要条件。作者认为,虽然研究-科学-技术园区属于有效教育体系这一更广泛的范畴,但随着技术生命周期继续缩短,以及大学的基础研究与产业的应用研究和开发变得更加相互交织,研究-科学-技术园区在未来理应具有更高的地位。

戴维·布鲁斯·奥德兹和德夫里姆·戈克特佩-胡尔滕再次探讨了所谓"欧洲学术悖论"(European Academic Paradox)这一概念。该悖论始于这样一种观察结果:与高水平的科学表现和研究投入相比,欧洲大学的商业活动水平相对较低。据称,这一"悖论"的一个重要决定因素是"教授特权"的存在,"教授特权"指的是,在一些欧洲国家,拥有基于大学教师研究的专利的是大学教师,而不是这些国家的大学。作者的研究表明,鉴于大学专利数量的差异可以通过立法的差异加以解释,而且废除教授的特权可能是不必要的,也是徒劳的,因此这一悖论可能不一定存在。特别是,他们探讨了教授特权法在多大程度上促进了大学发明被在位企业[①](incumbent firm)抢先得到并降低了大学教师创业的可能性和意愿。他们表明,欧洲缺少大学专利实际上是缺少大学拥有的专利,而不一定是缺少大学发明的专利。

一旦数据经过修正,将欧洲和美国不同的所有权结构考虑在内,他们的计算表明,欧洲学术体系的表现似乎比此前人们认为

---

① 在位企业是指已经在市场上占有一席之地的企业。在位企业因发展历史较长、市场资源丰富、技术竞争优势显著,被认为是实施核心技术突破式创新的重要主体,也是科技革命和产业革命的主力军。——译者注

的要好很多。随后，作者讨论了教授特权法是否导致了大学出现"以解决方案为导向的研究"趋势，并且只是有助于现有企业的内部研究活动，而不是有助于科学驱动的研究。他们认为，教授特权法促进了科学家与产业伙伴的关系，因为科学家可以在没有技术转移办公室干预情况下轻易地将自身知识产权的所有权转让给伙伴企业。教授特权、与现有企业密切的非正式关系及能力中心的契约结构共同导致了一种反向线性创新模式的趋势，在这种创新模式下，研究问题产生于产业需求。作者表明，欧洲大学专利申请的性质不仅取决于所有权制度，还取决于大学–产业关系的非正式和正式合作模式。

作者对关键实证研究的全面回顾表明，大多数大学技术转移活动都是非正式的，由大企业着手进行，大学并未对这些专利提出任何权利要求。最后，作者将他们的讨论与一个疑问联系起来：对技术转移办公室的批判观点是否基于这样一种论点，即在位企业直接占有大学知识这一垄断行为将受到挑战。作者报告的证据表明，学术型发明人很难接受技术转移办公室的角色和参与，认为它是不切实际和不必要的，且与他们合作的企业是申请专利的实体。学术投资人也对技术转移办公室的贡献持批评态度，但是老牌企业可能获得最具吸引力的技术。作者的结论是，尽管政界人士和大学管理者关注学术创业的立法和组织结构，但创业的主要组成部分——研究——却没有得到所需的关注和投入。虽然科学园区和孵化器是大学知识的重要培育者，但它们需要不断注入通过研究产生的新知识。

尼古拉·巴尔迪尼、里卡尔多·菲尼和罗莎·格里马尔迪对意大利的大学技术转移与学术创业进行了全面研究。在意大利，大学技术转移与学术创业是相对较新的现象。具体而言，他们评估了该国64所科学、技术、工程和数学教育大学过去10年间的学术创业程度。他们的发现表明，拥有以下特征的大学往往会在大学技术转移方面取得更好的结果：①在知识产权管理方面拥有更大自主权的大学；②雇用受过技术转移专门培训的技术转移办公室员工的大学；③拥有学术创业支持机制的大学。

塔克·J.马里昂、丹尼丝·邓拉普和约翰·H.弗里亚尔对学术创业进行了分析，以确定与成功创立新企业有关的因素。作者对位于美国马萨诸塞州波士顿市的美国东北大学10年间的400份发明披露进行了实证分析。他们发现，决定大学衍生企业取得成功的最重要因素是教师的创业经验水平、商业化倾向和参与产业赞助的研究协议。他们的研究结果表明，如果大学有兴趣支持以研究为基础的新企业，它们就应该积极招聘创业经验更加丰富的教师，并且自身也应成为创业者。为了吸引和留住这些学术型企业家，大学可能需要拓宽从招聘要求到奖励和晋升的范围，包括将创业成就纳入晋升和终身教职的政策，并通过培训促进创业学习和思维。

第一章

大学技术转移办公室、许可与初创企业

唐纳德·S.西格尔和迈克·赖特

芝加哥手册：大学技术转移与学术创业

近几十年来，美国和欧洲几乎所有的研究型大学都建立了技术转移办公室，目的是将它们的知识产权商业化。在美国，北美大学技术经理人协会①（2013）报告称，每年授予美国大学的专利数量从1980年的不到300项上升到了2012年的5145项，而新技术的许可自1991年以来增长了近6倍。美国大学产生的年度许可收入从1991年的约1.6亿美元增加到了2012年的26亿美元。仅在2005年，就有705家以大学为基础的初创企业成立；而自1980年以来，已有6834家基于大学知识产权的新企业诞生。

与美国的模式相似，欧洲、澳大利亚、加拿大等地的许可、专利申请和以大学为基础的初创企业的数量也大幅增长（Wright et al., 2007）。已经通过技术转移办公室实现商业化的技术包括著名的伯耶-科恩"基因剪接②"（Boyer–Cohen "gene-splicing"）技术（该技术开创了生物技术产业）、乳腺癌和骨质疏松症的

---

① 北美大学技术经理人协会（Association of University Technology Managers, AUTM）的前身为美国大学专利管理者协会（Society of University Patent Administrators, SUPA）。——译者注

② 1972年，美国加州大学旧金山分校的微生物学家赫伯特·韦恩·伯耶（Hebert Wayne Boyer, 1936— ）和斯坦福大学的研究员斯坦利·诺曼·科恩（Stanley Norman Cohen, 1922—2020）在火奴鲁鲁（Honolulu）参加学术会议期间在一家现成食品店相遇。他们一边吃着熏牛肉三明治，一边构思出了一个开创现代生物技术产业的实验。回到加利福尼亚州后，二人成功地将青蛙的DNA插入细菌中，这些细菌开始自我复制，同时也复制了插入其中的青蛙基因。这种技术被称为基因剪接，亦称重组基因。——译者注

第一章　大学技术转移办公室、许可与初创企业

诊断测试技术、互联网搜索引擎（例如 Lycos①）、音乐合成器、计算机辅助设计（Computer-Aided Design，CAD）以及环保技术。

技术转移办公室在创新的提供者（大学科学家）和那些可能（有助于）将这些创新商业化的组织或个人（企业、创业者和风险投资者）之间充当"中间人"。技术转移办公室通过向现有企业或初创企业发放发明或其他形式的许可，有效促进大学研究产生的知识产权的商业知识转移。技术转移办公室的活动具有重要的经济和政策影响。从积极的一面看，许可协议和以大学为基础的初创企业（衍生企业）可以为大学带来额外的收入，为大学的研究人员和研究生创造就业机会，并通过刺激额外的研发投入和创造就业，产生地方经济和技术溢出效应。从消极的一面看，技术转移办公室的成本可能超过了技术转移产生的收入，还可能产生其他有害影响，例如可能偏离具有长期回报的研究活动。

人们日益认识到，技术商业化可以通过几种模式进行。长久以来，技术商业化的重点一直是许可发放与专利申请。杰里·G. 瑟斯比（Jerry G. Thursby）和玛丽·C. 瑟斯比（Marie C. Thursby）（2007）考察了与大学许可发放相关的政策问题。近年来，人们愈发关注学术型科学家创办的衍生企业。学者们对大学技术商业化和创业进行了考察，通常关注的是技术转移办公室的"绩效"，同

---

① Lycos 最初是美国卡内基梅隆大学（Carnegie Mellon University，CMU）的一个研究项目（该校的计算机学院誉满全球），后于 1995 年作为搜索引擎正式推出，当时大多数人甚至还不知道"搜索引擎"为何物。——译者注

时还分析了学术型科学家等从事技术商业化的代理人。几位作者评估了教师参与技术商业化的决定因素和结果，例如大学教师从事以下行为的倾向：申请专利，披露发明，与产业科学家合作撰文，以及创建以大学为基础的初创企业。

这些发展导致了一些与政策相关的重要问题：

1. 技术转移办公室在大学知识产权商业化中的作用是什么？
2. 技术转移办公室在多大程度上成功地从各种模式的大学知识产权中创造了收益？
3. 促成技术转移办公室从大学知识产权中创造收益面临哪些关键挑战？
4. 需要制定哪些政策来应对这些挑战？

在本章中，我们回顾了相关的新兴文献，并为大学技术转移从业者和政策制定者总结了一些经验教训。本章的其余部分组织如下：我们描述了技术转移办公室的作用，并回顾了一些关键的理论研究。接着，我们讨论了关于技术转移办公室在大学知识产权商业化方面的效率的实证研究。我们考察了关于大学许可发放和专利申请的证据以及以大学为基础的初创企业，并提出了政策建议。

第一章 大学技术转移办公室、许可与初创企业

关于技术转移办公室作用的理论分析

与唐纳德·S. 西格尔、戴维·A. 瓦尔德曼（David. A. Waldman）和艾伯特·N. 林克（2003）一致，我们推测，有三类代理人参与了大学技术商业化：大学科学家、技术转移或许可官员和/或其他大学研究管理人员，以及（有助于）将基于大学的技术商业化的企业（风险资本）经理和/或创业者。

文化和目标方面的差异

在理解商业化过程的同时，对这三类关键代理人的动机和文化进行反思是有益的。

企业和创业者寻求将以大学为基础的知识产权商业化，以获取利润。当创新成为竞争优势的一个关键来源时，保持对这些技术的专有控制就显得至关重要。因此，企业通常希望获得基于大学的技术的独家所有权。速度是人们关心的另一个主要领域，因为企业和创业者往往寻求建立"先发"优势。

技术转移办公室和其他大学管理者通常将自己视为可能产生收益的大学知识产权组合的守护者。因此，他们急于向公司和创业者推销基于大学的技术，尽管他们往往会"设置障碍"，因为他们不想被指责为将纳税人资助的有利可图的技术"拱手送人"，或者因为他们想要保护产生创新的"研究人员和研究环境"。而这往往会延缓商业化进程。

学术型科学家，特别是那些未能获得终身教职的科学家，想让自己的想法和突破得到快速传播。新知识的这种传播体现在几

个方面，包括在筛选最为严格的学术期刊上发表文章，在主流会议上发言和获得研究拨款。这类活动的最终结果是通过论文引用和加强与学术界关键社交网络的联系，得到同行的认可。教师也可以寻求金钱奖励，这种奖励可以进入教师的口袋或再次投入他们的研究之中，用于购买实验室设备、支付研究生和博士后的津贴。在考虑学术研究团队和产业团队面临的目标和组织结构差异的情况下，尼古拉·拉切泰拉（Nicola Lacetera，2009）讨论了学术研究团队相较于产业团队从事商业活动的决定以及随后的表现。菲利普·阿吉翁（Philippe Aghion）、马赛厄斯·德沃特里庞（Mathias Dewatripont）和杰里米·C. 斯坦（Jeremy C. Stein）（2008）在讨论商业化决定时，对科学界（相较于产业团队）的代理人的具体特征进行了建模。这些模型有助于解释学术衍生企业与非学术衍生企业的绩效差异以及关于何时进行许可或建立衍生企业的决定。

大学知识产权商业化存在的问题

大学科学家是新创新的提供者，因为他们在开展（受资助的）研究项目时发现了新知识。然而，在以大学为基础的创新得以商业化之前，必须克服若干障碍。关键问题是，研究人员是否有足够的动机披露他们的发明，如何在将知识产权推向市场的进一步开发中诱使研究人员进行合作，以及是否有可能克服与大学发明的价值相关的信息不对称问题。

发明的披露和知识产权的所有权。向大学披露发明构成了技术转移过程中的关键"投入"。在美国，《拜杜法案》要求受联邦

第一章　大学技术转移办公室、许可与初创企业

研究拨款资助的大学教师向大学/技术转移办公室披露他们的发明。在欧洲全境，大学知识产权的管理虽有一定程度上的相同，但仍存在显著差异。在英国，大学越来越多地将学术型科学家创造的知识产权归自己所有，与知识产权相关的特许权使用费则在有关各方之间根据制度进行分配。德国和比利时在20世纪90年代末通过了类似《拜杜法案》的法规；而在法国，这类法规已经存在了一段时间。在意大利，公共研究人员获得了自身知识产权的所有权，但大多数情况是大学与研究人员个人签订合同，使知识产权转移给大学。瑞典和芬兰正在讨论将知识产权的发明人所有权模式转变为与《拜杜法案》类似的安排。大多数欧洲国家已经修改了本国的法规，以便研究人员和大学教师有可能在初创企业持有股权和/或获得特许权使用费，这对研究人员和大学教师而言更具吸引力。例如，在法国，1999年以前，大学教师在初创企业中持有股权是非法的（关于这个问题的更多讨论，见Wright et al.，2007）。

需要指出的是，理论上，大学技术转移过程应该始于发明披露。然而，基于对美国学术型科学家进行的广泛访谈，唐纳德·S.西格尔等人（2004）报告称，许多教师没有向所在大学披露他们的发明。杰里·G.瑟斯比、拉斯马斯·伦德·詹森（Rasmus Lund Jensen）和玛丽·C.瑟斯比（2001）的调查研究证实了这一发现。吉迪恩·D.马尔克曼（Gideon D. Markman）、彼得·T.贾尼奥迪斯（Peter T. Gianiodis）和潘庆财（Phillip H. Phan）（2008）证实许多技术确实在"偷偷溜走"。

许多大学教师没有向技术转移办公室披露发明，这凸显了技

术转移官员在引出发明披露方面存在的问题。尽管《拜杜法案》规定科学家必须提交发明披露，但这一规定很少得到执行。相反，大学需要有适当的激励机制，明确规定发明人享有适当份额的特许权使用费或股权。伊内斯·马乔-斯塔德勒（Inès Macho-Stadler）、泽维尔·马丁内斯-希拉尔特（Xavier Martinez-Giralt）和戴维·佩雷斯-卡斯特里略（David Pérez-Castrillo）（1996），索尔·拉奇（Saul Lach）和马克·香克曼（Mark Schankerman）（2004），艾伯特·N.林克和唐纳德·S.西格尔（2005）以及杰里·G.瑟斯比和玛丽·C.瑟斯比（2001）分析了这一份额对于确保研究人员在技术许可方面进行合作的重要性。所有这些模型都专注于许可，而不是通过初创企业实现商业化。然而，关于大学成立初创企业的实证研究已经证明了大学特许权使用费制度的重要性，甚至对学术衍生企业成立率也同样重要（例如 Di Gregorio and Shane, 2003 and O'Shea, Allen, and Chevalier, 2005）。

将大学知识产权推向市场。 如果一名教师提交了一份发明披露，技术转移办公室（在大多数国家，技术转移办公室是大学知识产权的所有者）将决定这项发明是否应该获得专利，通常要与教师专家委员会进行协商。在做出这一决定的过程中，技术转移办公室通常会试图评估发明的商业潜力。有时候，企业或创业者已经对新技术表现出了足够的兴趣，足以说明申请专利是合理的。如果产业界对这项技术兴趣不大，考虑到专利申请和保护的高昂成本，大学可能不愿意申请专利。当一项专利提交申请并通过审批时，大学通常会试图"推销"这项发明，途径是联系有可能获得技术许可的企业或有能力基于这项技术创办一家初创企业的创业者。

教师还可以以技术顾问或大学衍生企业创业者的身份直接参与到许可协议之中。拉斯马斯·伦德·詹森和玛丽·C.瑟斯比（2001）表明，教师参与一项获得许可的大学技术的商业化，会增加这一努力成功的概率。为了激励教师参与，许可协议应当包含预付或日后支付的特许权使用费。就衍生企业而言，伊内斯·马乔–斯塔德勒、戴维·佩雷斯–卡斯特里略和莱因希尔德·沃格勒（Reinhilde Veugelers）（2008）展示了大学技术转移办公室、研究人员和风险投资者之间的最优契约如何满足研究人员的股权分配需求，以确保他们与企业合作。这样的最优契约还可能要求研究人员在经济上参与到项目之中，以此作为激励他们付出努力的一种方式。一家衍生企业的创建和发展可能会为大学带来比技术许可更高的财务回报。然而，正如本章下一节将要讨论的那样，技术转移办公室在开展创业活动的过程中可能会遭遇诸多挑战。

信息不对称与发明价值评估。即使发明披露和研究人员参与问题通过适当的激励机制得到缓解，大学也不会为所有潜在的可行发明申请专利和发放许可。这与产业界和学术界之间关于发明价值的信息不对称问题有关。企业通常无法事先评估发明的质量，而研究人员可能很难评估自身发明的商业赢利能力。伊内斯·马乔–斯塔德勒、戴维·佩雷斯–卡斯特里略和莱因希尔德·沃格勒（2007）对这个问题进行了研究，他们使用了一个关于技术转移办公室声誉的论点来缓解信息不对称问题。作者表明，规模较大的技术转移办公室可能有动机搁置一些项目，目的是确立产生良好项目的声誉，从而提高买家对发明预期质量的信念。

他们的研究结果支持了临界规模对技术转移办公室取得成功的重要性。作者还预测，建立技术转移办公室可能导致许可协议的减少和平均许可收入的增加。相比之下，巴特·克莱利斯（Bart Claryse）等人（2007）表明，问题可能在于，技术转移办公室被认为对专利或创新的估值过高，部分原因是技术转移办公室通过物质激励的方式最大限度地创造收入，然而，由于从专利或创新中产生未来收益的不确定性，买家和投资者却不愿意满足这一估值。

成立技术转移办公室的理论依据

若干理论文章为大学成立技术转移办公室提供了理论依据。在伊内斯·马乔-斯塔德勒、戴维·佩雷斯-卡斯特里略和莱因希尔德·沃格勒（2007）看来，成立技术转移办公室的理论依据是在发明圈建立声誉。相比之下，拉斯马斯·伦德·詹森、杰里·G. 瑟斯比和玛丽·C. 瑟斯比（2003）则将美国通过技术转移办公室进行的教师发明披露和大学许可的过程建模为一场博弈，其中的委托人是大学管理部门，而教师和技术转移办公室则是将预期效用最大化的代理人。作者认为，与企业相比，大学的委托-代理关系更加复杂，并且符合多重代理理论（Multiple Agency Theory）的最新发展（Arthurs et al., 2008; Bruton et al., 2010）。作者将技术转移办公室视为双重代理人，也就是说，技术转移办公室既是教师的代理人，也是大学的代理人。

尽管大学与技术转移办公室之间以及大学与教师之间存在纵向委托-代理关系，但技术转移办公室与教师之间的关系更多的是一种横向代理关系。教师必须决定是否向技术转移办公室披露发明以及在什么阶段披露——也就是说，是在最初的雏形阶段披露，还是等到发明成为实验室规模的原型时再披露。大学管理部门通过为许可收入份额和/或赞助研究制定全校性的政策来影响对技术转移办公室和教师的激励。如果一项发明得到披露，技术转移办公室将决定是否寻找一家公司对该技术进行许可，然后与被许可人协商许可协议的条款。质量作为成功商业化概率的决定因素被纳入作者的模型之中。根据作者的说法，技术转移办公室进行的是一种"平衡兼顾行为"，因为技术转移办公室会影响发明披露率，必须在发明披露后立即对其进行评估，并作为管理部门的代理人与企业协商许可协议。然而，正如巴特·克莱利斯等人（2007）表明的那样，技术转移办公室的双重代理角色以及它们必须说服自己的董事会相信自己在吸引投资基金方面取得的成就，如上所述，这可能会导致它们对项目价值的评估高于项目的潜在质量。所有这些都要求技术转移办公室内部存在适当的治理和激励机制（另见 Belenzon and Schankerman, 2009）。

托马斯·赫尔曼（Thomas Hellmann，2005）建立了一个模型，用来说明与单个科学家或团队相比，由于专业化和/或较低的时间机会成本[①]，技术转移办公室的优势在于搜索潜在买家时

[①] 机会成本是指企业为从事某项经营活动而放弃另一项经营活动的机会，或利用一定资源获得某种收入时所放弃的另一种收入。另一项经营活动应取得的收益或另一种收入即为正在从事的经营活动的机会成本。通过对机会成本的分析，要求企业在经营中正确选择经营项目，其依据是实际收益必须大于机会成本，从而使有限的资源得到最佳配置。——译者注

所需的成本较低。他发现，在存在专利保护的情况下，科学家更有可能将他们对潜在买家的搜索委托给技术转移办公室。同样，海德龙·C.霍佩（Heidrun C. Hoppe）和埃姆雷·奥兹德诺伦（Emre Ozdenoren）（2005）提出了一个理论模型，以探索技术转移办公室等创新中间人会在何种条件下出现，以减少不确定性问题。在他们的模型中，企业寻求对发明进行投资，但它们无法确切地估计技术的价值。中间人能够导致沉没投资（sunk investment），获得专业知识以确定新发明，将有利可图的发明与无利可图的发明区分开来，并评估潜在被许可人的效率水平。作者表明，如果发明池的规模大到足以利用专业知识分享产生的经济效益，就可以收回启动技术转移办公室所需的固定成本。中间人将减少不确定性问题，尽管作者仍然发现协调失败很有可能导致低效的结果。

正如唐纳德·S.西格尔和潘庆财（2005）所指出的，技术转移办公室正日益面临一个与知识产权商业化有关的关键战略选择：是强调许可协议还是强调衍生企业。这类选择很可能取决于大学对相对财务回报的看法和它们为社区产生经济/知识溢出效应的愿望。关于创新的潜在市场的严重信息不对称和不确定性可能会影响这一选择。在通过自身的商业网络和业务开发专长发现市场机会和发展衍生企业方面，技术转移办公室可能比学术型科学家更有优势。然而，如果科学家的专业知识是技术开发所必需的，并且他们更倾向于衍生企业而不是许可协议，那么他们可能起到牵制作用（Lockett et al., 2005）。此外，吸引拥有发展衍生企业所需的适当技能的技术转移办公室员工并为他们创造适当的

第一章 大学技术转移办公室、许可与初创企业

激励措施,而不是就许可证进行谈判,可能是个问题。

这一过程中的三个关键参与者在动机、视角和文化方面存在显著差异,这些差异突出了理解组织因素和制度性政策如何影响大学对知识产权进行有效管理的潜在重要性。在本章随后的两节中,我们将回顾关于大学知识产权商业化过程中涉及的制度实践和管理实践的经验研究。下一节探讨与许可和专利有关的研究,而第4节则将讨论初创企业。

技术转移办公室的有效性:许可与专利

在表1.1中,我们回顾了选定的关于技术转移办公室在许可和申请专利方面绩效的实证研究。其中一些论文试图基于衡量大学技术转移"产出"和"投入"的数据来评估技术转移办公室的生产率(例如Siegel, Waldman, and Link, 2003; Thursby and Thursby, 2002)。

这些研究通常基于一个生产函数(production function)框架,该框架构建了一个"最佳做法"前沿。与前沿的距离代表了"技术"无效水平,或组织无法从一组给定的投入中产生最大产出的程度。有两种方法被用来估计这些前沿——数据包络分析(data envelopment analysis,DEA)和随机前沿估计(stochastic frontier estimation,SFE)。

杰里·G. 瑟斯比和S. 肯普(S. Kemp)(2002)以及杰里·G. 瑟斯比和玛丽·C. 瑟斯比(2002)采用数据包络分析方法评估了大学在发放许可和专利申请方面的增长是否可以归因于教授申请

表 1.1 以大学技术转移办公室为主题的论文选①

作者	数据集	研究方法	关键结果
Siegel, Waldman, and Link (2003)	北美大学技术经理人协会、美国国家科学基金会、普查数据、访谈	大学许可的全要素生产率——随机前沿分析和实地访谈	技术转移办公室显示出与许可数量相关的规模收益不变;与许可收入相关的规模回报不断增加;组织和环境因素具有相当大的解释效力
Link and Siegel (2005)	北美大学技术经理人协会、美国国家科学基金会、普查数据、访谈	大学许可的全要素生产率——随机前沿分析	赠地学院②在技术转移方面的效率更高;更高的教师特许权使用费份额与更高的许可收入有关

---

① 为了便于读者阅读和查询引用文献,此表表格中的人名均作保留原文处理。——编者注

② 为了克服大学在经费等物质条件方面的困难,美国国会于1862年通过了《莫雷尔法案》(Morrill Act),亦称《1862年莫雷尔赠地法案》(Land-Grant College Act of 1862)。该法案规定美国各州凡有联邦土地3万英亩(1英亩≈4046.86平方米),用这些土地的收益维持、资助至少一所学院,这些学院主要开设有关农业和机械技艺方面的专业,培养工农业急需人才。1890年又颁布第二次《赠地法案》,继续向各州赠地学院提供资助,到19世纪末,赠地学院发展到69所。这些学院后来多半发展为州立大学,成为美国高等教育的一支重要力量,为美国的经济腾飞做出了重大贡献。——译者注

030

续表

作者	数据集	研究方法	关键结果
Friedman and Silberman (2002)	北美大学技术经理人协会、美国国家科学基金会、梅肯研究院"技术"极数据	回归分析——系统方程估计	更高的教师特许权使用费份额与更高的许可收入有关
Lach and Schankerman (2004)	北美大学技术经理人协会、美国国家科学基金会、美国国家研究委员会	回归分析	更高的教师特许权使用费份额与更高的许可收入有关
Rogers, Yin and Hoffmann (2000)	北美大学技术经理人协会、美国国家科学基金会、美国国家研究委员会	综合技术转移得分的相关分析	教师素质、技术转移办公室年限和员工数量与较高的技术转移绩效水平呈正相关
Thursby, Jensen, and Thursby (2001)	北美大学技术经理人协会、作者的调查	对作者的调查进行的描述性分析/回归分析	发明往往在开发早期得到披露；与发明披露有关的许可证和特许权使用费弹性均小于1；教师披露发明的可能性越来越大
Foltz, Barham and Kim (2000)	北美大学技术经理人协会、美国国家科学基金会	线性回归	教师素质、联邦研究资助和技术转移办公室员工数量对大学专利申请具有积极影响

续表

作者	数据集	研究方法	关键结果
Bercovitz, Feldman, Feller, and Burton (2001)	北美大学技术经理人协会、案例研究、采访	定性和定量分析	对杜克大学、约翰·霍普金斯大学和宾夕法尼亚州立大学技术转移的不同组织结构进行的分析；结构差异可能与技术转移绩效有关
Thursby and Kemp (2002)	北美大学技术经理人协会	效率得分的数据包络分析和 Logit 回归	教师素质和技术转移办公室员工数量对各种技术转移产出具有积极影响；私立大学似乎比公立大学更有效率；拥有医学院的大学效率较低
Thursby and Thursby (2002)	北美大学技术经理人协会以及作者自己的调查	数据包络分析	大学许可发放和专利申请的增长可以归因于教授对申请专利和发放许可的意愿以及企业研发外包的增长，而不是向更加应用型的研究转变
Chapple, Lockett, Siegel, and Wright (2005)	英国诺丁汉大学商学院/英国国家统计局	数据包络分析和随机前沿分析	英国的技术转移办公室表现出规模收益递减和绝对效率低下；组织和环境因素具有相当大的解释效力
Carlsson and Fridh (2002)	北美大学技术经理人协会	线性回归	研究支出、发明披露和技术转移办公室的年限对大学专利申请和许可发放具有积极影响

专利意愿的提高，而非他们所进行的研究类型的根本变化。另一个假设是，大学技术商业化的增长反映了从基础研究向更加应用型的研究的转变。作者为前一种假设找到了支撑。更具体地说，他们得出结论，大学技术转移的增长既是大学研究人员更愿意为他们的发明申请专利的结果，同时也是企业通过许可增加研发外包的结果。

唐纳德·S.西格尔、戴维·A.瓦尔德曼和艾伯特·N.林克（2003）使用随机前沿估计提出了一个不同的研究问题：为什么有些大学在技术转移方面表现得比同类机构更有效？具体而言，他们试图评估并"解释"113个美国大学技术转移办公室的相对生产率。与传统的经济学模型相反，他们发现技术转移办公室相对绩效的差异不能完全通过环境和制度因素进行解释。这一发现意味着，组织做法很可能是决定相对绩效的一个重要因素。

基于对自身"边际产品[①]"的估计，技术许可官员似乎为商业化进程增添了重大价值。发现还表明，把更多钱花在律师身上会减少许可协议的数量，但会增加许可收入。许可收入受收益递增影响，而许可协议的特点是规模收益不变[②]。

作者用定性证据对他们的计量经济学分析做了补充，这些证据来自对美国亚利桑那州和北卡罗来纳州5所研究型大学的100

[①] 边际产品，也称边际产量，是指增加一单位某种投入（即生产要素），其他投入品的数量保持不变，所带来的总产量的增长。——译者注

[②] 规模收益不变指所有投入品的数量都以相同的百分数增加，并导致产量也以相同的百分数增加。——译者注

名大学技术转移利益相关者进行的55次结构化面对面访谈。实地研究使作者得以确定有可能提高技术转移绩效的知识产权政策和组织做法。

定性分析确定了有效大学技术转移面临的三个关键障碍。首先是大学和企业（特别是小型企业）之间的信息和文化障碍。其次是对教师参与大学技术转移的奖励不足。这既包括金钱奖励，也包括非金钱奖励，如用于终身教职和晋升的积分。一些受访者甚至表示，参与技术转移可能不利于他们的职业生涯。最后，技术转移办公室的人员配置和薪酬安排似乎也存在问题。其中一个问题是许可官员的高流动率，这不利于技术转移办公室与企业和创业者建立长期关系。其他令人担忧的问题是技术转移办公室的商业和营销经验不足，以及缺少激励性薪酬制度。

在随后的一篇论文中，艾伯特·N.林克和唐纳德·S.西格尔（2005）报告称，一种特殊的组织做法有可能增强技术许可，即"特许权使用费分配方案"，该方案规定了分配给开发新技术的教师的许可交易收入比例。作者发现，将更高比例的特许权使用费分配给教师的大学在技术转移活动中往往更有效率。针对大学技术转移的组织激励似乎十分重要。这一发现分别在约瑟夫·弗里德曼（Joseph Friedman）和乔纳森·西尔贝曼（Jonathan Silberman，2003）的研究以及索尔·拉奇和马克·香克曼（2004）研究中得到了证实，尽管这两项研究使用的方法和数据略有不同。拉斯马斯·伦德·詹森、杰里·G.瑟斯比和玛丽·C.瑟斯比（2003）对美国62所大学的许可活动的目标、特点和结果进行了广泛的调查。他们还发现，教师素质与其在思想发展最

第一章 大学技术转移办公室、许可与初创企业

初阶段的发明披露率呈正相关,而与分配给发明人的许可收入份额呈负相关。拥有激励机制不仅可以激发研究人员的更大干劲,还可以吸引更高产的研究人员。阿尔弗雷德·D.钱德勒(Alfred D. Chandler,1962)和奥利弗·E.威廉森(Oliver E. Williamson,1975)的研究引起了人们对内部组织经济效益的关注。在这个框架的基础上,珍妮特·E.L.伯科维茨等人(2001)考察了大学技术转移管理中可能成为关键实施问题的问题:技术转移办公室的组织结构及其与整个大学研究管理部门的关系。他们分析了四种组织形式的绩效影响:职能或单一形式(U形式)、多部门形式(M形式)、控股公司形式(H形式)和矩阵形式(MX形式)。① 作者指出,这些结构对一所大学的下述能力有着不同的影响:协调活动,促进内外部信息流动,调整激励机制,使其符合自身技术转移战略目标。为了验证这些论断,他们研究了杜克大学、约翰·霍普金斯大学和宾夕法尼亚州立大学的技术转移办公室,并在这三所大学发现了替代组织形式的证据。他们试图从下列三个维度将这些结构差异与技术转移的绩效差异联系起来:交易产出、协调许可和受赞助研究活动的能力,以及调整激励措施的能力。

在决定是否进行商业化时,蒂娜·C.安博斯(Tina C. Ambos)等人(2008)将产生商业成果(专利、许可证或衍生企业)的大

---

① 四种组织形式分别为英文unitary(意为"单一的")、multidivisional(意为"多部门的")、holding(意为"控股的")、matrix(意为"矩阵")的首字母缩写。——译者注

学项目与未产生商业成果的大学项目进行了比较。与双元性理论（ambidexterity theory）一致，他们发现，大学通过设置二元结构来管理学术需求和商业需求之间的紧张关系。进一步的证据还强调了大学不同部门之间互动的过程和内容在贡献创新所需的知识方面的重要性。具体而言，大学的管理结构可能会阻碍技术转移办公室、科学部门和商学院彼此互动以促进技术商业化的能力（Wright et al., 2009）。这些大学之间在文化、语言和行为准则方面的差异也可能需要发展跨越边界的角色才能促进互动。无论大学本身持何种立场，各个系的文化和院系主任对商业化的态度也可能对该系教师是否从事商业化活动产生影响（Bercovitz and Feldman, 2008; Rasmussen, Mosey, and Wright, 2014）。尽管仍需更多研究才能对组织结构和绩效做出结论性陈述，但这些发现表明，技术转移办公室的组织形式及其与大学其他部门的关系确实很重要。

沙伦·贝伦森和马克·香克曼（2009）研究了技术转移办公室内部使用激励机制将技术转移办公室经理的激励措施与大学的总体目标联系起来。他们发现，奖金可以提高被交易发明的质量，进而提高许可收入，而规定地方发展目标或对技术转移办公室的许可实践施加政府约束通常会对许可收入产生负面影响。

其他论文则专门关注企业对正式大学技术转移的看法。亨利·R. 赫茨菲尔德（Henry R. Hertzfeld）、艾伯特·N. 林克和尼古拉斯·S. 沃诺塔斯（Nicholas S. Vonortas）（2006）就大学专利的知识产权保护机制采访调查了54家研发密集型美国企业的首席知识产权律师。他们发现，企业表示在就知识产权问题与大学技术转移办公室打交道时困难重重,理由是技术转移办公室的工作人员经验不足,技术转移办公室缺乏一般商业知识,而且往往会夸大其专利的商业价值。作者报告称,在某些情况下,企业决定绕过技术转移办公室,直接与大学科学家或工程师打交道。

大多数关于技术转移办公室绩效的实证研究都是基于美国的数据。近年来,若干基于欧盟数据的论文得以发表。温迪·查普尔等人(2005)使用数据包络分析和随机前沿估计方法,在一项对50所英国大学的研究中发现,技术转移办公室在许可活动中没有表现出高水平的绝对效率,而且似乎存在规模收益递减的现象。这些发现表明,技术转移办公室规模的增长并未伴随着技术转移办公室经理的业务技能和能力的相应增长。这些发现表明,有必要提升技术转移办公室经理的技能和能力,并将技术转移办公室重新配置成较小的单位,可能以基于区域的部门为重点。

科恩拉德·德巴克尔(Koenraad Debackere)和莱因希尔德·沃格勒(2005)探讨了比利时鲁汶大学研发中心(该中心是隶属于鲁汶大学的技术转移机构)的案例以及一个由11所欧洲研究型大学组成的对照组。他们确定了许多影响技术转移关系管理的因素。与美国的证据一致(Link and Siegel, 2005),他们发现,激励措施和组织做法在解释相对绩效差异方面十分重要。具体而言,他们报告称,将更高比例的特许权使用费收入分配给教师的大学往往在技术转移方面更加有效。在组织方面,作者发现,另一个关键的成功因素是他们所说的"分权管理风格",它显然使技术转移办公室得以对其利益相关者的需求更加敏感。

总而言之,关于技术转移办公室的现有文献表明,有效的大学技术转移面临的关键障碍往往是组织性的（Siegel, Waldman, and Link, 2003; Siegel et al., 2003）。这些障碍包括大学与（小型）企业之间的组织文化差异问题，金钱和非金钱奖励（例如终身教职和晋升积分）的激励结构问题，以及技术转移办公室本身的人员配置和薪酬制度问题。

技术转移办公室的有效性：初创企业

技术转移办公室正日益关注大学技术转移对初创企业的影响。初创企业或衍生企业的增长已经开始在学术文献中引起相当大的关注。一些关于创业活动的研究使用技术转移办公室或大学作为分析单位，而另一些研究关注的则是个人创业者。每个方面对于理解实现初创企业创收潜力所涉及的挑战都很重要。

大学的特点与初创企业的形成

大学的文化和战略可能会影响创业活动的开展和用于初创企业发展的资源。基于一项对五所在技术转移方面表现突出的欧洲大学进行的定性分析，伯顿·R.克拉克（Burton R. Clark, 1998）得出结论称，存在于这些大学的创业文化是它们得以成功的关键因素。爱德华·B.罗伯茨（Edward B. Roberts, 1991）发现，社会规范和麻省理工学院对创业者的支持是麻省理工学院学术创业取得成功的关键因素。

产生最多初创企业的大学在衍生企业的形成和管理方面拥

第一章 大学技术转移办公室、许可与初创企业

有清晰、明确的战略（Lockett, Wright, and Franklin, 2003）。让-雅克·蒂格鲁夫（Jean-Jacques Degroof）和爱德华·B. 罗伯茨（2004）以及爱德华·B. 罗伯茨和丹尼斯·E. 马龙（Denis E. Malone, 1996）发现，最优的大学政策是一种全面的选择/支持政策，旨在培育能够利用具有高增长潜力企业的初创企业。然而，鉴于资源有限，这样一种全面的政策可能并不可行。作者的结论是，尽管衍生企业政策确实很重要，因为它们会影响企业的发展潜力，但在比大学更高的综合层面制定这种政策可能更加可取。爱德华·B. 罗伯茨和丹尼斯·E. 马龙（1996）推测，在20世纪90年代初期，斯坦福大学产生的初创企业少于同类机构，原因是斯坦福大学拒绝向发明家创始人签发独家许可。

与许可一样，资源的组织和使用会对初创企业的创立和发展过程产生重要影响。基于来自50所欧洲大学的证据，巴特·克莱利斯等人（2005）确定了三种最优情况，在这三种情况下，大学可以采取不同的资源和能力投入，这取决于它们是寻求创建少数在日后成为创造巨额资本收益的全球性企业的初创企业，创建可产生收益的全国性企业，还是创建更多为当地创造就业机会的小型咨询和服务企业。他们还确定了一些次优情况，在这些情况下，大学技术转移办公室要么试图开展超出自身现有资源的商业化活动，要么未能发展实现特定商业化目标所需的能力。这些发现表明，有必要将大学的商业化目标，特别是成立衍生企业这一目标，与适当的资源和能力相匹配，并以现实的视角来看待在特定大学的科学和资源基础上可以成功创建的衍生企业的类型（表1.2）。

技术转移办公室的专业知识和业绩记录也可能影响大学衍

表 1.2 以大学为基础的初创企业形成研究论文选

作者	分析单位	数据／研究方法	关键结果
Di Gregorio and Shane (2003)	以大学为基础的初创企业	北美大学技术经理人协会的调查／初创企业数量决定因素的计数回归	决定初创企业形成的两个关键因素：教师素质以及大学和发明人在初创企业中持有股权而不是特许权使用费的能力；对教师更有利的特许权使用费分配方案会减少初创企业的形成
O'Shea, Allen, and Arnaud (2004)	以大学为基础的初创企业	北美大学技术经理人协会的调查／初创企业数量决定因素的计数回归	一所大学以往在技术转移方面的成功是决定该所以大学为基础的初创企业形成率的一个关键因素
Franklin, Wright, and Lockett (2001)	技术转移办公室和以大学为基础的初创企业	作者对英国技术转移办公室的定量调查	希望成功启动技术转移初创企业的大学应采用学术创业和代理创业相结合的方式
Lockett, Wright, and Franklin, (2003)	技术转移办公室和以大学为基础的初创企业	对英国技术转移办公室的定量和定性调查	产生最多初创企业的大学拥有清晰、明确的衍生企业战略，强大的创业专业知识以及庞大的社交网络
Lockett and Wright (2005)	技术转移办公室和以大学为基础的初创企业	对英国技术转移办公室／初创企业数量进行的调查／初创企业的计数因素的决定因素的计数回归	一所大学的初创企业形成率与该所大学的知识产权保护支出、技术转移办公室业务开发能力以及该所大学的特许权使用费分配方案对教师的有利程度呈正相关

续表

作者	分析单位	数据/研究方法	关键结果
Clarysse, Wright, Lockett, van de Elde and Vohora (2005)	技术转移办公室和以大学为基础的初创企业	对7个欧洲国家的50所大学进行的访谈和关于这些大学的描述性数据	确定了五种孵化模式。其中三种模式匹配资源、活动和目标，支持性和孵化器。两种模式不匹配资源、活动和目标：能力不足和资源不足
Markman, Phan, Balkin, and Gianiodis (2004b)	技术转移办公室和以大学为基础的初创企业	北美大学技术经理人协会的调查、作者的调查/线性回归分析	上市时间（速度）有三个关键决定因素：技术转移办公室资源，确定被许可人的能力以及教师发明人在许可过程中的参与
Markman, Phan, Balkin, and Gianiodis (2005)	技术转移办公室和以大学为基础的初创企业	北美大学技术经理人协会的调查、作者的调查/线性回归分析	最具吸引力的组合：技术阶段和新企业创立许可策略——早期技术许可换股权——最不可能受到大学的青睐（由于风险规避和注重短期收益最大化）
Bercovitz and Feldman (2004)	约翰·霍普金斯大学医学院和杜克大学医学院的研究人员	决定发明披露提交概率的因素	有两个因素影响披露发明的决定：研究人员接受培训的机构的标准规范，院系主任及其同行的披露行为
Audretsch (2000)	生命科学领域的创业者	52家生物技术公司的101位创始人/风险函数回归分析	学术型企业家任年龄更大、科学经验更丰富

续表

作者	分析单位	数据/研究方法	关键结果
Louis, Blumenthal, Gluck, and Stoto (1989)	生命科学领域的教师	40所大学的778名教师/回归分析	决定教师创业的关键因素：地方群体规范；大学政策和结构的影响甚微
Lowe and Gonzalez (2007)	教师	15所大学的150名教师/回归分析	在成立自己企业之前，教师比着上去水平相当的同事更有效率。这些大学教师的科研生产力并未随着他们的创业活动而下降
Zucker, Darby, and Brewer (1998)	明星科学家和美国生物技术企业关系	科学论文，北卡罗来纳州生物技术中心（1992）和Bioscan公司① 1993关于生物技术企业的数据/计数回归	明星科学家的地位预示着企业将进入生物技术领域
Zucker, Darby, and Armstrong (2000)	明星科学家和美国生物技术企业关系	报告基因序列发现的科学论文，计数回归	明星科学家和企业科学家之间的合作提高了美国生物技术企业的研究绩效，这是通过三个指标衡量的：已授权的专利数量，开发中的产品数量和已上市的产品数量

① Bioscan公司是美国一家先进仪器的领先开发商。该公司生产用于放射性标记化合物（应用于生命科学研究、分子成像、制药开发和核医学领域）的检测，合成与成像。该公司还是用于临床前应用的单光子发射计算机断层扫描和正电子发射断层扫描成像系统的领先供应商。——译者注

续表

作者	分析单位	数据/研究方法	关键结果
Zucker and Darby (2001)	明星科学家和日本生物技术企业的关系	关于生物技术企业的数据和日经生物技术目录	明星科学家和企业科学家之间的合作提高了日本生物技术企业的研究绩效，这是通过三个指标衡量的：已授权的专利数量，开发中的产品数量和已上市的产品数量
Vanaelst, Clarysse, Wright, Lockett, S'Jegers (2006)	初创企业和创业团队成员	访谈数据和单变量比较分析	衍生企业团队的异质性随着企业的发展而变化；特权证人（privileged witness）在早期阶段起着关键的咨询作用；新的团队成员经验不同，但观念一致
Kenney and Patton (2011)	大学衍生企业	手工收集的6所大学的衍生企业普查信息	实行发明人所有权制度的大学在产生衍生企业方面效率更高；计算机科学和电气工程领域产生的衍生企业多于生物医学或物理科学领域产生的衍生企业
Wennberg, Wiklund, and Wright (2011)	大学衍生企业和公司衍生企业	1994年至2002年瑞典知识密集型产业的8663家公司衍生企业和528家大学衍生企业的人口情况	公司衍生企业，尤其是那些涉及获得产业经验的大学毕业生的公司衍生企业，表现优于大学衍生企业

生企业的创建和经济发展。罗里·P.奥谢、托马斯·J.艾伦和阿诺·谢瓦利埃（2005）发现，一所大学以往在技术转移方面的成功是初创企业形成的一个关键解释因素。以往的成功可能取决于技术转移办公室员工的商业能力（O'Shea, Allen, and Chevalier, 2005）。迈克·赖特和安迪·洛基特（2005）评估了英国技术转移办公室的资源和能力与技术转移办公室所在大学各自的初创企业形成率之间的关系。他们能够根据经验区分一所大学的资源投入及其处理日常事务的能力。基于对计数回归的估计，作者得出结论，初创企业的形成和大学在知识产权保护方面的支出、技术转移办公室的业务开发能力以及大学的特许权使用费分配方案对教师的有利程度呈正相关。这些发现意味着，希望培育大量初创企业的大学应该将更多的注意力放在招聘、培训和发展具有广泛商业技能的技术转移官员上。

在初创企业创建方面更成功的大学还开发了庞大的社交网络，这些网络有助于大学培育更多初创企业。斯蒂芬·J.富兰克林、迈克·赖特和安迪·洛基特（2001）分析了英国大学对源自大学技术转移的初创企业的看法。作者对英国的学术型企业家和代理（外部）创业者以及"老"大学和"新"大学做了区分。老牌大学拥有卓著的研究声誉和世界级的科学家，通常乐于接受初创企业。另外，新大学往往在学术研究方面较为薄弱，在创业方面也不太灵活。他们发现，采取有利于创业的政策所面临的最大障碍是文化和信息方面的障碍，而产生最多初创企业的大学（即老牌大学）是那些实行对代理（外部）创业者最有利政策的大学。作者的结论是，对那些希望成功启动技术转移型初创企业的大学来说，最好的方法是将学术创业和代理创业结合起来。这将使大学能够同时利用由发明人参与带来的技术效益和代理创业者的商业知识。

迈克·赖特等人（2008）将这一分析扩展到了欧洲各地的中等水平大学，涉及技术转移的各个方面，而不仅仅是初创企业。他们的证据表明，对中等水平的大学来说，试图效仿一流大学的经验教训可能是困难的，甚至可能很成问题。作者建议，中等水平大学主要需要专注于在少数专业领域产生世界级的研究和临界质量（启动或维持一家企业所需的最小规模或数量），而不是试图在众多领域取得成功。中等水平大学可能需要在活动范围和与之互动的企业类型以及与不同类型的中间人方面发展一系列大学-产业联系。

激励措施同样重要。安迪·洛基特、迈克·赖特和斯蒂芬·J.富兰克林（2003）发现，在更加成功的大学，股权在衍生企业员工中的分布更加广泛。丹特·迪格雷戈里奥和斯科特·沙恩（2003）的结论是，大学和发明人在初创企业中占有股权而非特许权使用费的能力是决定初创企业数量的重要因素。他们还发现，对教师有利的特许权使用费分配方案会减少初创企业的形成，这一发现得到了吉迪恩·D.马尔克曼等人（2005）的证实。丹特·迪格雷戈里奥和斯科特·沙恩（2003）将这一结果归因于成立一家新企业的机会成本高于向一家现有企业许可技术的机会成本。

就产生足够新颖的世界级研究而言，教师素质也被证明与创业活动呈正相关（Di Gregorio and Shane, 2003; O'Shea, Allen, and Chevalier, 2005）。

学术型初创企业的特征与成长

学术型初创企业和衍生企业多种多样。迈克·赖特等人（2008）确定了三种不同类型的衍生企业。

首先，风险资本支持型衍生企业在启动或创立阶段早期就吸引了私人风险资本。风险资本既被用于进一步开发技术，也被用于将技术在市场上产品化（Heirman and Clarysse, 2005）。然而，风险资本意味着公司将有一个"退出方向"。通常情况下，风险投资者希望实现同行转售。因此，公司在创立时会为了优化这种同行转售的机会进行构建。在创立阶段，这意味着企业应该拥有可信的技术基础，至少应该拥有一张路线图，以吸引称职的管理团队和进一步的多轮融资。

其次，与风险资本支持型商业模式截然相反的是生活方式型衍生企业。这类衍生企业在产品或服务市场上起步时（而且往往保持）规模较小，通常是大学教师围绕自身研究领域提供的咨询服务。它们作为一个群体的附加值可能是巨大的，因为它们数量众多。已经在大学里从事大量产业研究与合同研究的大学科研人员通常认为，这类公司是他们已经从事的活动的延伸。正如塞利娜·德吕耶（Céline Druilhe）和伊丽莎白·W. 加恩西（Elizabeth W. Garnsey）（2004）解释的那样，这类公司为学术型企业家提供了最熟悉的商业模式，因此也拥有最高的生存机会，但这并不意味着这类公司将为学术型企业家或公司所处的区域生态系统创造大量财富。从学术型企业家的角度来看，生活方式型衍生企业基于知识而非技术，采用的是白手起家的资金模式，并且往往完全由大学教师或大学教师此前的研究团队（中的部分成员）管理。如果这些企业的管理方式与风险资本支持型衍生企业相同，就会出现混乱。大量的时间和精力可能被浪费在试图"教育"一项显然无法带来可持续竞争优势的技术投资上。

最后，探索者类型的衍生企业通常基于一项利基技术，该技术需要进一步开发成特定的产品才能出售。对学术型企业家来说，进一步开发该技术的投资过高，他们无力为此提供资金，但对私人风险投资者来说又太低，没有吸引力。在这种情况下，与技术转移办公室经理合作的学术型企业家面临着吸引软形式风险资本的挑战，这种风险资本在商业模式压力方面要求不高，但允许学术型企业家在市场上创造一席之地。

衍生企业可以采取不同类型的增长战略（Clarysse et al., 2007）。产品市场战略的目标更有可能是实现收入增长，以创造一家可持续增长的企业。金融市场战略则更强调创造价值，使企业能够上市或被出售给战略伙伴。在后一种情况下，战略是通过在业务中创造科学和技术价值来实现（哪怕没有产生产品销售）价值增长，或者通过既创造技术价值又产生销售（也许最初来自咨询和服务）的混合战略来实现。企业所属经济部门和专有权机制（appropriability regime）的性质——例如生物技术与信息通信技术或工程——可能会影响这种选择。商业化战略选择也会受到与每种增长战略相关的必要补充资产的可获得性的影响（Gans and Stern, 2003）。其中，产品市场战略意味着需要获得具备商业化专长的人力资本，金融市场战略意味着需要获得能够帮助开发技术的补充性人力资本资产。

约翰·布鲁尼尔（Johan Bruneel）、巴特·克莱利斯和迈克·赖特（2009）使用手工收集的关于欧洲 5 个国家的 80 家研究型衍生企业的数据集表明，收入增长与研究型衍生企业强调产品战略呈正相关，而且这类采用混合战略的企业实现了收入和就业双增长。然而，采取技术发展战略的企业没能在就业方面实现快速增长。

尽管在促进学术创业方面付出了相当大的努力，但全球的证据表明，大多数公共研究型衍生企业规模很小，而且始终如此，尽管这些衍生企业是整个年轻技术型企业群体中一个快速发展的子群体（Heirman and Clarysse, 2007）。例如，在法国，75% 的企业在成立 6 年后仍在经营，但其中 80% 的企业均只有不到 10 个员工（Mustar, 2001）。

巴特·克莱利斯、迈克·赖特和埃尔丝·范德威尔德（2011）以一家比利时企业作为样本，经研究后发现，技术范围广泛与大学衍生企业的增长呈显著的正相关。由于大学衍生企业的建立通常是为了将一项基于大学探索性活动的发明商业化，因此它们经常在没有考察市场需求的情况下就开始开发自身的技术。随后，大学衍生企业有时会得出这样的结论：它们的技术未能很好地适应客户的需求，或者市场还没有准备好接受这些技术（Vohora, Wright, and Lockett, 2004）。因此，大学衍生企业似乎可以从保持更广泛的技术范围中受益，当它们追求的第一批应用失败时，能够改变市场应用（Siegel, Waldman, and Link, 2003）。广泛的技术范围使大学衍生企业得以探索技术在哪个细分市场具有最大价值。

技术范围广泛的重要性表明，企业最初的重点是创造价值而不是收益。适用范围较窄的科学发明可能不太适用于大学衍生企业的创建,相反,它可能更适合用于授权许可。因此,技术转移办公室需要发展各种机制和能力,使自己能够将科学发明分为适用于授权许可的发明和可以作为促进大学衍生企业发展的发明。这些能力既需要包括一个具备足够能力的研究基础以产生新技术,也需要包括将新技术塑造成新产品的技能。开发源自大学发明的产品和服务可能需要很长时间,因此必须有具有创造价值的重大能力的长期支持机制(Clarysse et al., 2005)。这反过来又指出了启动资本的重要性,而启动资本的重要性则强调了政策支持对于确保处于早期阶段的企业能够获得这种资本的必要性(Wright et al., 2006)。

马西莫·G.科隆博(Massimo G. Colombo)和艾维拉·皮瓦(Evila Piva)(2008)分析了位于某一地理区域的大学在何种情况下会对学术型初创企业的增长做出贡献。他们考察了地方大学的一系列特征对学术型初创企业增长率的影响,并将这些影响与相同的大学特征对其他(即非学术型)高科技初创企业增长的影响进行了比较。作者使用由1994年至2003年观察的487家意大利企业(其中48家是学术型初创企业)组成的纵向数据集评估了一个扩展的吉布拉定律[①](Gibrat's law)面板数据模型。他们发

[①] 吉布拉定律是关于厂商规模增长过程的经济学定律。根据这一定律,(在一个特定时期)一个厂商规模按一个给定比例变动的概率,对于一个给定产业中的所有厂商都是一样的,不论它们在该时期开始时的规模如何。因此,一家销售额为10亿美元的厂商就如同销售额为1000亿美元的厂商一样,其规模可能在一个给定的时期内扩大一倍。——译者注

现，大学对当地学术型初创企业的增长率产生了影响，而对其他初创企业增长率的影响微乎其微。重要的是，大学开展的研究的科学质量对学术型初创企业的增长率具有积极影响，而研究的商业导向则对学术型初创企业的增长率具有消极影响。该项研究表明，产出高质量科学研究的大学会对当地高科技初创企业的增长产生有利影响，但前提是这些企业能够发现、吸收和运用这些大学的研究成果。因此，作者警告称，大学研究的商业导向太强将导致可供这些公司吸收的知识减少，而这可能是有害的。

衍生企业通过首次公开募股或战略出售的方式退出，这可以被视为学术创业涉及的知识转移过程的最后阶段。近年来创立的大量衍生企业很少通过首次公开募股或战略出售成功退出。英国图书馆之家（Library House）[①]的数据显示，绝大多数（超过80%）衍生企业仍然作为独立公司运营。少数衍生企业通过首次公开募股（26家）或同行转售（72家）实现退出，比例远远高于典型高科技企业群体，只有不到5%的高科技企业将首次公开募股作为退出机制。然而，对于哪些因素决定了同行转售的概率、同行转售的时间以及同行转售时支付的价格，人们知之甚少。这意味着创始创业者往往不得不做出他们无法评估其影响的管理选择。

有证据表明，很少有衍生企业会倒闭（根据图书馆之家的数

---

① 图书馆之家是一家总部设在英国伦敦的商业信息和咨询公司，成立于2002年。该公司于2008年12月进入破产管理程序，其交易数据库已出售给道琼斯公司（Dow Jones）。——译者注

据，不到10%）。卡尔·文贝里、维克隆德·约翰和迈克·赖特（2011）比较了大学衍生企业和公司衍生企业的表现。他们表明，公司衍生企业（特别是那些成员为具有工作经验的大学毕业生的公司衍生企业）在生存和成长方面的表现都优于大学衍生企业。

达米亚诺·博纳尔多（Damiano Bonardo）、斯特凡诺·帕莱亚里（Stefano Paleari）和西尔维奥·维斯马拉（Silvio Vismara，2010）分析了欧洲131家在1995年至2003年上市的基于科学的创业企业的兼并和收购动态。他们发现，这些企业的大学隶属关系增强了它们对其他企业的吸引力，但降低了其他企业的收购倾向。达米亚诺·博纳尔多、斯特凡诺·帕莱亚里和西尔维奥·维斯马拉（2010）表明，学术型初创企业更有可能从事跨国并购活动。基于科学的创业企业可能具有非常强劲的发展前景，因为它们似乎比其他高科技初创企业更有可能拥有平台技术（Clarysse, Wright, and Vande Velde, 2011）；这既能促使它们成为具有吸引力的收购目标，也会减少它们对于被收购的需求。

学术型企业家与初创企业

初创企业与科研生产力。 琳恩·G.朱克、迈克尔·R.达比和几位合作者撰写了几篇影响深远的论文，这些论文探讨了生命科学领域的明星科学家在美国和日本的新生物技术企业的创建和选址方面所起的作用。琳恩·G.朱克、迈克尔·R.达比和杰夫·S.阿姆斯特朗（2000）在论文中评估了这些大学科学家对美国新生物技术企业科研生产力的影响。科研生产力适用三项指标进行衡量：已授予的专利数量、开发中的产品数量和已上市的产品数量。他们发现，明星科学家和企业科学家之间的联系对科研生产力的这三个维度、企业业绩的其他方面以及美国生物技术产业的进入率都有积极影响（Zucker, Darby, and Armstrong, 1998; Zucker, Darby, and Brewer, 1998）。

一个重要的考虑因素是，创业是否要以减少研究产出（出版物）这一机会成本为代价。蒂娜·C. 安博斯等人（2008）表明，明星研究人员能够更好地兼顾管理教学、研究和商业化的不同目标。罗伯特·A. 洛和克劳迪娅·冈萨雷斯-布兰比拉（2007）分析了美国15所大学中成立初创企业的教师的科研生产力。在成立自己的企业之前，这些教师拥有比看上去水平相当的同事更高的科研生产力。更重要的是，作者报告称，这些大学教师的科研生产力并未随着他们的创业活动而下降。

基于来自比利时鲁汶大学的综合数据，巴尔特·范洛伊等人（2004）发现，从事创业活动与研究产出的增加有关，不会影响所涉出版物的性质。然而，一些不是明星研究人员但因缺乏学术认可而感到沮丧的教师也可能与公司签订研究合同，这些公司可能会产生合资公司衍生企业。

在琳恩·G. 朱克和迈克尔·R. 达比（2001）的研究中，作者考察了关于日本明星大学科学家和生物技术企业之间合作结果的详细数据。类似的模式再次出现，因为他们发现这类互动大大增强了日本企业的科研生产力，这是他们对企业的专利申请率、产品创新率和新产品的市场引入率进行衡量而得到的结果。然而，他们还报告称，日本的大学技术转移并未产生地理上的本地化知识溢出效应，这与美国的情况不同，他们发现这种效应在美国很强。作者将这一结果归因于日本和美国在大学技术转移方面存在的有趣的制度差异。在美国,学术型科学家通常与企业科学家一起在企业的实验室工作。而在日本,企业科学家通常在学术型科学家的实验室工作。因此,日本的大学技术转移对当地经济发展的影响似乎低于美国也就不足为奇了。

人力资本、社会资本与初创企业

卡伦·S.路易斯等人(1989)分析了生命科学领域的教师从事技术转移的各个方面(包括商业化)的倾向。他们的统计样本由50所研究型大学的生命科学家组成,这些大学从美国国家卫生研究院获得了最多的资助。作者发现,这些科学家参与技术商业化的最重要决定因素是当地的群体规范。

大学创业者在某些方面不同于其他创业者。戴维·布鲁斯·奥德兹(2000)分析了一个关于大学生命科学家的数据集,以估计哪些因素会让他们建立一家新生物技术企业。基于风险函数分析——该分析包含生物技术领域科学家的研究质量、措施或地区活动的控制变量以及科学家职业轨迹的虚拟变量,作者发现,大学创业者往往更年长,科学经验更丰富。其他证据还表明,发展出高科技企业的大学教师通常是各自领域的关键研究人员(Vohora, Wright, and Lockett, 2004)。

然而,传统非商业性的大学环境给学术型初创企业取得所需的人力资本带来了阻碍。埃纳尔·A.拉斯穆森、西蒙·莫西和迈克·赖特(2011)指出,学术型衍生企业在创立之后的进一步发展需要创业能力的发展,这涉及创造脱离学术环境中现有实践的新发展路径。那么问题来了，大学环境中的新生初创企业需要什么样的创业能力才能达到置信度门槛（credibility threshold），至关重要的是，这些能力从何而来？基于一项包含对英国和挪威的学术型企业家、技术转移办公室以及其他相关方进行的54次详细访谈的纵向研究，他们确定了三种重要的能力。第一，他们认为，职业学术型企业家的独特之处在于他们需要吸引具有产业经验的新团队成员，这些人可以确定产业伙伴并与之互动，以此培养能力。第二，他们还表明，职业学术型企业家也更有可能需要发展信誉和创业经验（利用能力），从而实现创业团队与外部资源提供者的互动。第三，还存在一种独特的需要，即从大学内部环境中发展出一流的能力来吸引外部的一流人才。学术型企业家普遍缺乏产业经验和创业经验，因此对学术型创业企业来说，获得来自业界合作伙伴或其他资源提供者的一流人才特别重要。

成为创业者的学术型科学家拥有的社会资本或网络可能会对衍生企业的业绩产生重要影响。菲利普·穆斯塔尔（1997）根据衍生企业与其他公共和/或私人机构的合作对衍生企业进行了分类，并强调了社交网络的广度与企业成长轨迹和损耗率之间的关系。尼科斯·尼科拉乌（Nicos Nicolaou）和休·伯利（Sue Birley，2003）认识到，大学教师在大学外部或内部关系网络中的不同嵌入程度可能与不同的企业成长轨迹有关。

然而，学术型企业家从创业经验中获得的人力资本的差异可能会影响他们发展社会资本的能力，而这种社会资本可能会帮助他们清除发展中面临的障碍。基于一项对24名学术型企业家的纵向研究，并辅以对20名技术转移官员和学院院长的访谈，西蒙·莫西和迈克·赖特（2007）报告了三类具有不同创业经验水平的学术型企业家用于发展早期企业的社会网络的结构、内容和管理之间的关键差异。这三类创业者分别是新生型创业者（nascent entrepreneur）、新手创业者（novice entrepreneur）和习惯型创业者（habitual entrepreneur）。作者认为，习惯型创业者（即那些之前有过企业所有权的创业者）拥有更加宽广的社会网络，在发展网络关系以获得股权融资和管理知识方面更加有效。相比之下，经验较少的创业者很可能会在他们的科研网络和产业网络之间遭遇结构性漏洞。这限制了他们识别机会并为自己羽翼未丰的企业赢得信誉的能力。作者还提出，尽管技术转移办公室和概念验证基金等支持性机构有助于将产业伙伴引向选定的新手创业者，但要学会如何与经验丰富的管理者和潜在的股权投资者建立关系，企业所有权经验是唯一的选择，除此之外，似乎没有明显的替代品。经验丰富的创业者对技术转移办公室提供基本水平以外的有用联系的能力特别挑剔。有趣的是，西蒙·莫西和迈克·赖特还发现，新生型创业者和新手创业者的社会资本发展受到与创业者的学科基础相关的人力资本的影响，来自工程和材料科学领域的创业者比来自生物科学和医药领域的创业者更有可能在他们所处的科研网络之外建立网络联系。

同样，罗莎·格里马尔迪和亚历山德罗·格兰迪（Alessandro Grandi，2003）在一项针对40家意大利学术衍生企业的研究中发现，创始团队与外部联系人互动的频率受到基础研究团队的互动频率以及这些团队的技术优势的影响。与外部代理人接触的频率对其商业理念的市场吸引力具有积极影响（Grandi and Grimaldi,

2005），创始人此前创办合资企业的经验同样对商业理念的市场吸引力具有积极影响。

衍生企业的成长可能还需要创始团队和随后的董事会包含的不同类型的技能和人力资本投资。衍生企业的核心创始团队似乎不平衡，尽管研发经验极其丰富，但缺乏商业技能和应用型技术经验（Colombo and Piva, 2008）。伊丽丝·瓦纳尔斯特等人（2006）阐明了创业团队在衍生企业在发展成一家独立企业的过程中的演变。他们表明，一些积极参与衍生企业发展过程第一阶段的研究人员退出，而新成员进入，特别是那些拥有商业人力资本的成员。退出的成员做出了留在大学的职业选择，他们更愿意继续自己的研究，但往往拥有一个兼职角色，向衍生企业提供持续的技术支持。

随着学术型初创企业的发展，它们需要建立正式的董事会，特别是当企业作为法律实体创立时（Uhlaner, Wright, and Huse, 2007）。创始团队的界限会演变成两个有交集的新团队——管理团队和董事会。董事会很可能包括创始团队的成员、一直以来为企业发展献言献策的"特权证人"（如技术转移办公室）以及风险资本代表等新成员。

叶卡捷琳娜·S. 比约诺利（Ekaterina S. Bjørnåli）和芒努斯·居尔布兰森（Magnus Gulbrandsen, 2010）分析了11个关于学术型初创企业董事会的案例。他们探讨了挪威和美国的衍生企业董事会的形成和董事会组成方面的变化，发现董事会的形成过程主要由创始人的社交网络驱动。尽管挪威和美国企业的初始董事会在组成上存在差异，但随着时间的推移，董事会随后的变化却趋于一致,这些变化主要是由董事会主席的社交网络驱动的。董事会关键成员的增加与基于科学的创业企业的跨阶段发展有关。

尽管取得了这些喜人的进展,但迄今为止的实证研究并未充分反映出(随着学术型初创企业的发展)董事会发展过程中必要的生命周期。伊戈尔·菲拉托切夫(Igor Filatotchev)、史蒂夫·汤姆斯(Steve Toms)和迈克·赖特(2006)以及沙克尔·A. 扎赫拉(Shaker A. Zahra)、伊戈尔·菲拉托切夫和迈克·赖特(2009)强调,随着企业的发展,董事会发挥着不同的功能。在创业阶段,所有权和管理权通常广泛重叠,企业可能不需要监督体系。相反,加强资源和知识的治理体系很可能更为重要。然而,学术型初创企业想要保持发展势头,就需要建立有效的董事会——既能保持识别和利用创业机会的能力,又能保护外部利益相关者(如风险投资者)的利益。沙克尔·A. 扎赫拉、伊戈尔·菲拉托切夫和迈克·赖特(2009)认为,董事会和知识吸收能力[1]在增强走出发展初期阶段的学术型初创企业的创业能力方面是相辅相成的。

总结

本章总结的关于技术转移办公室和初创企业形成的研究强调了确定技术转移过程管理者的利益和激励措施的重要性。这些研

---

[1] 知识吸引能力指企业获取、整合和应用外部知识和信息的能力。——编者注

究还强调了人力资本（例如技术转移办公室的人员配备、明星科学家和创业团队），大学文化（例如院系主任以及受雇于这些大学的创业者的作用）以及群体规范的重要性。

我们对文献的综合为美国（Siegel and Phan, 2005）和欧盟（Wright et al., 2007）的大学管理者、产业和政策制定者确定了一些关键的挑战和"经验教训"，这些人希望技术转移办公室更加"有效"。此处所谓的"有效"涉及通过大学知识产权的商业化和促进知识更加迅速地从校园向市场传播，从而创造额外收入。

我们从学术文献中得到的一个关键教训是，大学应该采取战略方法来实现知识产权的商业化。首先，大学必须考虑一系列关键的政策制定问题，包括与机构的目标和优先事项以及随后的资源分配相关的各种选择。鉴于大学在资源禀赋和科学基础方面的差异性，这些选择应该反映出这种配置。确立优先事项还涉及选择技术重点以产生与发展阶段有关的许可机会。例如，如果战略目标是通过许可来获取现金，那么概念验证技术很可能比其他技术更具吸引力，因为在这种情况下计算经济价值相对容易。此外，这类技术可以被编成代码，以实现有效和公平的转移，而且它们比其他技术更有可能在无需大量额外研究费用的情况下产生商业产品。

资源分配决定还必须由一种不断加强的认识驱动，即大学需要就自身希望强调的商业化模式做出战略选择，即许可、初创企业、受资助的研究、咨询，以及其他更直接促进经济和区域发展的技术转移机制，如孵化器和科学园区。

在区域政策制定者的支持下，大学管理者可能还需要就重点技术领域做出战略选择。在生命科学和物理科学中，技术商业化的机会和教师参与技术转移的倾向都有很大差异（Wright, Birley and Mosey, 2004）。在一所特定的大学中，各个院系的研究质量也存在很大差异。如果一所大学没有临界质量的研究卓越度或足够的技术转移办公室专业知识，该所大学可能需要开展区域合作。

大学还需要制定知识产权和专利战略。在试图提高商业利益之前，技术转移办公室需要确保知识产权得到良好的界定和保护。这需要成本，即招聘足够的专家或支付外部咨询产生的成本。知识产权的所有权问题也需要解决。因此，知识产权和专利战略应该考虑一项技术是否为一个部门所独有，是否可以获得独家许可，或者是否可以获得非独家许可。与此相关的是，一场关于大学通过追溯性尝试从科学活动产生的发明中创造收入而成为"专利流氓"的争论正在兴起。"专利流氓"并未创造新的发明或将现有专利投入生产中，而是通过把控专利来为不是他们创造的发明攫取经济利益，从而将成本强加给市场。虽然执行本校专利的大学可能具有"专利流氓"的特征，但它们并非"专利流氓"，因为尽管它们不从事产品制造，但它们从自己创造的发明中获得了利益（Lemley, 2008）。

我们对文献的回顾表明，对学术型企业家而言，商业化的机会成本很高。因此，大学迫切需要调整教师的晋升、终身教职和薪酬制度，从而使商业化活动受到重视。2006年，得克萨斯农工大学成为第一所为技术商业化奖励晋升和终身教职的主要大学。基于一项对北美大学进行的调查，阿什利·J.史蒂文斯（Ashley J. Stevens）、金杰·A.约翰逊（Ginger A. Johnson）和保罗·R. 桑伯格（Paul R. Sanberg，2011）报告称，16 所美国和加拿大的大学目前在决定教师的终身教职和晋升时将专利和商业化考虑在内：美国的北亚利桑那大学、杨百翰大学、俄亥俄大学、北卡罗来纳大学格林斯博罗分校、乔治梅森大学、内布拉斯加大学 –UNeMed[①]、威斯康星医学院、维克森林大学健康科学学院、犹他州立大学、得克萨斯大学休斯敦健康科学中心、俄勒冈州立大学、纽约大学和伊利诺伊大学厄巴纳–香槟分校以及加拿大的汤普森河大学、蒙克顿大学和萨斯喀彻温大学。自 2011 年以来，美国的亚利桑那大学和马里兰大学也制定了此类政策。

"有效"技术商业化面临的另一个潜在障碍是，大学是否有能力吸引具备支持商业化战略的适当技能的技术转移办公室员工并为其支付报酬。例如，许多大学已经加强了对初创企业的创立和发展。传统上，许多技术转移办公室员工都有很强的法律背景，但并不精通创业。这意味着，一名特定技术转移办公室员工所需的技能不仅包括保护大学知识产权，还包括识别和利用机会，以及其他商业化和创业技能。

这些挑战以及关于很少有技术转移办公室产生正的净收入的证据（Abrams, Leung, and Stevens, 2009）引发了对技术转移办公室在大学和社会中的作用的质疑。一些人认为，从经济效率的角度来看，将发明的合法所有权归入大学并不是最优做法，因为这会减少大学研究更迅速的传播和商业化带来的社会效益。按照这

---

① UNeMed 是内布拉斯加大学医学中心和内布拉斯加大学奥马哈分校的技术转移和商业化办公室。——译者注

种观点，技术转移办公室阻碍了技术商业化和学术创业，因为它导致了许可的延迟、各方激励措施的错位以及科学信息和科学进步所需材料流动的延迟（Kenney and Patton, 2009）。

一个替代方法是将专利所有权授予发明人，让他们自由地与他们认为最有能力帮助专利商业化的机构或个人签订合同。然而，正如我们所见，除非辅以支持政策，使学术型企业家能够从他们创立的企业中创造价值，否则将专利所有权授予发明人这一做法本身是否会创造更大的价值就是值得怀疑的。另一种做法是采取开源战略，将发明公之于众，或者对独家许可的使用进行更加严格的选择（Lemley, 2008）。

一些人认为，我们需要将技术和知识转移与大学的课程和其他方面结合起来（Martin, 2012; Wright, 2013）。这不仅涉及直接的技术和知识转移，还涉及一些间接因素。一旦毕业生获得产业经验，大学教育和研究经验可能会间接导致创业行为，例如由此产生初创企业和公司衍生企业。如前所述，这些企业的绩效影响超过了大学衍生企业的绩效影响。此外，除基于正式知识产权的衍生企业之外的一个显著转变与基于新形式的技术的学生初创企业的增长有关，这些新形式的技术在融资需求方面的要求可能较低，但可能需要支持，才能成长并创造财务、经济和社会价值。技术转移办公室需要在支持这些学生初创企业的创业技能发展和产业互动方面发挥作用。

一些来自美国和欧洲的初步证据表明，当商学院与大学技术转移办公室展开有效合作时，它们可以在加速技术商业化和创业方面发挥重要作用。约翰·霍普金斯大学是这场运动的先锋机构之一，约翰·霍普金斯大学凯瑞商学院要求工商管理硕士（MBA）学生学习一门名为"从发现到市场"的课程，该课程与约翰·霍普金斯大学技术转移办公室合作，为一项以大学为基础的创新进行市场分析和商业化规划。商学院与技术转移办公室密切合作的其他美国大学包括俄勒冈州立大学、伦斯勒理工学院、纽约州立大学奥尔巴尼分校、蒙大拿大学以及威斯康星大学麦迪逊分校。

参考文献

Abrams, I., G. Leung, and A. Stevens. 2009. "How are U.S. technology transfer offices tasked and motivated: Is it all about the money?" *Research Management Review* 17: 1–34.

Aghion, P., M. Dewatripont, and J. C. Stein. 2008. "Academic freedom, privatesector focus, and the process of innovation." *RAND Journal of Economics* 39 (3): 617–35.

Ambos, T., et al. 2008. "When does university research get commercialized? Creating ambidexterity in research institutions." *Journal of Management Studies* 45: 1424–47.

Arthurs, J. D., et al. 2008. "Managerial agents watching other agents: Multiple agency conflicts regarding underpricing in IPO firms." *Academy of Management Journal* 51: 277–94.

Association of University Technology Managers (AUTM). 2013. The AUTM Licensing Survey, Fiscal Year 2012. Norwalk, CT: AUTM, Inc.

Audretsch, D. 2000. "Is University Entrepreneurship Different?" Mimeo, Indiana University.

Belenzon, N., and M. Schankerman. 2009. "University Knowledge Transfer: Private Ownership, Incentives, and Local Development Objectives." *Journal of Law and Economics* 52 (1): 111–44.

Bercovitz, J., and M. Feldman. 2004. "Academic Entrepreneurs: Social Learning and Participation in University Technology Transfer." Mimeo, University of Toronto.

Bercovitz, J., and M. Feldman. 2008. "Academic Entrepreneurs: Organizational Change at the Individual Level." *Organization Science* 19: 69–89.

Bercovitz, J., et al. 2001. "Organizational Structure as Determinants of Academic Patent and Licensing Behavior: An Exploratory Study of Duke, Johns Hopkins, and Pennsylvania State Universities." *Journal of Technology Transfer* 26: 21–35.

Bjørnåli, E., and M. Gulbrandsen. 2010. "Exploring board formation and evolution of board composition in academic spin-offs". *Journal of Technology Transfer* 35: 92–112.

Bonardo, D., S. Paleari, and S. Vismara. 2010. "The M&A Dynamics of European Science Based Entrepreneurial Firms." *Journal of Technology Transfer* 35: 141–80.

Bruneel, J., B. Clarysse, and M. Wright. 2009. "Linking Entrepreneurial Strategy and Firm Growth." Working Papers of Faculty of Economics and Business Administration, Ghent University, Belgium, Faculty of Economics and Business Administration.

Bruton, G., et al. 2010. "Governance, ownership structure and performance of IPO firms: the impact of different types of private equity investors and institutional environments." *Strategic Management Journal* 31(5): 491–509.

Carlsson, B., and A. Fridh. 2002. "Technology Transfer in United States Universities: A Survey and Statistical Analysis." *Journal of Evolutionary Economics* 12: 199–232.

Chandler, A. 1962. *Strategy and Structure: Chapters in the History of the American Industrial Enterprise*. Cambridge, MA: MIT Press.

Chapple, W., et al. 2005. "Assessing the Relative Performance of University Technology Transfer Offices in the U.K.: Parametric and Non-Parametric Evidence." *Research Policy* 34 (3): 369–84.

Clarke, B. R. 1998. *Creating Entrepreneurial Universities; Organizational Pathways of Transformation*. New York: IAU Press.

Clarysse, B., et al. 2005. "Spinning out new ventures: A typology of incubation strategies from European research institutions." *Journal of Business Venturing* 20 (2): 183–216.

Clarysse, B., et al. 2007. "Academic Spin-offs, Formal Technology Transfer and Capital Raising." *Industrial and Corporate Change* 16: 609–40.

Clarysse, B., M. Wright and E. Van de Velde, 2011. "Entrepreneurial Origin, Technology Endowments and the Growth of Spin-off Companies." *Journal of Management Studies* 48: 1420–42.

Colombo, M. G., and E. Piva. 2008. "Firms' genetic characteristics, competence enlarging strategies, and performance: a comparison of academic and non- academic start-ups." Politecnico di Milano, Department of Management, Economics and Industrial Engineering, working paper.

Debackere, K., and R. Veugelers. 2005. "The Role of Academic Technology Transfer Organizations in Improving Industry Science Links." *Research Policy* 34 (3): 321–42.

Degroof, J. J., and E. B. Roberts. 2004. "Overcoming Weak Entrepreneurial Infrastructure for Academic Spin-off Ventures." *Journal of Technology Transfer* 29 (3–4): 327–57.

Di Gregorio, D., and S. Shane. 2003. "Why Do Some Universities Generate More Start-Ups than Others?" *Research Policy* 32: 209–27.

Druilhe, C., and E. Garnsey. 2004. "Do Academic Spin-Outs Differ and Does It Matter?" *Journal of Technology Transfer* 29 (3–4): 269–285.

Filatotchev, I., S. Toms, and M. Wright. 2006. "The firm's strategic dynamics and corporate governance life-cycle." *International Journal of Managerial Finance* 2 (4): 256–79.

Fini, R., R. Grimaldi, and M. Sobrero. 2009. "Factors Fostering Academics to Start-up New Ventures: An Assessment of Italian Founders' Incentives." *Journal of Technology Transfer* 34: 380–402.

Franklin, S., M. Wright, and A. Lockett. 2001. "Academic and surrogate entrepreneurs in university spin-out companies." *Journal of Technology Transfer* 26 (1–2): 127–41.

Friedman, J., and J. Silberman. 2003. "University technology transfer: Do incentives, management, and location matter?" *Journal of Technology Transfer* 28 (1): 81–85.

Gans, J. S. and S. Stern. 2003. "The product market and the market for 'ideas': commercialization strategies for technology entrepreneurs." *Research Policy* 32 (2): 333–50.

Grandi, A., and R. Grimaldi. 2005. "Academics' organizational characteristics and the generation of successful business ideas." *Journal of Business Venturing* 20 (6): 821–45.

Grimaldi, R., and A. Grandi. 2003. "Exploring the networking characteristics of new venture founding teams: a study of Italian academic spin-offs." *Small Business Economics* 21 (4): 329–41.

Grimaldi, R., et al. 2011. "30 years after Bayh-Dole: Reassessing academic entrepreneurship." *Research Policy* 40 (8): 1045–57.

Heirman, A., and B. Clarysse. 2005. "The imprinting effect of initial resources and market strategy on the early growth path of start-ups." Working Papers of Faculty of Economics and Business Administration, Ghent University, Belgium, 05/310, Faculty of Economics and Business Administration.

Heirman A., and B. Clarysse B. 2007. "Which tangible and intangible assets matter for innovation speed in start-ups?" *Journal of Product Innovation Management* 24: 303–15.

Hellmann, T. 2007. "The Role of Patents for Bridging the Science to Market Gap." Mimeo. *Journal of Economic Behavior & Organization* 63: 624–47.

Hertzfeld, H. R., A. N. Link, and N. S. Vonortas. 2006. "Intellectual property protection mechanisms in research partnerships." *Research Policy* 35: 825–39.

Hoppe, H., and E. Ozdenoren. 2005. "Intermediation in Innovation." *International Journal of Industrial Organization* 23: 483–503.

Jensen, R., and M. Thursby. 2001. "Proofs and Prototypes for Sale: The Licensing of University Inventions." *American Economic Review* 91 (1): 240–59.

Jensen, R., J. G. Thursby, and M. C. Thursby. 2003. "The Disclosure and Licensing of University Inventions: The Best We Can Do with the S**t We Get to Work With." *International Journal of Industrial Organization* 21 (9): 1271–1300.

Kenney, M., and D. Patton. 2009. "Reconsidering the Bayh-Dole Act and the Current University Invention Ownership Model." *Research Policy* 38: 1407–22.

Lacetera, N. 2009. "Academic Entrepreneurship." *Managerial and Decision Economics* 30 (7): 443–64.

Lach, S. and M. Schankerman. 2004. "Royalty Sharing and Technology Licensing in Universities." *Journal of the European Economic Association* 2 (2–3): 252–64.

Lemley, M. 2008. "Are Universities Patent Trolls?" *Fordham Intellectual Property, Media and Entertainment Law Journal* 18: 611; Stanford Public Law Working Paper No. 980776. Available at SSRN: http://ssrn.com/abstract=980776.

Link, A. N., and D. S. Siegel. 2005. "Generating Science-Based Growth: An Econometric Analysis of the Impact of Organizational Incentives on University-Industry Technology Transfer." *European Journal of Finance* 11 (3): 169–82.

Lockett, A., and M. Wright. 2005. "Resources, Capabilities, Risk Capital and the Creation of University Spin-Out Companies." *Research Policy* 34 (7): 1043–57.

Lockett, A., M. Wright, and S. Franklin. 2003. "Technology Transfer and Universities' Spin-out Strategies." *Small Business Economics* 20: 185–201.

Lockett, A., et al. 2005. "The Creation of Spin-off Firms at Public Research Institutions: Managerial and Policy Implications." *Research Policy* 34 (7): 981–93.

Louis, K., et al. 1989. "Entrepreneurs in Academe: An Exploration of Behaviors Among Life Scientists." *Administrative Science Quarterly* 34: 110–31.

Louis, K., et al. 2001. "Entrepreneurship, Secrecy, and Productivity: A Comparison of Clinical and Non-Clinical Life Sciences Faculty." *Journal of Technology Transfer* 26 (3): 233–45.

Lowe, R. A., and C. Gonzalez-Brambila. 2007. "Faculty Entrepreneurs and Research Productivity." *Journal of Technology Transfer* 32: 173–94.

Macho-Stadler, I., X. Martinez-Giralt, and D. Pérez-Castrillo. 1996. "The Role of Information in Licensing Contract Design." *Research Policy* 25: 43–57.

Macho-Stadler, I., D. Pérez-Castrillo, and R. Veugelers. 2007. "Licensing of University Innovations: The Case of a Technology Transfer Office." *International Journal of Industrial Organization* 25 (3): 483–510.

Macho-Stadler, I., D. Pérez-Castrillo, and R. Veugelers. 2008. "Designing Contracts for University Spin-offs." *Journal of Economics and Management Strategy* 17 (1): 185–218.

Markman, G., et al. 2005. "Entrepreneurship and University-Based Technology Transfer." *Journal of Business Venturing* 20 (2): 241–63.

Markman, G., P. Gianiodis, and P. Phan. 2008. "Full-time faculty or part-time entrepreneurs." *IEEE Transactions on Engineering Management* 55: 29–36.

Martin, B. 2012. "Are universities and university research under threat? Towards an evolutionary model of university speciation." *Cambridge Journal of Economics* 36: 543–65.

Mosey, S., and M. Wright. 2007. "From human capital to social capital: A longitudinal study of technology-based academic entrepreneurs." *Entrepreneurship Theory and Practice* 31, 909–36.

Mustar, P. 1997. "Spin-off enterprises: How French academies create hi-tech companies: The condition for success or failure." *Science and Public Policy* 24 (1): 37–43.

Mustar, P. 2001. "Spin-offs from public research: Trends and outlook." *STI Review* 26: 165–72.

Mustar, P., et al. 2006. "Conceptualising the heterogeneity of research-based spin-offs: A multi-dimensional taxonomy." *Research Policy* 35 (2): 289.

Nicolaou, N., and S. Birley. 2003. "Social networks in organizational emergence: The university spinout phenomenon." *Management Science* 49 (12): 1702–25.

Organisation for Economic Co-operation and Development (OECD). 2001. *Benchmarking Industry-Science Relationships, Science, Technology and Industry Outlook*. Paris: OECD Publications.

O'Shea, R., T. Allen, and A. Chevalier. 2005. "Entrepreneurial Orientation, Technology Transfer, and Spin-off Performance of U.S. Universities." *Research Policy*, 34 (7): 994–1009.

Perez, M., and A. M. Sanchez. 2003. "The development of university spin-offs: Early dynamics of technology transfer and networking." *Technovation* 23 (10): 823–31.

Phan, P., and D. S. Siegel. 2006. "The effectiveness of university technology transfer: Lessons learned, managerial and policy implications, and the road forward." *Foundations and Trends in Entrepreneurship* 2 (2): 77–144.

Powell, W. W., and J. Owen-Smith. 1998. "Universities and the market for intellectual property in the life sciences." *Journal of Policy Analysis and Management* 17 (2): 253–77.

Powers, J. B., and P. McDougall. 2005a. "University start-up formation and technology licensing with firms that go public: A resource-based view of academic entrepreneurship." *Journal of Business Venturing* 20 (3): 291–311.

Powers, J. B., and P. McDougall. 2005b. "Policy orientation effects on performance with licensing to start-ups and small companies." *Research Policy* 34 (7): 1028–42.

Poyago-Theotoky, J., J. Beath, and D. S. Siegel. 2002. "Universities and fundamental research: Reflections on the growth of university-industry partnerships." *Oxford Review of Economic Policy* 18 (1): 10–21.

Rasmussen, E., S. Mosey, and M. Wright. 2011. "The evolution of entrepreneurial competencies: A longitudinal study of university spin-off venture emergence." *Journal of Management Studies* 48: 1314–45.

Rasmussen, E., S. Mosey, and M. Wright. 2014. "The influence of university departments on the evolution of entrepreneurial competencies in spin-off ventures." *Research Policy* 43:92–106.

Roberts, E. 1991. *Entrepreneurs in High Technology, Lessons from MIT and Beyond*. Oxford: Oxford University Press.

Roberts, E., and D. E. Malone. 1996. "Policies and structures for spinning off new companies from research and development organizations." *R&D Management* 26: 17–48.

Rogers, E. M., Y. Yin, and J. Hoffmann. 2000. "Assessing the effectiveness of technology transfer offices at U.S. research universities." *Journal of the Association of University Technology Managers* 12: 47–80.

Rothaermel, F. T., S. Agung, and L. Jian. 2007. "University entrepreneurship: A taxonomy of the literature." *Industrial and Corporate Change* 16 (4): 691–791.

Shrader, R., and D. S. Siegel. 2007. "Assessing the relationship between human capital and firm performance: evidence from technology-based new ventures." *Entrepreneurship Theory and Practice* 31: 893–908.

Siegel, D. S., and P. Phan. 2005. "Analyzing the effectiveness of university technology transfer: Implications for entrepreneurship education." In *Advances in the Study of Entrepreneurship, Innovation, and Economic Growth*, edited by Gary Liebcap. Amsterdam: Elsevier Science/JAI Press, vol. 16, 1–38.

Siegel, D. S., D. A. Waldman, and A. N. Link. 2003. "Assessing the impact of organizational practices on the productivity of university technology transfer offices: An exploratory study." *Research Policy* 32 (1): 27–48.

Siegel, D. S., P. Westhead, and M. Wright. 2003. "Assessing the impact of science parks on the research productivity of firms: Exploratory evidence from the United Kingdom." *International Journal of Industrial Organization* 21 (9): 1357–69.

Siegel, D. S., et al. 2003. "Commercial knowledge transfers from universities to firms: Improving the effectiveness of university-industry collaboration." *Journal of High Technology Management Research* 14: 111–33.

Siegel, D. S., et al. 2004. "Toward a model of the effective transfer of scientific knowledge from academicians to practitioners: Qualitative evidence from the commercialization of university technologies." *Journal of Engineering and Technology Management* 21 (1–2): 115–42.

Siegel, D., et al. 2008. "Assessing the Relative Performance of University Technology Transfer in the U.S. and U.K.: A Stochastic Distance Function Approach." *Economics of Innovation and New Technology* 17: 717–29.

Stevens, A. J., G. A. Johnson, and P. R. Sanberg. 2011. "The role of patents and commercialization in the tenure and promotion process." *Technology and Innovation* 13: 241–48.

Thursby, J. G., R. Jensen, and M. C. Thursby. 2001. "Objectives, characteristics and outcomes of university licensing: A survey of major U.S. universities." *Journal of Technology Transfer* 26: 59–72.

Thursby, J. G., and S. Kemp. 2002. "Growth and productive efficiency of university intellectual property licensing." *Research Policy* 31: 109–24.

Thursby, J. G., and M. C. Thursby. 2002. "Who is selling the ivory tower? Sources of Growth in University Licensing," *Management Science* 48: 90–104.

Thursby, J. G., and M. C. Thursby. 2004. "Are faculty critical? Their role in university licensing." *Contemporary Economic Policy* 22 (2): 162–78.

Thursby, J. G., and M. C. Thursby. 2007. "University licensing." *Oxford Review of Economic Policy* 23(4): 620–39.

Uhlaner, L., M. Wright, and M. Huse. 2007. "Private firms and corporate governance: An integrated economic and management perspective." *Small Business Economics* 29: 225–41.

Vanaelst, I., et al. 2006. "Entrepreneurial team development in academic spin-outs: An examination of team heterogeneity." *Entrepreneurship Theory and Practice* 30: 249–72.

Van Looy, B., et al. 2004. "Combining entrepreneurial and scientific performance in academia: Towards a compound and reciprocal Matthew-effect?" *Research Policy* 33: 425–41.

Vohora, A., M. Wright, and A. Lockett. 2004. "Critical junctures in the development of university high-tech spinout companies." *Research Policy* 33 (1): 147–75.

Wennberg, K., J. Wiklund, and M. Wright. 2011. "The effectiveness of university knowledge spillovers: Performance differences between university spin-offs and corporate spin-offs." *Research Policy* 40 (8): 1128–43.

Williamson, O. E. 1975. *Markets and hierarchies: Analysis and antitrust implications*. New York: Free Press.

Wright, M. 2014. "Academic entrepreneurship, technology transfer and society: Where next?" *Journal of Technology Transfer*.

Wright, M., S. Birley, and S. Mosey. 2004. "Entrepreneurship and university technology transfer." *Journal of Technology Transfer* 29 (3/4): 235–46.

Wright, M., et al. 2006. "University spin-out companies and venture capital." *Research Policy* 35 (4): 481–501.

Wright, M., et al. 2007. *Academic entrepreneurship in Europe*. Cheltenham, U.K.: Edward Elgar.

Wright, M., et al. 2008. "Mid-range universities' in Europe linkages with industry: Knowledge types and the role of intermediaries." *Research Policy* 37: 1205–23.

Wright, M., et al. 2009. "Academic entrepreneurship and business bchools." *Journal of Technology Transfer* 34: 560–87.

Zahra, S., I. Filatotchev, and M. Wright. 2009. "How do threshold firms sustain corporate entrepreneurship? The role of boards of directors and knowledge." *Journal of Business Venturing* 24: 248–60.

Zucker, L. G., and M. R. Darby. 2001. "Capturing technological opportunity via Japan's star scientists: Evidence from Japanese firms' biotech patents and products." *Journal of Technology Transfer* 26 (1–2): 37–58.

Zucker, L. G., M. R. Darby, and J. Armstrong. 1998. "Geographically localized knowledge: Spillovers or markets?," *Economic Inquiry* 36 (1): 65–86.

Zucker, L. G., M. R. Darby, and J. Armstrong, J. 2000. "University science, venture capital, and the performance of U.S. biotechnology firms." Mimeo, UCLA.

Zucker, L. G., M. R. Darby, and M. B. Brewer. 1998. "Intellectual Human Capital and the Birth of U.S. Biotechnology Enterprises." *American Economic Review* 88 (1): 290–306.

第二章

开放科学与开放创新:从大学获取知识

马库斯·珀克曼和乔尔·韦斯特

导言

开放创新意指企业在努力创新的过程中从自身边界之外获取知识和技术（Chesbrough, 2003）。将外部搜索与内部研发能力相结合，不仅为企业提供了更广泛的技术选择，而且允许企业将相对较多的资源投入到它们认为具有核心优势的研发领域中。

企业自正式研发伊始就一直致力于开放创新。在本章中，我们将重点讨论一种具体的开放创新模式——与大学开展合作。[1] 人们对美国在 1980 年《拜杜法案》颁布之后的发展的关注也许掩盖了这样一个事实，即企业与大学的合作有着悠久的历史，可以追溯到企业为研发所作的最早的系统性努力（Mowery, 2009）。例如，大学实验室和化工企业之间紧密的网络关系使德国合成染料工业得以崛起（Murmann, 2003），旧金山湾区企业得以建立（Lenoir, 1997; Kenney, 1986）。早在 20 世纪 30 年代，麻省理工学院就为教师咨询和向产业界授权本校的专利制定了政策（Etzkowitz, 2002）。

从企业的角度来看，与大学合作和与商业实体合作存在一个根本性的不同。大学是进行大多数公共资助研究的场所，大多数公共研究构成了开放科学的一部分（Dasgupta and David, 1994）。开放科学意指进行研究的目的是发表研究成果。尽管开展开放科学不一定与商业开发相冲突（Murray, 2002），但实践中存在一些潜在的摩擦点，可能会影响企业与大学之间的合作（Slaughter and

第二章　开放科学与开放创新：从大学获取知识

Leslie, 1997; Krimsky, 2003; Stuart and Ding, 2006）。

大学的主要活动是教育学生和开展以发表为目的的开放科学研究，因此，服务商业客户是与这些活动同时进行的。大学生活的两个结构性方面可能会对大学与企业的成功互动构成障碍。首先，大学教师对研究课题的选择往往会反映他们的意图是寻求新颖的科学贡献，而不是将研究项目的商业用途最大化。新的科学贡献为发表提供了优先权，反过来，发表又为在学术界的专业团体中积累声誉和地位奠定了基础（Merton, 1973）。

企业为创造商业优势而保护和利用知识的努力可能与开放科学的逻辑相矛盾。知识产权保护可能会阻碍或减缓开放科学所需的想法的自由流动（David, 2004; Murray and Stern, 2007）。此外，知识产权产生的交易成本可能会限制外界获取大学知识或研究材料（Murray, 2010），而大学研究人员在申请专利前对专利进行保密可能会减少从大学流向其他公共和私人研究人员的知识（Fabrizio, 2006）。在大学内部，由这些商业联系引起的收入差距可能会打破更广泛的大学文化规范（Argyres and Liebeskind, 1998）。

然而，尽管开放科学和商业科学之间存在文化和结构上的差异，但企业还是可以从公共资助研究的持续生产中受益良多。大学在产生新知识并将新知识传播到更广泛的经济领域方面起着至关重要的作用（Henderson, Jaffe, and Trajtenberg, 1998; Cohen and Levinthal, 1990）。特别是在化工和制药等科学密集型产业中，大学对企业而言是创新的重要外部来源（Mansfield, 1991; Cohen, Nelson, and Walsh, 2002; Laursen and Salter, 2004; Hanel and St-

Pierre, 2006）。在某些情况下，企业通过公开文献以及研究人员和学生的流动产生的溢出效应获得大学的创新成果及其先前的研究（Salter and Martin, 2001; Mohnen and Hoareau, 2003）。埃德温·曼斯菲尔德（Mansfield, 1991）的研究表明，近十分之一的企业创新直接基于学术研究。

在本章中，我们关注的不是这些溢出效应，而是通过企业和大学之间直接和正式的互动进行的知识转移和创造。企业直接获取大学技术的方式具有不同的形式，包括许可、研究合作、合同研究、赞助研究和教师咨询（Link, Siegel, and Bozeman, 2007; D'Este and Patel, 2007; Perkmann and Walsh, 2007）。企业和大学之间知识和技术流动渠道的多样性证明，企业与大学合作不仅是为了获取"新的"技术知识，也是为了支持和完成正在进行的开发活动（MacPherson, 2002; Cohen et al., 2002; Carayol, 2003; Lee, 2000）。

尽管大学是企业知识和创新的来源之一，特别是在某些部门，但关于"开放创新"的现有研究相对较少关注大学-产业关系（Fabrizio, 2006; Perkmann and Walsh, 2007）。因此，我们从企业的角度回顾了关于企业-大学互动的更广泛文献，确定这些文献如何为我们提供关于开放创新的这一特定变化形式的认识，随后对这两类文献的进一步研究提出建议。

下面，我们将概述企业与大学之间直接互动的三种主要模式：知识产权许可、研究服务和研究伙伴关系。我们概述了每种模式的主要特点、每种模式对企业的相对重要性以及好处和挑战。虽然许可仍然是公共研究进入企业实验室的重要模式，但我们强调了企业和大学之间基于关系的互动模式——研究服务和研究伙伴关系——的重要作用。虽然其中一些基于关系的互动使得通过知识产权促成拨款成为可能，但其他基于关系的互动更符合开放科学的规范，并通过产生基础知识、创造技能和实现后续创新为企业创造利益。在本章末尾的表2.2中，我们提供了一份关于从大学获取知识的所有参考实证文章的表格式摘要。

从大学获取创新的三种方式

企业与大学之间的联系可以被视作更加普遍的开放创新版图的一部分。大学的一般外部效益，例如培养一批又一批毕业生，产生科学知识和仪器设备，长期以来一直被视为产业创新的一个重要来源（Pavitt, 1991; Salter and Martin, 2001）。在《拜杜法案》和其他国家的相关政策出台之后，大学致力于更加广泛地从事产业创新，导致大学申请专利的倾向不断增强（Nelson, 2001），大学从许可中获得的收入不断增加（Thursby, Jensen, and Thursby, 2001），从事学术创业的大学研究人员数量不断增长（Shane, 2005），技术转移办公室、产业合作支持办公室和科学园区不断扩散（Siegel, Waldman, and Link, 2003），大学衍生企业数量不断增长（Lockett and Wright, 2005）。

企业获取大学技术的方式之一是授权大学拥有的知识产权。授权，亦称许可，是一种合同协议，根据这些协议，企业通常通过授权有偿获得使用大学产生的知识产权的权利（Phan and Siegel, 2006）。虽然企业通常更青睐获得此类知识产权的专有所有权,但有些知识产权可以在非专有的基础上被授权给多家企业。授权是企业相对快速地获得现有技术的一种常见的"由外而内"的途径(Chesbrough, 2003; Enkel, Gassmann, and Chesbrough, 2009)。然而,知识产权的引进授权(In-Licensing)只是企业获取大学产生的知识的方式之一(Cohen, Nelson, and Walsh, 2002; Arundel and Geuna, 2004; Faulkner and Senker, 1994)。事实上,与其他互动模式相比,通过专利申请和许可进行的编码化知识的转移的重要性似乎很有限(Agrawal and Henderson, 2002; Schartinger et al., 2002; Cohen, Nelson, and Walsh, 2002)。调查表明,美国的研发主管们最看重合同研究、咨询和合作研究,而许可则被认为不太重要(Roessner, 1993; Cohen, Nelson, and Walsh, 2002)。在下面的讨论中,我们描述了两种不依靠知识产权转让的主要机制:研究服务和研究伙伴关系。这两种模式对应的是开放创新的"耦合路径",即企业和外部伙伴结合彼此的技术来共同生产(并且往往商业化)对企业有价值的技术(Enkel, Gassmann, and Chesbrough, 2009)。

研究服务是大学研究人员为外部客户提供的有偿服务(即咨询和合同研究)(Perkmann and Walsh, 2007)。咨询是指大学教师提供建议和专业知识的活动,通常是为了获取个人收入;合同研究通常涉及大学设备的使用,由此产生的收益有利于大学或研究团队。这两种形式的研究服务通常都包括明确的知识产权许可协议,但与知识产权转让不同的是,它们涉及为企业的定制规范开发新的知识产权,而不是许可大学雇员已经开发的知识产权。研究人员也可以通过在董事会或科学咨询委员会任职来贡献自己的科学专业知识。对前者的研究表明，担任董事的学术型科学家有助于企业管理层分配用于研发和其他技术项目的投资（Hülsbeck and Lehmann, 2012; White et al., 2013）。在科学咨询委员会任职的大学教师为企业在未来获取大学知识提供了纽带，同时使企业（尤其是在技术不确定性很高的情况下）与外部利益相关者的关系合法化（Stuart, Ozdemir, and Ding, 2007; Chok, 2009）。

研究伙伴关系是正式的合作安排，目的是在研究和开发活动中开展合作（Hall, Link, and Scott, 2001）。这种关系通常被称为"合作研究"、"联合研究"或"研究型合资企业"。它们的范围很广，包括从小型的临时项目到大型的长期大学–产业研究中心，再到拥有数百个产业成员的永久性大型财团。这种伙伴关系与研究服务的不同之处在于，它们要么包括企业的研究贡献，要么与大学的非金钱目标（如发表研究成果）相一致，要么两者兼而有之。

这三种大学知识获取模式的不同之处在于它们向大学研究人员提供的激励不同。虽然许可产生的经济租金通常由发明人和发明人所在的机构分享，但研究服务和研究伙伴关系也为研究人员提供了非金钱利益。这些模式在向企业提供的控制程度、对研究方向的接触和影响以及获取大学技术时涉及的风险和成本方面也有所不同。下面，我们将更加深入地讨论这三种模式，详细概述它们的目的、使用环境以及企业参与其中所需的能力。我们在表2.1中提供了一份表格式摘要。

表 2.1 三种获取大学创新的模式

模式	知识产权转移	研究服务	研究伙伴关系
方法	获取产品或工艺创新所需的现有想法	签订合同，在明确界定的领域开发新想法	合作发现新想法
企业目标	迅速获取由开放科学开发的技术	外包研发项目，而不是发展内部能力	利用内部和外部研究人员的各自优势，获取开放科学成果
大学目标	学术发明收入；经济影响；为教师服务	由对现有专业知识的利用产生的收入；获取想法、材料和数据	共享的科学进步；来自公共和私人来源的收入
所需的企业能力	搜索和外部监控	采购、合同管理	关系管理、学习
应用领域	知识产权关联度高的部门	具有可预测创新轨迹的成熟部门	新兴技术领域和产业部门、科学密集型部门

许可

将大学获得的专利或受其他形式保护的发明授权给企业，能够使企业启动新的技术开发途径，例如生物技术公司获得在大学实验室中发现的新分子实体技术的授权。一些国家已经制定了政策，激励大学保护自身的知识产权并使其能够为外部组织所用（Mowery and Sampat, 2005）。许多大学已经建立了技术转移办公室，其任务是确定能够商业化的发明，保护大学的知识产权，并与商业买家达成许可交易（Owen-Smith and Powell, 2001; Debackere and Veugelers, 2005; Siegel, Waldman, and Link, 2003）。在专利知识产权发挥重要作用的产业，例如生物技术和信息技术产业，许可发挥着重要作用（Niosi, 2006; Brusoni, Marsili, and Salter, 2005）。

就获取的知识类型而言，与大学达成的大多数许可协议都涉及早期技术（Thursby and Thursby, 2004; Colyvas et al., 2002），尽管在某些情况下，许可证也可以为企业开展的下游技术开发项目提供补充和改进。在早期阶段，一项新技术往往具有高度的技术或商业不确定性（Jensen and Thursby, 2001）。在被许可人投入大量资源将技术商业化之前，这样的不确定性可能无法得到解决，这进一步增加了企业承担的风险。

为了最大限度地降低此类风险，许可常常由发明人持续参与的合作措施加以补充（Agrawal, 2006; Thursby and Thursby, 2004）。这种发明人参与的根本原因在于——特别是面对新技术时——相当一部分的相关专业知识通常无法以编码化的形式获得，因而发明人可以要求拥有专属权（Zucker, Darby, and Armstrong, 2002）。因此，通过伙伴关系让发明者参与进来是企业"捕获"稀有知识的一种机制。当这类知识的感知价值（perceived value）较低时，编码成本过高；但当其价值较高时，又会很快被竞争所侵蚀（Zucker, Darby, and Armstrong, 2002）。这种合作措施使企业能够加速技术开发，从而在专业知识通过编码扩散之前享有先发优势（Agrawal, 2006）。

除了发明人的参与之外，开发风险和其他委托-代理问题还会通过与大学分担风险的方式得到缓解，例如通过将付款与技术的最终商业收益挂钩（Jensen and Thursby, 2001）。这可以通过对包含特定发明的产品收取特许权使用费来实现。

对潜在的企业被许可人而言，一个重大问题是大学技术与其他专利相比有多大价值。相关证据混杂多样，但它们总体上表明大学技术非常具有价值，特别是在科学密集型部门。例如，一项对生物技术企业进行的研究表明，和大学有联系（包括许可证）的企业比和大学没有联系的企业更具创新性（George, Zahra, and Wood, 2002）。在一项对学术专利和产业专利进行的比较中，丽贝卡·M.亨德森、亚当·B.贾菲和曼努埃尔·特拉伊滕贝格（1998）发现，1980年以前的大学专利在质量上高于（即被引率更高）一般的美国专利。然而，埃莱夫特里奥斯·萨普萨利斯（Eleftherios Sapsalis）、布鲁诺·范波特斯伯格·德拉波特利（Bruno van Pottelsberghe de la Potterie）和拉恩·纳冯（Ran Navon, 2006）发现，大学生物技术专利在质量上与1995年至1999年间在比利时申请的同一专利家族中的产业专利旗鼓相当。

总而言之，从事知识产权转让使企业能够相对快速地获得在企业内部无法获得的现有技术。获得外部产生的技术，即便是技术雏形，也可能使企业得以走上新的产品开发道路，或为现有道路提供补充。

企业需要有特定的能力才能利用这种获取大学知识的特定方式。

首先，由于潜在的有用想法可能会被广泛传播，企业需要足够的搜索和监控能力。这种跨越组织边界和技术边界的能力使企业能够克服本地搜索的锁定效应（lock-in effect），从而导致更高的创新性（Rosenkopf and Nerkar, 2001）。只要企业的资源足以应付已经建立的关系数量，那么广泛（在众多外部组织中）和深入

（密集地在与自己合作的组织中）地进行搜索就对企业的创新性具有积极影响（Laursen and Salter, 2006）。在现实中，企业在搜索大学授权的技术时，似乎在很大程度上依赖人际联系，这表明存在"闭锁"风险（Thursby and Thursby, 2001）。

其次，技术许可需要组织能力予以支持。这包括建立专门的知识产权管理部门，这些部门可能作为各家公司的利润中心（Arora, Fosfuri, and Gambardella, 2001; Rivette and Kline, 2000; Siegel, Waldman, and Link, 2003）。

再次，由于许可的特定特征，它在某些情况下能够比在其他情况下更好地发挥作用。特别重要的是发生这种情况的独占性条件。当复制成本和模仿成本之间存在巨大差距时，以这种方式获取技术的效果最好（Teece, 1986）。换句话说，如果基础技术能够得到清楚的编码和阐释（Winter, 1987），知识产权能够得到良好的界定和保护，许可就会发挥作用。这样的条件在化工和制药产业以及软件或半导体等高科技产业普遍存在（Levin et al., 1987）。

研究服务

研究服务尤其是合同研究或咨询也是企业获取大学技术的方式之一（Perkmann and Walsh, 2007）。这类服务通常是大学（或大学研究人员）明确和正式地向企业转让知识产权。研究服务和许可之间的一个重要区别是，后者涉及业已存在的发明，而研究服务的重点在于合作，这种合作可能是围绕现有的知识产权构建的，也可能不是围绕现有的知识产权构建的。

合同研究意指企业委托大学有偿开展特定的研究项目

（Cassiman, Di Guardo, and Valentini, 2010）。在很多情况下，这些合同规定了保密义务，因此，与企业合作的大学教师可能无法公开发表研究成果。同样，这些合同还可能规定，由已计算全部成本的研究合同产生的任何知识产权都应转让给委托方。

与大学签订研究合同的另一种方式是聘请大学教师担任顾问。许多大学都做出规定，允许本校学术人员将一定的时间（通常是20%）用于校外活动。在允许企业利用学术专业知识开发可申请专利的技术方面，教师咨询发挥了重要作用。将近26%源自学术型发明人的专利没有被转让给大学，而是被转让给了企业（Thursby, Fuller, and Thursby, 2009）。原因之一可能是美国的大学教师在夏季的几个月都会担任企业顾问，而这种活动产生的任何知识产权都可以被合法地转让给他们的商业伙伴。

研究服务使企业能够对将要产生的产出施加一定程度的控制，按照比研究伙伴关系更严格的期限要求对项目进行管理（下文将讨论），并对产生的知识产权保持更严格的控制。从企业的角度来看，大学教师是有能力解决开发过程中出现的具体问题或提供有科学依据的技术建议的专家。因此，聘请他们担任顾问对建立内部专业知识而言可能是一种有吸引力的替代方案，因为建立内部专业知识需要巨大的人力资本投资。研究服务不同于其他形式的大学-产业关系，因为它们调动了学术界普遍拥有的专业知识（Agrawal and Henderson, 2002）。因此，研究服务可以被视为利用"旧科学"（Rosenberg, 1994; Allen, 1977; Gibbons and Johnston, 1974）。研究服务解决问题并提供改进，而不是提出新的项目想法或开拓新的设计组态（Utterback, 1994; Gibbons, 2000）。

然而，大学一般不专门提供商业研究服务。对企业而言，大学作为合作者的特殊性质带来了特定挑战，但也提供了机会。由于大学教师的生计并不依靠提供研究服务，因此，特别是那些与高水平大学建立联系的大学教师往往会严格筛选自己参与的项目以及在何种条件下参与。他们可能担心项目鲜有或根本没有科学新意，并迫使他们将自己的工作从研究转向短期目标（Boyer and Lewis, 1984）。此外，这些项目通常是高度保密的，这限制了学术伙伴通过发表研究成果获取学术资本的能力。

然而，在一些情况下，尽管存在上述挑战，企业还是可以成功地从学术界获取研究服务。首先，如果大学教师在以应用或使用为动机的科学或技术领域工作，他们会有兴趣提供研究服务（Stokes, 1997）。大学和其他公共研究组织进行的许多研究都是"应用性"的，因为这类研究解决技术问题并寻求技术解决方案（Niiniluoto, 1993）。特别是那些从专业实践中发展起来的领域，例如工程、法律和医学领域，与应用和实施问题保持着密切的联系。这反映在工程师与科学家相比所采取的做法上（Allen, 1977）。其次，企业可以将咨询活动作为其与大学教师或大学教师的研究团队之间更广泛关系的一部分。例如，短期咨询活动可以为更实质性的合作提供机会。或者，在更大的大学-企业研究联盟的背景下，大学教师可以提供合同研究或咨询作为更广泛的相互交换条款的一部分（Perkmann and Walsh, 2009）。最后，当企业需要的服务对提供服务的大学教师而言边际成本较小时，大学教师就可以提供服务。在这种情况下，企业需要相对罕见的和高度专业化的专业知识，这些专业知识对企业来说具有很高的价值，但大学教师可以相对容易地提供这些知识，因为他们已经拥有了所需的专业知识，不必为执行任务而获取新的知识。换句话说，如果大学教师能够从自己的专业知识中获得租金，他们就会很愿意提供咨询服务。

为了成功地从大学获取研究服务，企业可以做些什么？

第一个方面是确保交易成本保持在较低水平。例如，咨询项目是规模相对较小的项目，有明确的结果和时间表。随着大学在知识产权的规定方面愈发理想化，企业和大学之间关于合同条款和条件的谈判可能会变得困难重重和旷日持久。为了降低交易成本，最大限度地缩短谈判持续时间，各行动方都在寻求制定可以灵活运用的标准化协议。例如，美国宝洁公司[①]就与俄亥俄州制定了一项框架协议，该协议涵盖该州系统中的所有大学。同样，在英国，所谓的《兰伯特协议》(Lambert Agreements) 堪称大学-产业合作的合同范本 (Treasury, 2003)。

第二个方面是项目必须"左右兼顾"，即同时满足企业和大学教师的要求。能够熟练地以这种方式获取大学知识的企业意识到，允许它们的学术伙伴同时追求学术目标——发表文章、指导博士生、获取数据或人工制品——可以大幅降低它们参与的成本或增强大学教师参与任务的动力。

第三个方面通常是研发外包的共同点。企业使用研究合同来明确要求和项目产出，并根据这些要求和项目产出在时间和精力

[①] 宝洁公司（P&G）始创于 1837 年，是世界上最大的日用消费品公司之一。公司总部位于美国俄亥俄州辛辛那提市。——译者注

或成本加成的基础上商定报酬（Carson, 2007）。由于这类服务的提供具有相对较高的不确定性，因此，信任的存在，尤其是善意的信任（Sako, 1992），通常会成为研发外包取得成功的前提。研究表明，在这种情况下，合同的正式规定可能会被"遗忘"——如果项目进展和日常运作迫切要求如此（Howells, 1999）。

研究伙伴关系

研究伙伴关系是一种开放创新模式，对各个部门的科学密集型企业尤其重要（Cohen, Nelson, and Walsh, 2002; Meyer-Krahmer and Schmoch, 1998）。与研究服务一样，研究伙伴关系是一种获取大学产生的知识的手段，即便是在不能有效通过知识产权占有发明的部门和专业知识领域也是如此。就开放创新而言，这种伙伴关系符合开放创新的"耦合"路径，即两方或多方为一项创新的创造和发展做出贡献（Enkel, Gassmann, and Chesbrough, 2009）。

研究伙伴关系是双方都运用自身资产和能力的合作安排。研究伙伴关系不同于许可安排，原因是没有一种预先存在的技术在合作伙伴看来具有足够的商业价值去证明知识产权的直接转让是合理的。在组织上，研究合作关系的范围涵盖小型的临时合作和大型合作研究中心（Adams, Chiang, and Starkey, 2001; Boardman and Gray, 2010; Boardman and Corley, 2008; Santoro and Chakrabarti, 1999; Bozeman and Boardman, 2003）。

研究伙伴关系通常会得到公共政策计划的资助。在美国，研究伙伴关系是通过先进技术计划（Advanced Technology Program，缩写为 ATP）等联邦资助的计划实现的（Hall, Link, and Scott,

2000）；在英国，研究伙伴关系是通过研究委员会、政府部门和国民保健服务（National Health Service，缩写为NHS）系统提供的各种资助工具实现的（Howells, Nedeva, and Georghiou, 1998）；在德国，研究伙伴关系是通过政府计划中的大学-产业联合项目实现的（Schmoch, 1999）。而在欧洲，欧盟委员会的"框架计划"（framework programs）为涉及大学和企业的合作项目提供资源（Larédo and Mustar, 2004; Caloghirou, Tsakanikas, and Vonortas, 2001; Peterson and Sharp, 1998），并得到国家资助委员会计划的补充。

对企业而言，公共基金相当于一种事实上的补贴，使它们能够利用自己的研发预算。然而，公共资助的计划通常规定，在这种伙伴关系中进行的工作必须是"竞争前的"（没有直接的商业利用潜力）。调动公共资金意味着大学要求对合作项目产生的知识产权享有全部或至少部分所有权（Owen-Smith, 2005; Ham and Mowery, 1998; Poyago-Theotoky, Beath, and Siegel, 2002; Fontana, Geuna, and Matt, 2006; Caloghirou, Tsakanikas, and Vonortas, 2001）。

虽然大多数研究伙伴关系的建立是为了应对可能需要5到15年才能投入商业应用的相当基础的科学挑战，但它们在知识产权协议方面存在差异。首先的挑战是开放，即企业是否能够公开发表研究成果，而不追求知识产权。这种开放的重大挑战的例子之一是结构基因组学联盟（Structural Genomics Consortium，缩写为SGC），该联盟是制药公司葛兰素史克、默克和诺华之间的一项创新合作，旨在对与药物开发相关的蛋白质进行研究。该联盟的基地设在加拿大多伦多、英国牛津和瑞典斯德哥尔摩，已经吸引了来自维康信托基金会（Wellcome Trust）及许多其他公共资助者和基金会的资金。为了降低交易成本并将参与者的注意力集中在科学挑战上，该联盟有一项明确的政策，即不追求任何知识产权保护（Perkmann and Schildt, 2011）。

对企业而言，参与此类开放科学倡议可能是有意义的，例如，当处于领先地位的产业参与者意识到需要采取集体行动来解决整个产业面临的基本挑战时，例如研发生产力大幅下降的制药业。此外，开放的研究伙伴关系可以帮助企业开创全新的市场。不受知识产权限制的知识可能比受保护的知识传播得更快、更广，因此可以吸引更多不属于原始研究计划的后续研究人员和创新者。国际商业机器公司（IBM）赞助了服务科学这一新兴领域的重大研究倡议，使该公司能够影响研究问题和研究日程。参与开放研究伙伴关系的第三个理论依据是应对能源或环保等具有高度社会意义的挑战。例如，石油和天然气企业资助了以大学研究为基础的大型替代能源或碳捕集计划。

安德烈亚斯·帕纳戈普洛斯（Andreas Panagopoulos, 2003）提出了一个经济模型，根据该模型，当相关技术新颖且不大为人所知时，企业更有可能选择研究伙伴关系。在这种情况下，披露知识产权和放弃合作研究产生的（部分）知识产权的机会成本较低，而从合作中产生的知识"溢出效应"的潜在收益高于开发和改进成熟技术所产生的知识"溢出效应"的潜在收益。在结果高度不确定、研究周期长、技术的商业价值未经证实的情况下，企业会接受这种"开放"的上游研发协议。

与这种开放伙伴关系相比，企业和大学之间的"封闭"伙伴关系更强调产权保护。近年来，许多企业减少了分配给内部研发的预算，并努力从其他供应商那里获取更多的研发活动（Dodgson, Gann, and Salter, 2006）。在这一做法中，大学是具有吸引力的合作伙伴，特别是在制药或国防等公共研究投资很高的领域中（Garnier, 2008）。例如，对英国罗尔斯-罗伊斯公司（Rolls-Royce）来说，与大学的合作已经成为公司内部研发的一种自然补充。该公司已在世界各地的大学中建立了30个大学技术中心（University Technology Centre，缩写为UTC）。每个中心都专注于一个专门的技术领域，如振动或燃烧，每个大学合作伙伴都因其在某一领域的卓越表现而被选中。这些中心每五年获得一次资助，合作续约与具体的绩效情况挂钩。这些大学技术中心签有保密协议，知识产权由英国罗尔斯-罗伊斯公司控制。

封闭伙伴关系允许企业伙伴更加密切地控制研究计划和研究成果，但吸引的公共资金可能较少，特别是在仅有一家企业参与的情况下。在有多家企业参与的伙伴关系中，合作伙伴选择了一种介于两个极端之间的中间方式，在这种方式中，后者被赋予了对伙伴关系或中心的活动可能产生的任何技术进行许可的优先权。

综上所述，研究伙伴关系允许企业参与新知识的生产，有效地利用公共研究组织中的可用人才和资源。特别是在开放伙伴关系中，成本可在不一定减少价值创造的情况下由众多参与者分摊。这一事实是理解研究伙伴关系吸引力的关键。这些潜在收益抵消了参与此类计划所带来的不确定性和专有权让步。例如，一项对美国半导体制造技术战略联盟（半导体产业的一个大型研究网络）的研究表明，伙伴关系带来的工艺和技术进步是伙伴关系中的任何一方凭一己之力无法做到的（Link, Teece, and Finan, 1996）。

第二章　开放科学与开放创新：从大学获取知识

企业参与研究伙伴关系需要具备哪些能力？例如，当有待获取的技术资产还没有被创造出来时，传统的搜索和监控能力就不那么重要了。鉴于学习型联盟往往更具新生性，无法通过事前匹配获得（Koza and Lewin, 1998），理性的例行搜索程序不及组织间合作安排的实际管理来得重要。在这方面，事先明确结果和事后评估结果都很困难（Hagedoorn, Link, and Vonortas, 2000）。因此，就管理而言，研究伙伴关系强烈依赖参与的个人和团队的自动组织主动性，例如作为组织与其环境之间的中间人的"边界管理者"[①]（Tushman and Scanlan, 1981）。这将使一个组织能够通过依靠跨越组织边界的各种人际联系，使自己沉浸在知识创造生态之中（Liebeskind et al., 1996）。

同样，尽管许可构成了一项或一系列明确界定的交易，但探索性合作的条款更加难以事先具体说明，特别是就大学-产业伙伴关系而言（Perkmann, Neely, and Walsh, 2011）。因此，对这种合作的控制依赖于行为控制和过程控制，而不是产出控制（Koza and Lewin, 1998）。依赖投入控制和吞吐量控制，而不是产出控制，意味着这种联盟对于其产出更加不可预测。因此，相关组织的成员个体之间的信任关系可能比技术交易情况起着更加重要的作用（McEvily, Perrone, and Zaheer, 2003; Liebeskind et al., 1996）。

最后，伙伴关系的成果需要成功地被企业占有（Cohen and Levinthal, 1990）。由于参与此类联盟很可能由专业的研发人员领

[①] 边界管理者是多团队系统情境中在团队内发挥领导功能、在团队间发挥协调功能的个体。——译者注

导，因此挑战在于获得的知识如何能够被企业内部的运营职能有效利用。换句话说，界面的管理和跨职能的反馈因此显得至关重要。鉴于创新过程的非线性（Kline, 1985），企业需要整合机制来成功利用通过探索联盟获得的新知识。

这种开放创新在什么条件下最有效？彼得·J. 莱恩（Peter J. Lane）和迈克尔·H. 鲁巴特金（Michael H. Lubatkin, 1998）强调，成功的学习型联盟必须满足一系列先决条件，例如合作伙伴的薪酬政策和组织结构相似，以及合作伙伴熟悉彼此的一系列组织问题。这就是为什么生物技术企业的组织结构往往与大学中的院系类似（Zucker and Darby, 1997）。同样，其他大学教师发现，当制药企业的组织结构允许它们的科学家与学术型科学家建立网络关系时，这些企业最有能力向科学界学习（Cockburn and Henderson, 1998; Owen-Smith and Powell, 2004）。更一般地说，探索联盟最有可能出现在新兴领域，这意味着知识高度分散，尚未经过编码（Powell, Koput, and Smith-Doerr, 1996）。同样，探索联盟往往出现在创新领域，这类创新领域高度依赖学术科学，或者高度依赖分散的非商业行为用户（Von Hippel, 1987）或开源社区的投入（Dahlander and Magnusson, 2005）。

总结

上文概述的三种知识获取模式代表了通过获取开放科学参与开放创新的不同方式。最明显的是，这些模式以不同的方式与开放科学保持一致。许可代表了标准的"由外而内"的开放创新模式,在这种模式下,技术被包装成知识产权,并为了获利而在开放科学的渠道之外进行交易。同样,研究服务通常规定了保密义务和企业对任何预期知识产权的控制。相比之下,许多研究伙伴关系代表了知识获取的另一端,因为它们含蓄或明确地接受开放科学的各个方面,强调公开发表和由好奇心驱动的研究。

尽管侧重点不同,但这些模式中的任何一种与开放科学都不存在必然的矛盾。通过许可进行的技术转移是在科学研究已经进行的情况下发生的,而且在许多情况下,研究成果在申请专利的同时已经在公开文献中发表。对"专利-论文对"的研究表明,许多科学家是在学术和商业领域都能施展拳脚的专家(Murray, 2002),而且这些学术活动和商业活动往往是相辅相成的(Perkmann, King, and Pavelin, 2011)。此外,知识产权往往产生于研究伙伴关系和研究服务期间开展的工作。最后,研究服务通常是由大学教师提供的,他们的发明已经被授权给了企业,但需要更多的发明人参与才能成功利用所涉及的技术(Agrawal, 2006)。

我们在开放创新和大学技术转移的交叉点上确定了未来的研究机会。虽然开放创新领域的学者对企业获取外部知识进行了研究,但关于专门从大学获取此类知识的研究并不多见(West and Bogers, 2014)。同样,虽然存在大量关于大学技术转移的研究,但这些研究大多是实证研究,侧重于大学一方。出于这些原因,我们需要更多关于三种知识获取模式的特点、驱动力和后果的证据和理论发展,这三种模式都是专门从企业的角度确定的。

首先,需要对大学向企业进行授权的成本和收益开展更多研究。随着《拜杜法案》的出台,许多大学——在政策制定者的支持下——将重点放在了知识产权的利用上。这导致一些观察家抱怨称,与研究伙伴关系和研究服务的知识产权谈判有关的交易成本变得过于沉重,使企业不敢与大学合作,同样也使大学教师试图与产业界合作的努力受挫(Bruneel, D'Este, and Salter, 2010; Kenney and Patton, 2009)。由于一些大学和企业一直在尝试用各种方法解决这些问题,未来的研究应该从企业的角度评估这些伙伴关系,并确定这些伙伴关系取得成功所需的条件。

更一般地说,我们需要更好地理解获取大学知识能够为企业绩效做出贡献。虽然关于研发联盟和开放创新的文献已经就外部知识获取对企业绩效的影响提供了丰富的见解(Sampson, 2007; Laursen and Salter, 2006; West and Bogers, 2014),但我们不太了解获取大学知识对企业绩效的影响。具体而言,未来的研究应该调查是什么调节着大学知识获取战略的好处。

其次,关于教师咨询和合同研究的研究强调了教师咨询和合同研究对大学的潜在积极和消极影响,例如教师咨询和合同研究与基础研究之间可能的互补性,以及教师角色和咨询角色之间的利益冲突。然而,关于研究服务对企业的作用的研究十分有限。由于研究服务相对非正式的性质以及保密协议的存在,对研究服务进行研究十分困难——特别是从企业的角度来看。然而,私人科学目标和开放科学目标之间可能存在的矛盾和互补性,为研究是什么在调解最终结果提供了机会。企业的支出平均是其从大学获得知识产权权利的所需支出的数倍,这一事实加强了在该领域展开进一步研究的理由。

最后,需要对企业如何以及为何参与合作研究伙伴关系进行更多研究。例如，与研究伙伴关系有关的一个重要问题是，研究伙伴关系在组织上应该如何构建，才能既克服大学-产业关系中固有的挑战，又利用自身独特的属性（Cyert and Goodman, 1997）。一个同样重要的问题是，企业应该如何管理自身向新的研发商业模式的转变，在这种模式下，大部分研发都是通过合作伙伴关系获得的，其中部分是通过与大学合作获得的（Garnier, 2008）。与此同时，还需要更多关于新型合作倡议的证据，这些合作倡议试图强调开放科学而不是知识产权，结构基因组学联盟就是一个例子。

未来研究的最后一个领域涉及个人动机以及学术研究人员在何种条件下既准备和又能够参与企业研究。对企业而言，了解学者的动机对于同意伙伴关系非常重要，因为学者的动机往往是非金钱性的（D'Este and Perkmann, 2011）。企业或许能够利用自身资源提供非货币奖励，例如支持合作伙伴开展学术研究和寻求得到开放科学体系的认可，类似于适用于其他类型创新者（如开源程序员、学生和/或消费者）的激励措施（West and Gallagher, 2006; Dahlander and Gann, 2010）。这里的首要问题是，企业如何能够激励和获取分布式创新者[①]在企业运营的更广泛的研发生态系统中可能产生的后续创新。

[①] 分布式创新是指创新所需的技术以及相关能力在多家企业和其他知识生产机构之间分布，由一家主导企业发起，选定创新任务，在研发合作伙伴或内部分支研发机构之间分配创新任务，最后对研发创新成果进行集成的研发模式。从事或参与此类创新活动的个人或机构被称为分布式创新者。——译者注

表 2.2 从大学获取知识：以往研究总结

文章	研究问题	数据	发现
Adams, Chiang, and Starkey, 2001.	大学-产业研究中心会对产业研发和专利申请活动产生何种影响？	对美国200家上市公司拥有的208个研发实验室进行的调查	在分析了所有产业的大学-产业研究中心之后，作者提出证据表明，大学-产业研究中心通过提高相关产业实验室的专利申请率来促进技术转移。除了传统的知识产权转让外，这些中心还鼓励一系列活动，例如大学和产业成员之间的共同撰文、学术咨询、应用研发和教育产出
Agrawal, 2006.	大学技术商业化在多大程度上依赖发明人的参与？	麻省理工学院的438份许可协议	发明人的参与和商业化的成功呈正相关。尽管作者强调了一些警告事项
Arundel and Geuna, 2004.	大型企业在多大程度上运用开放科学组织的知识，地理邻近性又发挥了怎样的作用？	欧盟大型研发型企业的调查数据；收到588份回复	作者发现，来自公共研究组织的知识对管理者而言不如来自附属企业的知识的质量和产出的可获得性呈正相关，而与企业的研发强度呈负相关
Bruneel, D'Este, and Salter, 2010.	是什么减少了大学-产业合作面临的障碍？	对在物理和工程科学领域与英国学术研究人员合作的组织进行的调查，收到600个组织的回复	他们确定了两类障碍：由大学的基础研究导向造成的障碍，以及交易型障碍。企业之前的合作研究经验减少了与大学的基础研究导向相关的障碍，而更高的信任水平减少了上述两类障碍。互动的广度减少了与基础研究导向相关的障碍，但增加了与交易相关的障碍

续表

文章	研究问题	数据	发现
Caloghirou, Tsakanikas, and Vonortas, 2001.	为什么企业与大学一道参与欧盟资助的合作项目?	对参与欧盟项目的企业进行的调查;收到312份回复	企业与大学合作以利用研究的协同效应(通过节约成本或提高研发生产率)并了解重大技术发展的好处是对它们的知识库产生了积极影响
Carayol, 2003.	企业与大学结合在一起的过程是怎样的?	一项欧盟计划内46项合作的数据	按照研究类型、参与者数量、企业年限(是否为初创企业)和组织结构(正式与非正式)的区分,确定了5种类型的合作。作者进一步发现,追求卓越的大学基础研究教师任任于专注于从事高风险研究的企业合作
Cassiman, Di Guardo, and Valentini, 2007.	大学—产业项目是如何构建的?	涉及一家跨国企业和多所伙伴大学的52个项目的数据	作者认为,知识的特征解释了项目的组织方式。虽然基础和战略上不太重要的项目是通过大学合作协议进行的,但那些更具战略意义的重要项目和那些有待开发的知识对企业而言是新知识的项目,企业会采用签订合同的方式与大学合作
Cockburn and Henderson, 1998.	企业与开放科学研究人员的联系在多大程度上影响着企业的生产率?	21种高影响力疗法的个案史;从1980年至1994年间发表的81574篇论文中发现的20家研发密集型制药公司的研究人员的合著模式	支持在开放科学领域发表论文的企业更有可能与大学合作,这种合作似乎能提高产生"重要"专利的能力

续表

文章	研究问题	数据	发现
Cohen, Nelson, and Walsh, 2002.	企业如何与公共研究组织合作，这些联系的影响是什么？	对美国制造业企业研发部门的研发经理进行的调查；收到1478份回复	尽管公共研究在许多制造业部门得到了运用，但公共研究对少数产业（如制药业）尤为重要。除了为产业研发完成现有的项目。最重要的知识路径包括有助于完成现有的项目。最重要的信息交流，公开会议和出版物和报告，非正式的信息交流，公开会议和咨询；其他路径则被认为不太重要。因此，最重要的渠道是那些与开放科学相一致的渠道。开放科学产业研发对大型企业和初创企业的影响要大很多
Colyvas et al., 2002.	知识产权对大学发明商业化有何影响？	大学发明商业化的11项案例研究	知识产权对处于萌芽阶段的发明最为重要，而对"现成"产业有用的发明则不重要。被许可人很有可能无法将处于萌芽阶段的技术本的独家许可商业化（选择问题）。在学术界和产业界之间现有联系薄弱的领域，技术转移办公室最为重要
Cyert and Goodman, 1997.	是什么让大学-产业联盟取得成功？	以从业者为导向的文章，不以系统性数据集为基础	作者认为，研究和实践过分强调有效性衡量标准，相反他们提出了一个"学习"的观点。尽管大学-产业联盟可能导致与商业直接相关的产出，但他们认为，大学-产业联盟更重要的作用是促进组织间的学习。他们的结论是，大学-产业联盟应该选择各方都感兴趣的问题，展开基于团队的合作，并在联盟的整个生命周期中创造多样关系和任务

续表

文章	研究问题	数据	发现
D'Este and Perkmann, 2011.	是什么促使大学教师与产业界展开合作?	对4337名英国大学研究人员进行的调查;收到1528份答复	大多数大学教师与产业界合作是为了推进自己的研究,而不是将自己的知识商业化。申请专利和成立衍生公司完全是出于商业化,而联合研究、合同研究和咨询则受到与研究相关的动机的强烈影响
Fabrizio, 2006.	大学将知识产权商业化的尝试在多大程度上减缓了开放科学的可获取性?	1976年至1995年间6090家美国企业申请的专利中对开放科学的引用情况	随着开放科学在一个技术类别中变得愈发重要,企业在获取利用开放科学方面的机会被区分为"有"和"无",这表明企业在获取大学研究方面的机会是不平等的。此外,随着大学专利申请的增加,企业在引用公开科学研究方面的延迟也因此增加,这表明企业对现有知识的利用速度放缓
Faulkner and Senker, 1994.	为什么企业会与大学合作,它们使用哪些渠道?	生物技术企业、陶瓷企业和并行计算企业的定性证据	作者区分了企业用于获取大学产生的资源的三种渠道:文献、人脉和招聘。他们指出,大多数公司通过非正式的咨询与大学合作,而正式的关系仅限于生物技术、大学实验室企业和较大型企业。在信息技术等产业,企业更多情况下是客户,而非研究伙伴
Fontana, Geuna, and Matt, 2006.	是什么决定了企业与公共研究组织共同参与研究合作?	对5个产业的欧盟企业进行的调查;收到558份回复	企业与公共研究组织合作的倾向与它们筛选学术出版物、将研发外包、为保护创新和显示其能力而申请专利的程度呈正相关

续表

文章	研究问题	数据	发现
George, Zahra, and Wood, 2002.	企业与大学的合作如何影响企业的创新和绩效指标？	关于147家美国生物技术上市公司所拥有的2457个技术联盟的辅助数据	与大学存在联系的企业拥有更多的技术联盟，获得了更多的专利，研发费用更低。考虑到企业和大学的能力，与大学的更多联系会提升企业业绩，与卡内基分类研究Ⅰ型大学①的联系同样如此。这种联系并不会增加开发或发布的产品数量
Hall, Link, and Scott, 2000.	公私研发伙伴关系取得成功的决定性因素是什么？	美国先进技术计划资助的47个项目的调查数据	与没有大学参与的项目相比，有大学参与的项目不太可能早早终止，因为大学的参与会导致研究问题的认识更深。企业将大学包含在涉及"新科学"的项目（即被认为在使用基础知识方面存在问题的项目）之中

① 1994年，美国卡内基教学促进基金会（Carnegie Foundation for the Advancement of Teaching）将88所美国大学划分为研究Ⅰ型大学，史称卡内基研究Ⅰ型大学，分类标准为：
* 提供学科门类齐全的学士学位项目
* 致力于含有博士培养的研究生教育
* 对研究高度重视
* 每年授予至少50个博士学位
* 每年获得至少4000万美元的联邦资助

虽然该基金会近年将研究型大学的数量进行了扩展，但在美国的学术界，当初的这个"研究Ⅰ型大学"分类标准沿用至今。——译者注

第二章 开放科学与开放创新：从大学获取知识

续表

文章	研究问题	数据	发现
Hall, Link, and Scott, 2001.	哪些因素阻止了企业在美国先进技术计划资助的项目中与大学合作？	对38个美国先进技术计划项目的参与者进行的调查	遇到问题的项目规模更小，周期更短，美国先进技术计划资助在资金总额中的占比更高。以前与大学合作的经验反而会增加合作的障碍。技术领域之间不存在显著差异。合作伙伴就知识产权进行谈判遇到的具体困难是通过美国先进技术计划资助项目资金中的份额，主要参与者以前与大学合作的经验以及化工产业项目的项目性质加以预测的
Ham and Mowery, 1998.	是什么让企业和公共研究组织之间的合作变得有效？	关于多家企业与一家美国公共研发实验室之间的合作研究与开发协议（Cooperative Research and Development Agreements, CRADAs）	促使企业参与的关键动机是获得一批独一无二的跨学科专业知识和设施。企业报告的问题包括项目审批的拖延、政府实验室研究人员在自身组织内部遇到的困难，以及企业规模相对较小的项目争取时遇到的内部资源有限。此外，内部用于"吸收"研究成果的项目团队之间产生了紧张关系。作者的结论是，源自这些项目的利益大多是一般性的，无法具体说明直接利益
Hanel and St-Pierre, 2006.	企业与大学合作的决定性因素是什么？	1999年《创新统计调查》（Statistics Survey of Innovation）中包含的加拿大企业数据，4244个观察结果	与大学合作的概率和企业规模、是否处于知识型产业以及企业对研发的重视程度呈正相关。与大学合作的概率与企业对研发的重视程度呈正相关。与大学合作是对企业内研发的补充。合作还与业绩呈正相关

续表

文章	研究问题	数据	发现
Henderson, Jaffe, and Trajtenberg, 1998.	大学专利申请倾向的提高是否降低了大学专利的质量？	对1965年至1992年间的12804项大学专利和19535项美国专利与商标局批准的专利以及这些专利各自的引用情况进行的比较	大学专利的重要性和基础性在1982年之后大幅下降，原因是规模较小的大学获得的专利比例越来越高，而且所有大学都在产生更多从未被人引用的专利
Jensen and Thursby, 2001.	大学正在许可哪些发明，它们是如何许可这些发明的？	对美国62个研究型大学技术转移办公室进行的调查	超过70%的发明处于早期阶段，因此需要发明人合作，84%的许可带来了持续收入。平均而言，每所大学最重要的5项发明占该校许可总收入的78%
Laursen and Salter, 2004.	哪些企业会在它们的创新活动中利用大学知识？	2655家英国制造业在英国创新调查Innovation的答复	最有可能运用大学知识的企业是那些研发强度高（即吸收能力强）的企业以及总体规模较大的企业
Lee, 2000.	产业与大学的合作为什么会发生？由此带来的好处是什么？	对隶属于北美大学技术经理人协会的美国企业进行的调查；收到140份回复	企业与大学合作，围绕现有产品线展开研究，为寻找新产品、设计方法、技术问题解决方案和原型设计而进行探索性研究。缺乏具体用途的基础研究被认为不太重要。大多数企业对合作的结果感到满意，尽管大多数企业认为教师对企业研发日程的贡献微不足道

第二章 开放科学与开放创新：从大学获取知识

续表

文章	研究问题	数据	发现
Liebeskind et al., 1996.	生物技术企业如何获取科学知识？	两家生物技术企业的纵向数据，包括正式的组织间关系和参考文献数据	作者认为，生物技术企业和学术研究人员之间的大部分知识转移发生在非合同关系中。企业和大学之间的知识是在基于信任关系的社交网络中进行交换的，在较小程度上是通过正式的组织间联盟进行交换的
MacPherson, 2002.	地理邻近性如何影响学术—产业联系？	对美国纽约州63家专业生产商进行的调查	创新率在利用大学资源的企业中更高。相较于渐进的创新者，激进的创新者拥有更多学术联系，更重视地理邻近性
Mansfield, 1991.	技术创新在多大程度上基于近期的学术研究？	来自美国76家大型企业的调查回复	在没有学术研究的情况下，如果没有大量细节，将近十分之一的新产品和新工艺不可能被开发出来。从结束学术研究到推出新产品的平均时滞为7年。学术研究的社会回报率估计为28%
Mohnen and Hoareau, 2003.	企业与大学和政府实验室合作的决定性因素是什么？	法国、德国、爱尔兰、西班牙的社区创新调查	研发密集型企业和激进的创新者从大学和政府实验室获取知识，但不直接与它们合作。与大学和政府实验室的直接合作与企业规模、专利申请数和获得的政府的支持呈正相关
Owen-Smith, and Powell, 2004.	知识如何在组织间网络中流动？	涉及波士顿482家生物技术企业的组织间合作数据	网络中关键成员的地理位置邻近性和制度特征改变了一个组织在网络中的位置转化为创新收益的方式。与公共研究组织的密切关系与企业的创新性有着积极影响。这表明了非正式关系和知识溢出的影响。这种组织间的组织间合作关系）就足够了，而在更加多变的环境（新经济部门）中，宽松的"渠道"对创新者更有利

103

续表

文章	研究问题	数据	发现
Panagopoulos, 2003.	企业在什么条件下会与大学建立研究型合资企业？	提出了一个经济模型	致力于发展新技术的企业更有可能与大学建立伙伴关系。这些企业最好选择最低限度的知识产权保护，这会降低利润，但也使企业能够从增长的知识溢出中受益。相比之下，对开发成熟技术的企业而言，加入研究型合资企业的机会成本更高，这使得这些合作伙伴不太可能成为研究型合资企业的候选人
Roessner, 1993.	企业期望从与公共研究组织的伙伴关系中获得什么好处？	对美国68家企业的调查	分析了企业与美国联邦研究实验室之间不同类型的互动。企业认为最重要的互动类型是合同研究，其次是合作研究，而许可和正式互动则不太重要。企业的主要预期利益是获得技术资源，但较少关注技术商业化
Santoro and Chakrabarti, 2002.	企业规模对企业与大学之间的伙伴关系的结构和目标有何影响？	对美国大学中的21个研究中心进行的多元领域实地研究	资源密集型产业中规模较大的企业注重大学的联系来建立自身在非核心技术领域的能力。规模较小的企业，特别是高科技部门的企业，则更注重利用技术转移和合作研究关系解决核心领域的问题。企业中的个别技术拥护者在企业与大学伙伴关系中发挥着关键作用
Sapsalis, Van Pottelsberghe, and Navon, 2006.	学术专利的价值胜过产业专利还是不及产业专利？	比利时各所大学申请的400项生物技术专利分析	对大学专利企业专利而言，如果专利的创造者对开放科学做出了贡献，或者专利引用了公共机构的专利，那么该项专利就更有价值

第二章 开放科学与开放创新：从大学获取知识

续表

文章	研究问题	数据	发现
Thursby and Thursby, 2001.	企业如何确定需要许可的大学技术？	对300家许可外部技术的美国商业单位进行的调查	许可机会的最重要来源是企业研究人员与大学同行之间的持续联系，其次是学术出版物、演讲和专利申请
Thursby and Thursby, 2004.	学术型教师在大学—产业许可交易中扮演何种角色？	对美国112家企业进行的调查	在所有的许可中，将近有40%需要教师的参与。对企业来说，当技术过于稚嫩而无法进行许可时，或者当技术涉及平台开发及工艺改进时，受赞助的研究替代许可交易。就决定成功的因素而言，教师的研究方向（基础型/应用型）不及大学获得产业资助的能力来得重要。作者确定了教师参与的三种方式：确定技术、开发雏形技术（尚未获得许可）以及在获得许可后发展发明
Zucker, Darby, and Armstrong, 2002.	与大学科学家的合作如何影响企业的创新性？	与选定的生物技术相关的学术型科学家和科学家的出版物的科学索引所列的书目数据	生物技术企业的创新性与企业科学家和学术明星科学家的合作（以合著为指标）呈正相关。作者得出结论，企业的成功一般知识溢出的结果，而是与这些隐性知识交流的大学教师展开的实际合作有关

参考文献

Adams, J. D., E. P. Chiang, and K. Starkey. 2001. "Industry-university cooperative research centers." *Journal of Technology Transfer* 26 (1–2): 73–86.

Agrawal, A. 2006. "Engaging the inventor: Exploring licensing strategies for university inventions and the role of latent knowledge." *Strategic Management Journal* 27 (1): 63–79.

Agrawal, A., and R. M. Henderson. 2002. "Putting patents in context: Exploring knowledge transfer from MIT." *Management Science* 48 (1): 44–60.

Allen, T. J. 1977. *Managing the flow of technology: Technology transfer and the dissemination of technological information within the R & D organization.* Cambridge, MA: MIT Press.

Argyres, N. S., and J. P. Liebeskind. 1998. "Privatizing the intellectual commons: Universities and the commercialization of biotechnology." *Journal of Economic Behavior and Organization* 35 (4): 427–54.

Arora, A., A. Fosfuri, and A. Gambardella. 2001. "Markets for technology and their implications for corporate strategy." *Industrial and Corporate Change* 10 (2): 419–51.

Arundel, A., and A. Geuna. 2004. "Proximity and the use of public science by innovative European firms." *Economics of Innovation and New Technology* 13 (6): 559–80.

Bera, R. K. 2009. "The story of the Cohen-Boyer patents." *Current Science* 96 (6): 760–63.

Boardman, C., and D. Gray. 2010. "The new science and engineering management: Cooperative research centers as government policies, industry strategies, and organizations." *Journal of Technology Transfer* 35 (5): 445–59.

Boardman, P. C., and E. A. Corley. 2008. "University research centers and the composition of research collaborations." *Research Policy* 37 (5): 900–13.

Boyer, C. M., and D. R. Lewis. 1984. "Faculty consulting: Responsibility or promiscuity?" *Journal of Higher Education* 55 (5): 637–59.

Bozeman, B., and P. C. Boardman. 2003. "Managing the new multipurpose, multidiscipline university research centers: Institutional innovation in the academic community." *Report prepared for the Transforming Organizations Series. IBM Center for the Business of Government.*

Bruneel, J., P. D'Este, and A. Salter. 2010. "Investigating the factors that diminish the barriers to university-industry collaboration." *Research Policy* 39 (7): 858–68.

Brusoni, S., O. Marsili, and A. Salter. 2005. "The role of codified sources of knowledge in innovation: Empirical evidence from Dutch manufacturing." *Journal of Evolutionary Economics* 15 (2): 211–31.

Caloghirou, Y., A. Tsakanikas, and N. S. Vonortas. 2001. "University-industry cooperation in the context of the European framework programmes." *Journal of Technology Transfer* 26 (1–2): 153–61.

Carayol, N. 2003. "Objectives, agreements and matching in science-industry collaborations: Reassembling the pieces of the puzzle." *Research Policy* 32 (6): 887–908.

Carson, S. J. 2007. "When to give up control of outsourced new product development." *Journal of Marketing* 71 (1): 49–66.

Cassiman, B., M. C. Di Guardo, and G. Valentini. 2010. "Organizing links with science: Cooperate or contract? A project-level analysis." *Research Policy* 39 (7): 882–92.

Chesbrough, H. W. 2003. *Open innovation: The new imperative for creating and profiting from technology.* Boston: Harvard Business School Press.

Chok, J. I. 2009. "Regulatory dependence and scientific advisory boards." *Research Policy* 38 (5): 710–25.

Cockburn, I. M., and R. M. Henderson. 1998. "Absorptive capacity, coauthoring behavior, and the organization of research in drug discovery." *Journal of Industrial Economics* 46 (2): 157–82.

Cohen, W. M., and D. A. Levinthal. 1990. "Absorptive capacity: A new perspective on learning and innovation." *Administrative Science Quarterly* 35 (1): 128–52.

Cohen, W. M., R. R. Nelson, and J. P. Walsh. 2002. "Links and impacts: The influence of public research on industrial R&D." *Management Science* 48 (1): 1–23.

Colyvas, J., et al. 2002. "How do university inventions get into practice?" *Management Science* 48 (1): 61–72.

Cyert, R. M., and P. S. Goodman. 1997. "Creating effective university-industry alliances: An organizational learning perspective." *Organizational Dynamics* 25 (4): 45–57.

Dahlander, L., and D. M. Gann. 2010. "How open is innovation?" *Research Policy* 39 (6): 699–709.

Dahlander, L., and M. G. Magnusson. 2005. "Relationships between open source software companies and communities: Observations from Nordic firms." *Research Policy* 34 (4): 481–93.

Dasgupta, P., and P. A. David. 1994. "Toward a new economics of science." *Research Policy* 23 (5): 487–521.

David, P. A. 2004. "Can 'Open Science' be protected from the evolving regime of IPR protections?" *Journal of Institutional and Theoretical Economics* 160 (1): 9–34.

Debackere, K. and R. Veugelers. 2005. "The role of academic technology transfer organizations in improving industry science links." *Research Policy* 34 (3): 321–42.

D'Este, P., and P. Patel. 2007. "University-industry linkages in the UK: What are the factors determining the variety of interactions with industry?" *Research Policy* 36 (9): 1295–1313.

D'Este, P., and M. Perkmann. 2011. "Why do academics engage with industry? The entrepreneurial university and individual motivations." *Journal of Technology Transfer* 36 (3): 316–39.

Dodgson, M., D. Gann, and A. Salter. 2006. "The role of technology in the shift towards open innovation: The case of Procter and Gamble." *R&D Management* 36 (3): 333–46.

Enkel, E., O. Gassmann, and H. Chesbrough. 2009. "Open R&D and open innovation: Exploring the phenomenon." *R&D Management* 39 (4): 311–16.

Etzkowitz, H. 2002. *MIT and the Rise of Entrepreneurial Science*. New York: Routledge.

Fabrizio, K. 2006. "The use of university research in firm innovation." In *Open Innovation: Researching a New Paradigm*, edited by H. W. Chesbrough, W. Vanhaverbeke, and J. West, 134–60. Oxford: Oxford University Press.

Faulkner, W., and J. Senker. 1994. "Making sense of diversity: Public-private sector research linkage in three technologies." *Research Policy* 23 (6): 673–95.

Fontana, R., A. Geuna, and M. Matt. 2006. "Factors affecting university-industry R&D collaboration: The importance of screening and signalling." *Research Policy* 35 (1): 309–23.

Garnier, J.-P. 2008. "Rebuilding the R&D engine in big pharma." *Harvard Business Review* 86 (5): 68–77.

George, G., S. A. Zahra, and D. R. Wood. 2002. "The effects of business-university alliances on innovative output and financial performance: A study of publicly traded biotechnology companies." *Journal of Business Venturing* 17 (6): 577–609.

Gibbons, M. 2000. "Changing patterns of university: Industry relations." *Minerva* 38 (3): 352–61.

Gibbons, M., and R. Johnston. 1974. "The roles of science in technological innovation." *Research Policy* 3 (3): 220–42.

Hagedoorn, J., A. N. Link, and N. S. Vonortas. 2000. "Research partnerships." *Research Policy* 29 (4–5): 567–86.

Hall, B. H., A. N. Link, and J. T. Scott. 2000. "Universities as research partners." *Review of Economics and Statistics*, 85: 485–91.

Hall, B. H., A. N. Link, and J. T. Scott. 2001. "Barriers inhibiting industry from partnering with universities: Evidence from the Advanced Technology Program." *Journal of Technology Transfer* 26 (1): 87–98.

Ham, R. M., and D. C. Mowery. 1998. "Improving the effectiveness of public- private R&D collaboration: Case studies at a US weapons laboratory." *Research Policy* 26 (6): 661–75.

Hanel, P., and M. St-Pierre. 2006. "Industry-university collaboration by Canadian manufacturing firms." *Journal of Technology Transfer* 31 (4): 485–99.

Henderson, R., A. B. Jaffe, and M. Trajtenberg. 1998. "Universities as a source of commercial technology: A detailed analysis of university patenting 1965–1988." *Review of Economics and Statistics* 80 (1): 119–27.

Howells, J. 1999. "Research and technology outsourcing." *Technology Analysis and Strategic Management* 11 (1): 17–29.

Howells, J., M. Nedeva, and L. Georghiou. 1998. *Industry-academic links in the UK*. Manchester PREST, University of Manchester.

Hülsbeck, M., and E. E. Lehmann. 2012. "Academic entrepreneurship and board formation in science-based firms." *Economics of Innovation and New Technology* 21 (5–6): 547–65.

Jensen, R., and M. Thursby. 2001. "Proofs and prototypes for sale: The licensing of university inventions." *American Economic Review* 91 (1): 240–59.

Kenney, M. 1986. *Biotechnology: The University-Industrial Complex*. New Haven, CT: Yale University Press.

Kenney, M., and D. Patton. 2009. "Reconsidering the Bayh-Dole Act and the current university invention ownership model." *Research Policy* 38 (9): 1407–22.

Kline, S. J. 1985. "Innovation is not a linear process." *Research Management* 28 (4): 36–45.

Koza, M. P., and A. Y. Lewin. 1998. "The co-evolution of strategic alliances." *Organization Science* 9 (3): 255–64.

Krimsky, S. 2003. *Science in the Private Interest: Has the Lure of Profits Corrupted the Virtue of Biomedical Research?* Lanham, MD: Rowman and Littlefield.

Lane, P. J., and M. Lubatkin. 1998. "Relative absorptive capacity and interorganizational learning." *Strategic Management Journal* 19 (5): 461–77.

Larédo, P., and P. Mustar. 2004. "Public sector research: A growing role in innovation systems." *Minerva* 42 (1): 11–27.

Laursen, K., and A. Salter. 2004. "Searching high and low: What types of firms use universities as a source of innovation?." *Research Policy* 33 (8): 1201–15.

Laursen, K., and A. Salter. 2006. "Open for innovation: the role of openness in explaining innovation performance among U.K. manufacturing firms." *Strategic Management Journal* 27 (2): 131–50.

Lee, Y. S. 2000. "The sustainability of university-industry research collaboration: An empirical assessment." *Journal of Technology Transfer* 25 (2): 111–33.

Lenoir, T. 1997. *Instituting science: The cultural production of scientific disciplines*. Stanford, CA: Stanford University Press.

Levin, R. C., et al. 1987. "Appropriating the returns from industrial research and development." *Brookings Papers on Economic Activity* 1987 (3): 783–820.

Liebeskind, J. P., et al. 1996. "Social networks, learning, and flexibility: Sourcing scientific knowledge in new biotechnology firms." *Organization Science* 7 (4): 428–43.

Link, A. N., D. S. Siegel, and B. Bozeman. 2007. "An empirical analysis of the propensity of academics to engage in informal university technology transfer." *Industrial and Corporate Change* 16 (4): 641–55.

Link, A. N., D. J. Teece, and W. F. Finan. 1996. "Estimating the benefits from collaboration: The case of SEMATECH." *Review of Industrial Organization* 11 (5): 737–51.

Lockett, A., and M. Wright. 2005. "Resources, capabilities, risk capital and the creation of university spin-out companies." *Research Policy* 34 (7): 1043–1057.

MacPherson, A. 2002. "The contribution of academic-industry interaction to product innovation: The case of New York State's medical devices sector." *Papers in Regional Science*, vol. 81: 121–29.

Mansfield, E. 1991. "Academic research and industrial innovation." *Research Policy* 20 (1): 1–12.

McEvily, B., V. Perrone, and A. Zaheer. 2003. "Trust as an organizing principle." *Organization Science* 14 (1): 91–103.

Merton, R. K. 1973. *The sociology of science: Theoretical and empirical investigations*. Chicago: University of Chicago Press.

Meyer-Krahmer, F., and U. Schmoch. 1998. "Science-based technologies: University-industry interactions in four fields." *Research Policy* 27 (8): 835–51.

Mohnen, P., and C. Hoareau. 2003. "What type of enterprise forges close links with universities and government labs? Evidence from CIS 2." *Managerial and Decision Economics* 24 (2–3): 133–45.

Mowery, D. C. 2009. "Plus ca change: Industrial R&D in the third industrial revolution." *Industrial and Corporate Change* 18 (1): 1–50.

Mowery, D. C., and B. N. Sampat. 2005. "Universities in national innovation systems." In *The Oxford Handbook of Innovation*, edited by J. Fagerberg, D. Mowery, and R. Nelson, 209–39. Oxford: Oxford University Press.

Murmann, J. P. 2003. *Knowledge and competitive advantage: The coevolution of firms, technology, and national institutions*. Cambridge: Cambridge University Press.

Murray, F. 2002. "Innovation as co-evolution of scientific and technological networks: Exploring tissue engineering." *Research Policy* 31 (8–9): 1389–1403.

Murray, F. 2010. "The oncomouse that roared: Hybrid exchange strategies as a source of distinction at the boundary of overlapping institutions." *American Journal of Sociology* 116 (2): 341–88.

Murray, F., and S. Stern. 2007. "Do formal intellectual property rights hinder the free flow of scientific knowledge? An empirical test of the anti-commons hypothesis." *Journal of Economic Behavior and Organization* 63 (4): 648–87.

Nelson, R. R. 2001. "Observations on the post-Bayh-Dole rise of patenting at American universities." *Journal of Technology Transfer* 26 (1–2): 13–19.

Niiniluoto, I. 1993. "The aim and structure of applied research." *Erkenntnis*

38 (1): 1–21.

Niosi, J. 2006. "Introduction to the symposium: Universities as a source of commercial technology." *Journal of Technology Transfer* 31 (4): 399–402.

Owen-Smith, J. 2005. "Trends and transitions in the institutional environment for public and private science." *Higher Education* 49 (1): 91–117.

Owen-Smith, J., and W. W. Powell. 2001. "To patent or not: Faculty decisions and institutional success at technology transfer." *Journal of Technology Transfer* 26 (1): 99–114.

Owen-Smith, J., and W. W. Powell. 2004. "Knowledge networks as channels and conduits: The effects of spillovers in the Boston biotechnology community." *Organization Science* 15 (1): 5–21.

Panagopoulos, A. 2003. "Understanding when universities and firms form RJVs: The importance of intellectual property protection." *International Journal of Industrial Organization* 21 (9): 1411–33.

Pavitt, K. 1991. "What makes basic research economically useful?" *Research Policy* 20 (2): 109–19.

Perkmann, M., Z. King, and S. Pavelin. 2011. "Engaging excellence? Effects of faculty quality on university engagement with industry." *Research Policy* 40 (4): 539–52.

Perkmann, M., A. Neely, and K. Walsh. 2011. "How should firms evaluate success in university-industry alliances? A performance measurement system." *R & D Management* 41 (2): 202–16.

Perkmann, M., and H. Schildt. 2011. "Open data in industrial R&D: Organizing radically open collaboration between firms and public science," *Discussion Paper, Imperial College Business School.*

Perkmann, M., and K. Walsh. 2007. "University-industry relationships and open innovation: Towards a research agenda." *International Journal of Management Reviews* 9 (4): 259–80.

Perkmann, M., and K. Walsh. 2008. "Engaging the scholar: Three forms of academic consulting and their impact on universities and industry." *Research*

Policy 37 (10): 1884–91.

Perkmann, M., and K. Walsh. 2009. "The two faces of collaboration: Impacts of university-industry relations on public research." *Industrial and Corporate Change* 18 (6): 1033–65.

Peterson, J., and M. Sharp. 1998. *Technology policy in the European Union.* Basingstoke, U.K.: Macmillan.

Phan, P. H., and D. S. Siegel. 2006. "The effectiveness of university technology transfer: Lessons learned from quantitative and qualitative research in the U.S. and the U.K." *Rensselaer Working Papers in Economics.* Troy, NY.

Powell, W. W., K. W. Koput, and L. Smith-Doerr. 1996. "Interorganizational collaboration and the locus of innovation: Networks of learning in biotechnology." *Administrative Science Quarterly* 41 (1): 116–45.

Poyago-Theotoky, J., J. Beath, and D. S. Siegel. 2002. "Universities and fundamental research: Reflections on the growth of university-industry partnerships." *Oxford Review of Economic Policy* 18 (1): 10–21.

Rivette, K. G., and D. Kline. 2000. "Discovering new value in intellectual property." *Harvard Business Review* 78 (1): 54–66.

Roessner, J. D. 1993. "What companies want from the federal labs." *Issues in Science and Technology* 10 (1): 37–42.

Rosenberg, N. 1994. *Exploring the black box: Technology, Economics, and History.* Cambridge: Cambridge University Press.

Rosenkopf, L., and A. Nerkar. 2001. "Beyond local search: Boundary-spanning, exploration, and impact in the optical disk industry." *Strategic Management Journal* 22 (4): 287–306.

Sako, M. 1992. *Prices, quality, and trust: Inter-firm relations in Britain and Japan.* Cambridge: Cambridge University Press.

Salter, A. J., and B. R. Martin. 2001. "The economic benefits of publicly funded basic research: A critical review." *Research Policy* 30 (3): 509–32.

Sampson, R. C. 2007. "R&D alliances and firm performance: The impact of technological diversity and alliance organization on innovation." *Academy of*

Management Journal ARCHIVE 50 (2): 364–86.

Santoro, M. D., and A. K. Chakrabarti. 1999. "Building industry-university research centers: Some strategic considerations." *International Journal of Management Reviews* (3): 225–44.

Sapsalis, E., B. Van Pottelsberghe De La Potterie, and R. Navon. 2006. "Academic versus industry patenting: An in-depth analysis of what determines patent value." *Research Policy* 35 (10): 1631–45.

Schartinger, D., et al. 2002. "Knowledge interactions between universities and industry in Austria: Sectoral patterns and determinants." *Research Policy* 31 (3): 303–28.

Schmoch, U. 1999. "Interaction of universities and industrial enterprises in Germany and the United States: A comparison." *Industry and Innovation* 6 (1): 51–68.

Shane, S. A. 2005. *Economic Development through Entrepreneurship: Government, University and Business Linkages*. Cheltenham, U.K.: Edward Elgar.

Siegel, D. S., D. Waldman, and A. Link. 2003. "Assessing the impact of organizational practices on the relative productivity of university technology transfer offices: An exploratory study." *Research Policy* 32 (1): 27–48.

Siegel, D., and M. Wright. 2015. "University Technology Transfer Offices, Licensing, and Start-Ups." In *Chicago Handbook of University Technology Transfer*. Chicago: University of Chicago Press.

Slaughter, S., and L. L. Leslie. 1997. *Academic Capitalism: Politics, Policies and the Entrepreneurial University*. Baltimore, MD: Johns Hopkins University Press.

Stokes, D. E. 1997. *Pasteur's Quadrant: Basic Science and Technological Innovation*. Washington, D.C.: Brookings Institution Press.

Stuart, T. E., and W. W. Ding. 2006. "When do scientists become entrepreneurs? The social structural antecedents of commercial activity in the academic life sciences." *American Journal of Sociology* 112 (1): 97–144.

Stuart, T. E., S. Z. Ozdemir, and W. W. Ding. 2007. "Vertical alliance networks: The case of university-biotechnology-pharmaceutical alliance chains."

Research Policy 36 (4): 477–98.

Teece, D. J. 1986. "Profiting from technological innovation: Implications for integration, collaboration, licensing and public policy." *Research Policy* 15 (6): 285–305.

Thursby, J., A. Fuller, and M. Thursby. 2009. "US faculty patenting: Inside and outside the university." *Research Policy* 38 (1): 14–25.

Thursby, J. G., and M. C. Thursby. 2001. "Industry perspectives on licensing university technologies: Sources and problems." *Industry and Higher Education* 15 (4): 289–94.

Thursby, J. G., and M. C. Thursby. 2004. "Are faculty critical? Their role in university-industry licensing." *Contemporary Economic Policy*, 22 (2): 162–78.

Thursby, J. G. A., R. A. Jensen, and M. C. A. Thursby. 2001. "Objectives, characteristics and outcomes of university licensing: A survey of major US universities." *Journal of Technology Transfer* 26 (1): 59–72.

Treasury, H. 2003. *Lambert Report of University-Industry Collaboration: Final Report*. London: Her Majesty's Stationery Office.

Tushman, M. L., and T. J. Scanlan. 1981. "Boundary spanning individuals: Their role in information transfer and their antecedents." *Academy of Management Journal* 24 (2): 289–305.

Utterback, J. M. 1994. *Mastering the Dynamics of Innovation: How Companies Can Seize Opportunities in the Face of Technological Change*. Boston: Harvard Business School Press.

Von Hippel, E. 1987. *The Sources of Innovation*. New York: Oxford University Press.

West, J., and M. Bogers. 2014. "Leveraging external sources of innovation: A review of research on open innovation." *Journal of Product Innovation Management* 31 (4): 814–31.

West, J., and S. Gallagher. 2006. "Challenges of open innovation: the paradox of firm investment in open-source software." *R&D Management* 36 (3): 319–31. White, J. T., et al. 2013. Appointments of Academic Directors, DERA

Working Paper 2013–02, Security and Exchange Commission. https://http://www.sec.gov.edgekey.net/divisions/riskfin/workingpapers/rsfi-wp2013-02.pdf.

Winter, S. G. 1987. "Knowledge and competence as strategic assets: Strategies for industrial innovation and renewal." In *The Competitive Challenge*, edited by D. J. Teece, 159–84. Cambridge, MA: Ballinger.

Zucker, L. G., and M. R. Darby. 1997. "Individual action and the demand for institutions: Star scientists and institutional transformation." *American Behavioral Scientist* 40 (4): 502–13.

Zucker, L. G., M. R. Darby, and J. S. Armstrong. 2002. "Commercializing knowledge: University science, knowledge capture, and firm performance in biotechnology." *Management Science* 48 (1): 138–53.

第三章

问责、政府权利与公共利益：《拜杜法案》颁布30年回顾

我们感谢杰里·G.瑟斯比和美国国家科学院"《拜杜法案》颁布30年"研讨会的与会者对本章初稿的评论。瑞安·奥奎恩（Ryan O'Quinn）和西沃恩·英尼斯-高恩（Siobhán Innes-Gawn）提供了极佳的研究协助。

阿尔蒂·K.雷和巴文·N.桑帕特

导言

《拜杜法案》的发起人认为，赋予学术受赠人联邦资助的发明的专利权将成为把学术发现转化为商业产品的最有效机制（U.S. Senate, 1979）。然而，《拜杜法案》并未赋予受赠人完全不受约束的自由裁量权。该法案包括尽责报告和保留的政府权利的条款，这些条款可以被视为体现"公共利益"的条款。事实上，在2011年美国最高法院受理的斯坦福大学诉罗氏分子系统公司案中，美国政府援引的论点支持《拜杜法案》规定的大学默认具有所有权，即这种所有权比科学家个人的所有权更符合这些公共利益条款。

在本章中，我们考察了这些条款在《拜杜法案》颁布30年的实施过程中实际发挥的作用。我们的研究分三部分进行：在第一部分，我们在简要讨论了公共利益条款的立法历史后，讨论了美国商务部的实施条例和关于对不遵守《拜杜法案》报告要求的行为实施制裁的现有判例法。在该部分结尾，我们指出，关于遵守《拜杜法案》规定的实证文献极少。在第二部分，我们转向大规模定量数据——一些关于遵守（或不遵守）《拜杜法案》规定的数据。因为关于这个问题的最大量数据出现在生物医学领域，所以我们将重点放在该领域。在第三部分，我们着重对药物开发进行了定性回顾，在该领域，问责可以说特别重要。由于学术药物专利的范围相对较小，我们可以详细说明为什么我们认为至少

第三章 问责、政府权利与公共利益：《拜杜法案》颁布30年回顾

有 15 项专利（与 8 种药物有关）的联邦资助没有得到适当的报告。此外，对于 5 项专利（与 5 种药物有关），联邦资助至少涉及相关研究的一部分或涉及与这些专利药物密切相关的化合物的研究。

《拜杜法案》的公共利益条款：历史与行政实施

《拜杜法案》的公共利益条款

尽管《拜杜法案》允许学术受赠人拥有联邦资助的发明，但这些所有权主张受制于各种保留的政府权利。例如，根据《拜杜法案》第 203 条第 1 款［《美国法典》第 35 编 203（1）条］，资助机构可以要求受赠人或受赠人的被许可人进行额外许可。在受赠人或被许可人未采取有效措施以"实现发明的实际应用"或需要额外许可才能"缓解未能得到合理满足的健康和安全需求"的情况下，联邦资助机构可以强加额外的许可要求（有时被称为"介入"要求）。《拜杜法案》第 202（c）（4）条规定，资助机构还拥有非排他性的付费许可，可以为美国政府或代表美国政府实施一项发明或使该项发明得以实施。

尽管联邦资助机构负责行使这些保留的权利，但《拜杜法案》的发起人明确考虑到了在协助这些机构方面发挥作用的第三方。具体而言，根据 S.414 号参议院立法案（后来成为《拜杜法案》的法案）附带的美国参议院报告，"第三方的投诉（将）是促使联邦资助机构开始行动的基础。"

《拜杜法案》还有一些报告要求，其目的至少部分是确保联邦资助机构和第三方掌握了解保留的权利所需的信息。《拜杜法案》第202（c）条要求受赠人向美国联邦资助机构报告受赠人提交的任何专利申请，并要求专利申请声明政府因联邦资助而保留某些权利。《拜杜法案》第202（c）条还允许联邦资助机构要求受赠人"定期报告"专利利用情况或为实现专利利用所作的努力。

美国商务部颁布的条例

《拜杜法案》第206条授权美国商务部根据该法案第202至第204条颁布条例。美国商务部的这些条例值得注意，因为它们往往会限制《拜杜法案》公共利益条款的效力。在某些情况下，它们限制《拜杜法案》公共利益条款的效力的程度可能会被质疑为违背了《拜杜法案》。

例如，美国商务部关于实施介入权的条例相当烦琐。《拜杜法案》中的介入条款本身只是简单地规定，应该存在某种对不利裁决提出上诉的程序。相比之下，根据介入权的实施条例，联邦资助机构必须首先通知受让人（并等待答复），然后才能开始"考虑行使介入权"。一旦联邦资助机构宣布自己正在"考虑"介入，它就必须等待收到受让人和/或被许可人的意见。如果意见提出了一个事实性问题，联邦资助机构就必须开展正式的实情调查程序，使受让人"有机会与律师一同出席，提交档案证据，提供证人，并与联邦资助机构可能提供的证人对质"（美国联邦法规第37编第401.6[e]条）。最后，美国商务部的条例规定，在司法上诉结果出来之前，应搁置任何对受让人或被许可人不利的机

第三章　问责、政府权利与公共利益：《拜杜法案》颁布30年回顾

构决定。

美国商务部的条例似乎直接违背了《拜杜法案》的措辞，该法案（十分合理地）并未要求在健康或安全需求"未能得到合理满足"时暂停介入。对正式的实情调查程序的要求似乎也与S.414号立法案立法过程中的某些措辞相悖，S.414号参议院立法案指出，"不要求遵守《行政程序法》的程序，原因是担心这可能会阻碍介入补救措施的实施。"

针对不遵守《拜杜法案》报告要求的行为的制裁

在专利侵权诉讼中，有时也会出现对不遵守《拜杜法案》报告要求的行为进行制裁的问题。在2007年美国中央混合药房服务公司诉高级心脏问题解决方案公司案中，美国联邦巡回上诉法院（审理所有专利案件的上诉）讨论了被告的看法，即专利权人实际上对其专利没有权利，因为他未能完全遵守相关的联邦报告要求。法院裁定，资助机构而不是第三方才有权主张所有权并援引没收。有时候，政府机构也成功地采取行动主张所有权并援引没收。例如，在2004年美国坎贝尔塑料工程与制造公司起诉莱斯·布朗利①案中，由于一名政府承包商未能向美国陆军披露包括在合同内的一款防毒面具，美国陆军成功地获得了该款防毒面具的专利所有权。

少数地区法院分析了相关但不同的问题，即未在专利申请中披露政府资助是否会构成美国专利与商标局界定的"不公平行

---

① 莱斯·布朗利，美国陆军时任代理部长。——译者注

为"。对不公平行为的制裁是专利的不可执行性。在麦克森信息解决方案有限责任公司诉特里泽托集团公司案中，法院裁定，关于不公平行为的指控已经得到了充分的辩护，因此该问题可以进入审判程序。该案后来达成和解。

关于遵守《拜杜法案》要求的行为的现有实证研究

除了上述法律案件，关于行为的文献相对稀少。现有的相关数据存在于机构间爱迪生系统（Interagency Edison System，iEdison）中，该系统包含受赠人向29家联邦资助机构提供的专利申请和许可信息（GAO, 2003）。然而，外部研究人员被拒绝访问该系统。这种拒绝访问的做法似乎是基于美国商务部的一项条例，该条例将《拜杜法案》（按照我们的观点以及美国国家科学院关于《拜杜法案》的报告，这是错误的，见 NAS Report, 2010）解释为肯定地禁止从该系统发布任何信息。美国政府问责局（GAO）有时会调查向该系统报告的完整性，但上一次此类研究似乎要追溯到1999年。缺乏近期的实证数据尤其令人担忧，因为美国政府问责局1999年的报告发现，在一个由发放给12名学术受赠人的633项医疗相关专利组成的样本中，有143项专利极有可能来自美国国立卫生研究院（NIH）的资助，但这143项专利既未向该系统报告也未包含政府利益声明。美国国家科学院也注意到了该系统的不足之处，认为"如果没有一份较为完整的政府资助的发明清单，就不可能进行有效的监督"（NAS 2010, p.65）。

监督的必要性远非只是象征性的。随着拥有大量未许可专利

第三章 问责、政府权利与公共利益：《拜杜法案》颁布30年回顾

的大学面临财务压力，它们可能会对那些独自将专利商业化的大学提出指控，试图借此将这些专利货币化（Ledford, 2013）。特别是在大学与专利主张实体（Patent Assertion Entity，缩写为 PAE）打交道的情况下，为了确保商业化而不是收入最大化仍然是优先事项，监督是必不可少的。即使在没有专利主张实体的情况下，政府介入也可能是防止学术专利阻碍下游研发的一项重要工具（Rai and Eisenberg, 2003）。一些学者（Arno and Davis, 2001）将介入视为一项帮助控制药物成本的工具，尽管对《拜杜法案》的制定者们是否出于这些原因才规定"介入"存在分歧（Herder, 2008）。知识生态国际[①]（Knowledge Ecology International，缩写为 KEI）等倡导健康的团体曾试图利用"介入"来促进药物的获取，但到目前为止，美国国家卫生研究院拒绝了所有此类请求。

除了"介入"之外，"补偿"政策——将来自赢利药物的特许权使用费返还给联邦国库——也要求遵守报告义务。补偿政策最初被纳入《拜杜法案》是为了平息一种批评，即考虑到公共研究专利将导致以公共利益为代价的"牟取暴利行为"（Herder, 2008）。虽然补偿策被从最终立法中删除，"以回应人们对于确定补偿的过程有可能导致审议僵局的担忧"（DHHS, 2001），但补偿条款偶尔会重新出现（Korn and Henig, 2004），比如有一次出自美国国立卫生研究院主任之口（Sampat and Lichtenberg,

---

① 知识生态国际是一个不以营利为目的的非政府组织，其宗旨是为知识资源的管理寻找更好的结果和新的解决方案。——译者注

2011）。姑且不论补偿是否可取的问题，但为使补偿可行，公共机构将要求获得关于它们资助的研究产生的专利和产品的可靠信息。

在下文中，我们提出了新的证据，说明以下两个方面的遵守情况：对专利中的相关政府利益进行报告并向拨款机构披露由公共资助的专利。

关于遵守《拜杜法案》报告要求的大规模定量证据

来自1977年至2007年授权的学术专利的证据

首先，我们收集了1977年至2007年颁发的所有"学术"专利的数据，其中"学术"专利是使用阿祖莱-桑帕特用语索引（Azoulay–Sampat concordance）（Azoulay, Michigan, and Sampat, 2007）定义的。由于我们对校外研究人员遵守《拜杜法案》报告要求的情况感兴趣，我们不讨论直接分配给联邦机构（例如美国卫生与公共服务部）的任何专利。根据美国国家经济研究局（NBER）（Jaffe and Trajtenberg, 2005）制定的专利类别-领域用语索引，我们重点关注这些学术专利在生物医学专利类别（美国专利与商标局435、514、424、530、536和600类别）中的子集。正如许多作者已经指出的那样，生物医学专利在全部学术专利中占有很大份额。虽然这一时期的学术专利横跨了394个专利类别，但所有学术专利中有42%映射到上述6个生物医学专利类别。

对于这26943项学术型生物医学专利中的每一项，我们都从

第三章　问责、政府权利与公共利益：《拜杜法案》颁布30年回顾

专利头版收集了关于"政府利益声明"的数据。大约43%的学术型生物医学专利包含政府利益声明。图3.1显示，随着时间的推移，这一份额在普遍增长，自20世纪90年代初以来，增长尤为迅速。图3.2显示，在同一时期，美国联邦政府资助在生命科学研究资助总额中的份额持续下降。由于没有理由相信为政府资助的（而不是机构资助或产业资助的）大学学术型生物医学研究申请专利的倾向在这一时期有所提高，我们认为这些趋势反映了大量政府利益在《拜杜法案》实施早期没有得到披露。43%的政府利益声明总体发生率也提供了关于披露不足的初步证据，因为高达60%的生命科学学术研究是由公共资金资助的。

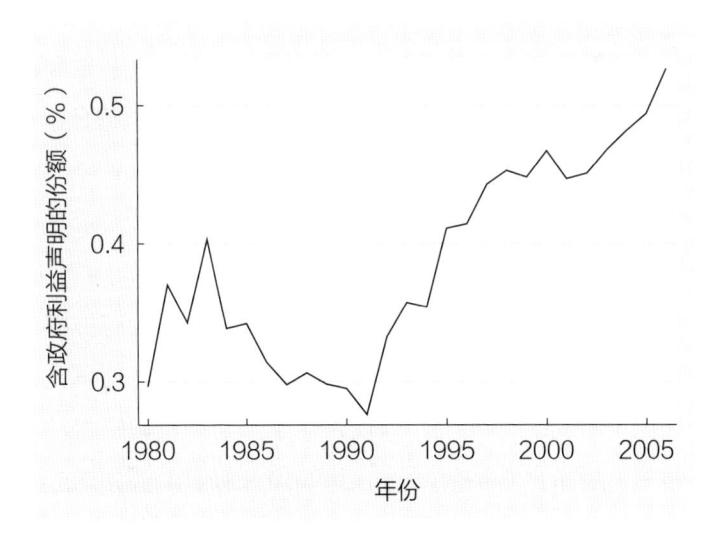

图3.1　含政府利益声明的学术型生物医学专利份额

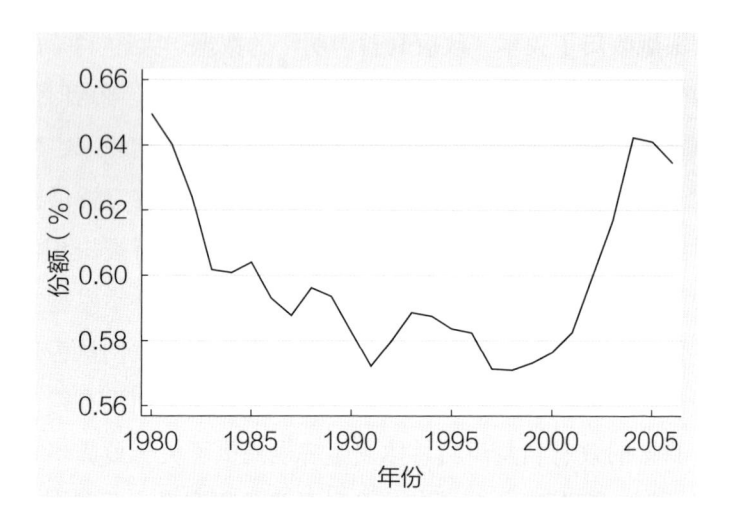

图 3.2　美国联邦政府资助的学术型生命科学研究年度份额

注：基于美国国家科学基金会 WebCASPAR 数据库数据的计算

图 3.3 显示了 2000 年至 2006 年获颁 75 项及以上专利的大学所持的含政府利益声明的生物专利的份额。这些数据显示了相当大的差异，即使在最大的专利权人之间也是如此。

来自 iEdison/RePORTER[①] 数据库的证据

作为问题的另一个窗口，我们专注了向美国政府披露的所有美国国立卫生研究院资助的专利。如前所述，外部研究人员无法访问 iEdison，事实上，即使是向联邦资助机构报告的专利基本信息，历来也是不公开的。于 2010 年揭幕的美国国立卫生

---

① RePORTER 是 Research Portfolio Online Reporting Tools Expenditures and Results（研究组合在线报告工具支出和成果）的首字母缩写。——译者注

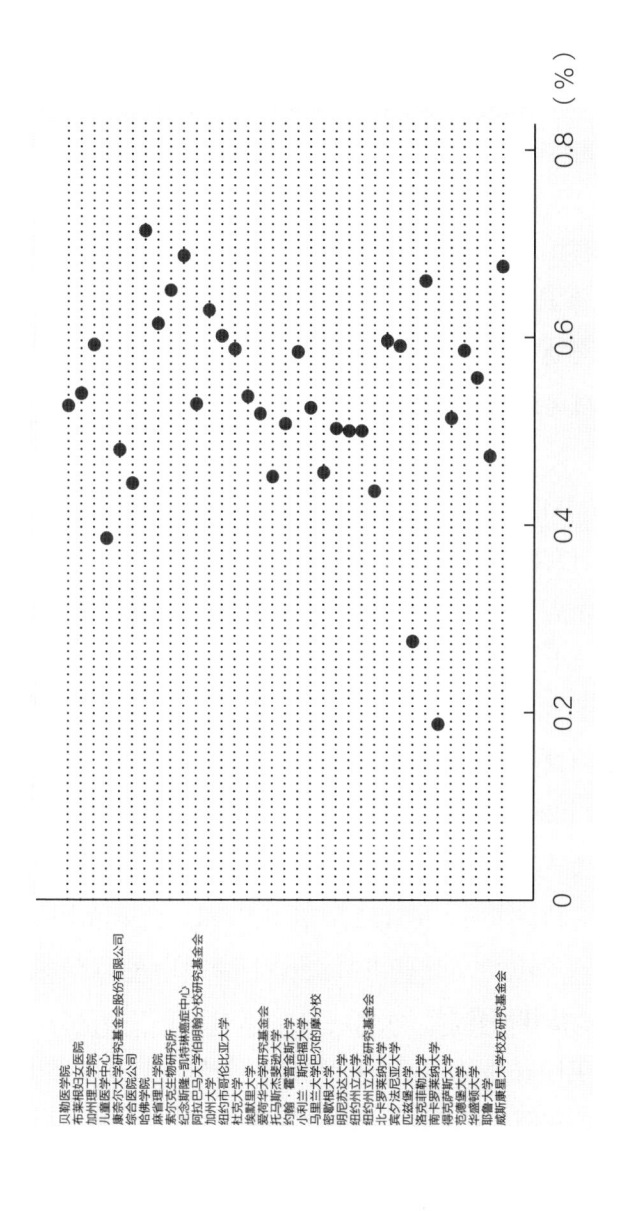

第三章 问责、政府权利与公共利益：《拜杜法案》颁布30年回顾

图3.3 2000年至2006年获颁75项及以上专利的大学所持的含政府利益声明的生物专利的份额[1]

① 综合医院公司是位于美国波士顿的一家普通急性护理医院。——译者注

研究院 RePORTER 数据库是为了提供关于美国国立卫生研究院赠款的一般信息，现在该数据库包括了这些信息。然而，正如 RePORTER 数据库警告的那样，这些数据仅限于向联邦资助机构披露并保存在 iEdison 中的内容：

> RePORTER 数据库中的专利信息是不完整的。RePORTER 数据库中的专利来自 iEdison。并非所有美国国立卫生研究院的受助人都遵守 iEdison 的报告要求，特别是在他们的美国国立卫生研究院资助终止之后。

总体而言，RePORTER 数据库包含 11576 项专利，这些专利来自美国国立卫生研究院的 8450 笔拨款。图 3.4 显示，RePORTER 数据库中含政府利益声明的专利份额在随着时间的推移而增加，拐点出现的时间与上文含政府利益声明的生物医学专利总体份额中所见的时间大致相同。在上文的图 3.1 和图 3.2 中，除不合规情况之外的其他因素——主要是私人或非联邦研究资助——可以解释报告率低于 100% 的原因。但在图 3.3 中，这是不可能的。根据定义，这些专利应该包含政府利益声明。然而，有 30% 的专利并未包含政府利益声明。尽管随着时间的推移，合规情况明显改善，超过 80% 都包含了这些声明，但旧专利的不合规情况可能会在未来造成法律问题。

尽管如此，美国联邦巡回法院关于制裁不遵守《拜杜法案》报告要求的行为的判例法并未涉及不含政府利益声明的问题，而是涉及未向资助机构披露发明的问题。这一点是不明确的，因为

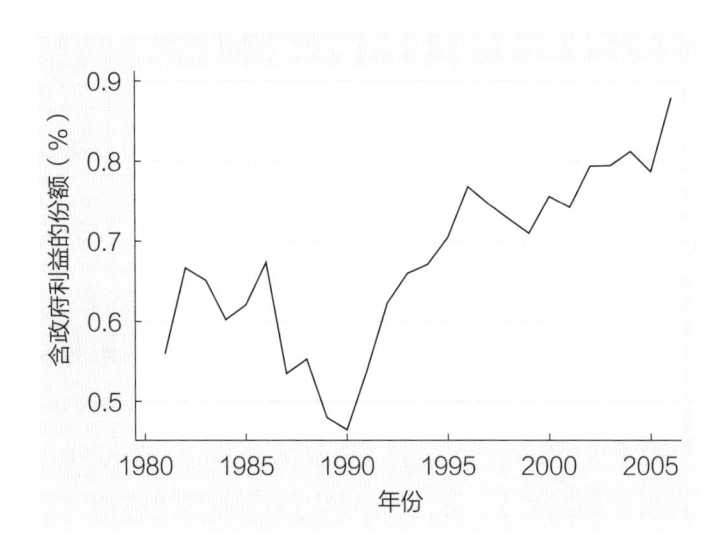

第三章 问责、政府权利与公共利益：《拜杜法案》颁布30年回顾

图 3.4 含政府利益声明的 RePORTER 专利的份额

我们无法（在一个大样本中）确定哪些学术型生物医学专利应被披露但未被披露。表 3.1 显示了一份关于学术型生物医学专利是否含有政府利益声明并被披露给资助机构的交叉表。

表 3.1 学术型生物医学专利中政府利益声明与 RePORTER 数据库的交叉表（单位：项）

范围	不含政府利益声明	包含政府利益声明	合计
不在 RePORTER 数据库中	13486	5756	19242
在 RePORTER 数据库中	1942	5759	7701
合计	15428	11515	26943

在 26943 项学术型生物医学专利中，仅有 30% 被收入 Re-

PORTER 数据库。在那些含有政府利益声明的专利中，大约有一半出现在 RePORTER 数据库中；在不含政府利益声明的专利中，仅有 13% 出现在 RePORTER 数据库中。也许最值得注意的是，这些专利中有一半以上既不在 RePORTER 数据库中，也不含政府利益声明。表 3.2 显示了 2006 年颁发的学术型生物医学专利的类似数据。请注意，即使在 2006 年，典型的专利类别也是收录在 RePORTER 数据库中的专利和不含政府利益声明的专利。然而，在向美国专利与商标局报告政府利益方面，似乎遵守相关规范和要求的情况得到了改善。到 2006 年年底，在 RePORTER 数据库所列的专利中，几乎 90% 都含有政府利益声明。然而，有点令人惊讶的是，在 RePORTER 数据库中列出的含政府利益声明的专利份额略低于整体样本（37%，而不是整体的 50%）。这一差异可能反映了在更新 RePORTER 数据或将 iEdison 的信息收入 RePORTER 数据库方面出现的滞后。

表 3.2　学术型生物医学专利中政府利益声明与 RePORTER 数据库的交叉表（仅限 2006 年颁发的专利）（单位：项）

范围	不含政府利益声明	包含政府利益声明	合计
不在 RePORTER 数据库中	743	541	1284
在 RePORTER 数据库中	39	326	365
合计	782	867	1649

总体而言，上面报告的数据表明了一些不遵守规定的情况。下面，我们将对这些问题进行定性研究，使用的样本是对健康极

第三章　问责、政府权利与公共利益：《拜杜法案》颁布30年回顾

度重要以及在关于补偿、介入和透明度的争论中极度重要的专利——那些与上市药物有关的专利。

来自美国食品药品监督管理局批准药物的若干证据

定量概述

巴文·N.桑帕特和弗兰克·R.利希滕贝格（2011）利用关于1988年至2005年经美国食品药品监督管理局批准的新分子实体的数据，考察了公共和私营部门在药物创新中的作用，考察的目的包括评估补偿、介入和其他利用政府利益影响药物价格的政策的范围广度。该项研究考察了这些在美国食品药品监督管理局橙皮书①（Orange Book）中的药物的专利，并收集了关于政府在这些专利中所起的作用的信息：它们是否包含政府利益声明，或它们是否被分配给了一家资助机构（例如美国国立卫生研究院）。我们将这些专利称为政府专利。作者利用这些数据发现，在此期间获批的药物有9%拥有政府专利（获得美国食品药品监督管理局优先审核的药物拥有政府专利的比例更高，为17.4%，这些药物可以说是临床上最重要的药物，相比之下，非优先审批药物拥

---

① 橙皮书指《经过治疗等同性评价批准的药物》（Approved Drug products with Therapeutic Equivalence Evaluations），收录经由美国食品药品监督管理局审批的全部药物，包括新药和仿制药，每年发布一本。——译者注

有政府专利的比例为3.1%)。

鉴于对可能不披露政府利益的担忧,本研究还关注了拥有"学术"专利(包括分配给联邦机构以及大学和非营利组织的专利)的药物,以评估公共部门的作用。这些数据显示,13%的药物拥有一项学术专利,包括6%的标准审核药物和22%的优先审核药物。

"学术"专利数字和"政府"专利数字之间的差异表明存在潜在的不披露行为,因为大多数学术研究都是由联邦政府资助的。为了进一步研究这一点,我们将重点放在不同时属于"政府"专利的"学术"专利上(这也意味着它们不含政府利益声明或未被分配给政府机构)。

表3.3(引自巴文·N.桑帕特和弗兰克·R.利希滕贝格的论文脚注信息)显示,根据1988—2005年批准的所有新分子实体,大多数药物既没有"政府"专利也没有"学术"专利。在非学术专利中,只有很小一部分(2%)含有政府利益声明,这可能在意料之中。然而,在48种拥有学术专利的药物中,有相当一部分(21种,占比44%)药物的专利不含政府利益声明。

表3.3 至少含一项"学术"专利的药物与至少有一项"政府资助"专利的药物的交叉表(单位:项)

范围	不含政府资助的专利	至少含一项政府资助的专利	合计
不含学术/公共部门受让人的专利	324	7	331

第三章　问责、政府权利与公共利益：《拜杜法案》颁布30年回顾

续表

范围	不含政府资助的专利	至少含一项政府资助的专利	合计
至少含一项学术／公共部门受让人的专利	21	27	48
合计	345	34	379

除了这些药物（其中没有一项学术专利感谢政府的支持）之外，还有其他7种药物的部分学术专利感谢了政府的支持，但其他学术专利并未感谢政府的支持。共计43项专利与这些药物有关。在这些专利中，有7项专利被列入了美国国立卫生研究院 RePORTER 数据库，因此，即使不含政府利益声明，这些专利也得到了披露。

我们把重点放在剩余的36项专利（与22种药物有关）上，对不披露的情况进行定性评估。在下文中，我们将介绍这些案例研究的结果。

案例研究

根据《拜杜法案》，如果一项发明是"在履行一项资助协议规定的工作中构思的或首次实际付诸实施的"，那么该项发明就是受报告义务约束的"隶属发明"（subject invention）。在我们的分析中，我们采用了一种保守的"隶属发明"定义。例如，一项专利有多位发明人，而在进行相关研究期间，似乎只有少数发明人得到了联邦资助的支持，我们视这种情况为"不明确"。同样被我们视为"不明确"的情况是，联邦资助的研究似乎涵盖了与

专利药物密切相关的化合物，但我们无法精确地确定两者的重叠关系。即使按照这种保守的定义，似乎也至少有15项专利（与8种药物有关）的联邦资助没有得到适当的报告。此外，有5项专利（与5种药物有关）显然涉及联邦资助，但《拜杜法案》的报告要求对这5项专利的适用性并不明确。

索玛沃（Somavert）。有些药物似乎源自联邦资助，索玛沃（通用名培维索孟注射剂）便是其中的一个例子。索玛沃被用于治疗肢端肥大症（acromegaly）。该药涉及4项专利，两项是化合物专利（分别于1994年和1997年颁发），两项是使用这些化合物的治疗方法专利（分别于1999年和2003年颁发）。这些专利的发明人是约翰·J.科普契克（John J. Kopchick）和陈（Wen Y. Chen），专利被转让给了俄亥俄大学。

我们讨论的上述专利均与脊椎动物生长激素的一些拮抗剂有关，这些拮抗剂是通过改变这类蛋白质（指脊椎动物生长激素）的第三条 α 螺旋获得的。与此同时，一篇于1994年发表在《生物化学杂志》（*Journal of Biological Chemistry*）上的论文（其中，约翰·J.科普契克为资深作者，陈为第一作者）专门讨论了通过改变第三条 α 螺旋获得的生长激素活性的"功能性拮抗剂"（Chen et al., 1994）。这篇发表于1994年的论文感谢了美国国立卫生研究院和美国农业部的支持，一篇发表于1995年的类似论文同样感谢了美国国立卫生研究院和美国农业部的支持。索玛沃2008年的全球销售额约为2.5亿美元。

Meretek公司尿素呼气试验成套设备（Meretek UBT KIT）。该专利声称对一种使用塑料袋和针头组件进行的溃疡病细菌呼

第三章　问责、政府权利与公共利益：《拜杜法案》颁布30年回顾

吸测试拥有所有权。该专利的发明人是安东·奥佩昆（Antone Opekun）和彼得·克莱恩（Peter Klein），均来自美国贝勒医学院。该专利颁发于1992年。再早几年，两位发明人已经在《柳叶刀》杂志（The Lancet）上发表了一篇题为《13C-尿素呼气试验无创检测幽门螺旋杆菌》（Campylobacter pylori detected noninvasively by the 13C-urea breath test）的论文。这篇论文感谢了美国国立卫生研究院和美国农业部的支持。

爱泌罗（Elmiron）。本案例中所讨论的专利声称对一种治疗涉及尿路和膀胱的细菌感染的方法拥有所有权，即用含有爱泌罗（通用名戊糖多硫酸钠）的溶液冲洗膀胱。该专利最初于1982年提交申请，并最终（经过一系列继续申请）于1993年颁发。加州大学的C. 洛厄尔·帕森斯（C. Lowell Parsons）是专利的发明人，他于1979年至1992年间得到了美国政府（主要是退伍军人管理局）的支持。这一支持旨在研究"膀胱的抗菌防御系统"。1982年，C. 洛厄尔·帕森斯撰写了一篇题为《通过外源性糖胺聚糖戊聚糖多硫酸钠预防尿路感染》（Prevention of urinary tract infection by the exogenous glycosaminoglycan sodium pentosanepolysulfate）的论文，该文感谢了美国政府对研究的支持。

三氧化二砷（Trisenox）。三氧化二砷涉及4项专利，这些专利都声称（方式略有不同）对一种使用有效治疗剂量的三氧化二砷治疗急性和慢性白血病的方法拥有所有权。与其中第一项专利有关的申请提交于1997年11月，并最终于2004年颁发。另外三项专利申请提交于2004年，并最终于2005年颁发。这些专利的发明人是来自纪念斯隆-凯特琳癌症中心（Memorial

Sloan-Kettering Cancer Center）的雷蒙德·P. 瓦雷尔（Raymond P. Warrell）、皮耶尔·保罗·潘多尔菲（Pier Paolo Pandolfi）与贾尼丝·L. 加布里洛夫（Janice L. Gabrilove）。雷蒙德·P. 瓦雷尔于1997年和1998年获得了美国国家癌症研究所的三笔拨款，用于研究三氧化二砷在治疗白血病中的应用。

西那卡塞（Sensipar）。西那卡塞（通用名盐酸西那卡塞）涉及两项专利，这两项专利声称对通过调节位于甲状旁腺细胞上的一种钙受体的活性来治疗甲状旁腺功能亢进的方法拥有所有权。两项专利分别于1994年和1995年提交，并于2000年颁发。专利发明人是爱德华·内梅特（Edward Nemeth）、布拉德福德·范瓦根伦（Bradford Van Wagenen）、曼努埃尔·巴兰德林（Manuel Balandrin）、埃里克·G. 德尔玛（Eric G. DelMar）和斯科特·莫（Scott Moe），专利被转让给了布莱根妇女医院和美国 NPS 制药公司。

1992—1993年，爱德华·内梅特持有一项名为"甲状旁腺细胞钙离子受体特征"（Characterization of the Parathyroid Cell Ca_2^+ Receptor）的美国国立卫生研究院的拨款。该项拨款的摘要声称，该项研究将测试有机化合物对钙受体的活性，从而"促成一项药物开发计划，该计划旨在发现和设计用于治疗甲状旁腺功能亢进的候选药物"。此外，爱德华·内梅特、布拉德福德·范瓦根伦、埃里克·G. 德尔玛与曼努埃尔·巴兰德林还于1998年共同撰写了一篇发表在《美国国家科学院院刊》（*Proceedings of the National Academy of Sciences of the Untied States of America*）上的论文，题为《拟钙剂在甲状旁腺钙受体上的有效和选择性活性》

第三章　问责、政府权利与公共利益：《拜杜法案》颁布30年回顾

（Calcimimetics with Potent and Selective Activity on the Parathyroid Calcium Receptor）。这篇论文感谢基础研究得到了上述美国国立卫生研究院拨款的资助。

除了以上 5 种未披露政府资助来源的药物外，还有 3 种药物涉及一项披露政府资助的专利和一项未披露政府资助的专利。

恩夫韦地（Fuzeon）。著名的抗艾滋病药物恩夫韦地与一项 1995 年申请并于 2000 年颁发的专利有关。该专利的发明人是达尼·博洛涅西（Dani Bolognesi）、托马斯·马修斯（Thomas Matthews）和卡尔·维尔德（Carl Wild），专利被转让给了杜克大学。该专利涵盖各种形式的合成肽 DP-178。达尼·博洛涅西和托马斯·马修斯还共同撰写了一篇 1995 年发表在《病毒学杂志》（Journal of Virology）上的论文，探讨了多种形式的合成 DP-178 肽的使用。论文感谢了美国国立卫生研究院对托马斯·马修斯的直接支持以及美国国立卫生研究院对达尼·博洛涅西当时所属的一家艾滋病研究中心的支持。值得注意的是，专利分案申请（divisional application）的母案申请（parent application）中确实包含政府利益声明。因此，似乎相当清楚的是，分案专利本身应该含有一份政府利益声明。

促甲状腺激素 α（THYROGEN）。我们讨论的这项专利最终于 2002 年颁发，出现在最初于 1985 年提交的续案申请（continuation application）链的末尾。该专利声称对一种促甲状腺激素（TSH）β 链拥有所有权，这种促甲状腺激素 β 链是一个用含有编码促甲状腺激素 β 单位的 DNA 序列的载体转化的细胞产生的。该专利的发明人是纪念斯隆-凯特琳癌症中心的约内·A.库里得

斯（Ione A. Kourides）和格雷厄姆·K.惠特菲尔德（Graham K. Whitfield）。从1985年到1989年，约内·A.库里得斯获得了美国国立卫生研究院的支持，研究"促甲状腺激素的α和β亚单位的调节"。1988年，约内·A.库里得斯和格雷厄姆·K.惠特菲尔德与另外两人共同发表了一篇题为"人类促甲状腺激素β亚基基因在5'结构上与小鼠促甲状腺激素β基因不同"（The Human Thyrotropin Beta-Subunit Gene Differs in 5' Structure From Murine TSH-Beta Genes）的论文。该论文感谢了美国国立卫生研究院的支持。此外，同一续案申请链中出现的另一项促甲状腺激素α专利也有关于政府支持的声明。因此，在本案例中遗漏声明似乎是不合理的。

伯尔定（Paraplatin）。一项化合物专利和一项方法专利，与伯尔定（通用名卡铂）这种抗癌化合物有关。有趣的是，尽管这项在《拜杜法案》颁布之前的化合物专利包含政府利益声明，而且该专利也讨论了该化合物在癌症治疗中的运用，但随后专门声称治疗癌症的方法专利却缺少政府利益声明。

除了这些似乎相当直接地源自政府支持的专利外，我们认为以下5种药物（以及相关的5项专利）也造成了近似的问题。

比伐卢定注射剂（Angiomax）。比伐卢定注射剂（通用名比伐卢定）是一种凝血酶抑制剂，用于接受冠状动脉成形术的患者的抗凝血治疗。相关专利的发明人是约翰·M.玛加诺（John M.Marganore）、约翰·W.芬顿（John W. Fenton）和托妮·克兰。该专利于1990年申请，并于1993年颁发。3位发明人也是一篇发表于1992年的论文的共同作者（共7位作者），论文题为"水

第三章 问责、政府权利与公共利益：《拜杜法案》颁布30年回顾

蛭肽3-凝血酶复合物的结构和底物与抑制剂的S'子位点的性质"（Structure of the Hirulog 3-Thrombin Complex and Nature of the S' Subsites of Substrates and Inhibitors）。虽然这项专利没有专门说明水蛭肽3，但它普遍讨论了水蛭肽以及其他凝血酶抑制剂。在这篇论文中，奥尔巴尼医学院教授约翰·W.芬顿感谢了美国国立卫生研究院的支持。约翰·W.芬顿还获得了美国国立卫生研究院1985—1994（含）财年一项名为"人类凝血酶"的拨款。

格列卫（Gleevec）。格列卫（通用名甲磺酸伊马替尼）是一种著名的抗癌药物，2010年全球销售额为39亿美元。与格列卫有关的"学术"专利声称对一种使用甲磺酸伊马替尼治疗胃肠道间质瘤的方法拥有所有权。（诺华公司独家拥有的一项较早的物质成分专利声称对该化合物拥有所有权。）该项学术专利的国际(《专利合作条约》[①]申请于2001年提交，美国专利于2005年颁发。该专利被转让给了诺华公司、丹娜法伯癌症研究院和俄勒冈健康与科学大学。

这项方法专利有10位发明人。其中3位发明人——乔治·德梅特里（George Demetri）、米夏埃尔·海因里希（Michael Heinrich）和布里安德·鲁克尔（Brian Druker）——还共同撰写了一篇2002年发表在《新英格兰医学杂志》（*The New England Journal of*

---

① 《专利合作条约》（PCT）是于1970年签订的在专利领域进行合作的国际性条约，于1978年生效。该条约提供了关于在缔约国申请专利的统一程序。依照《专利合作条约》提出的专利申请被称为专利国际申请或PCT国际申请。——译者注

Medicine）上的论文，题为"甲磺酸伊马替尼在晚期胃肠道间质瘤中的有效性和安全性"（Efficacy and Safety of Imatinib Mesylate in the Advanced Gastrointestinal Stromal Tumors）。虽然这篇论文感谢了米夏埃尔·海因里希博士获得的联邦资助，但它只感谢了乔治·德梅特里博士获得的私人资助（诺华肿瘤公司和几个基金会），并且没有感谢布里安德·鲁克尔博士获得了任何资助。

由于我们没有证据表明美国联邦政府在格列卫方法专利的构思或付诸实施中发挥了重要作用，所以我们将该项专利归为"不明确"类别。

氨磷汀（Ethyol）。本案例中的学术专利声称对使用氨磷汀（通用名阿米福汀）和相关化学品治疗与化疗药物施用相关的神经毒性和肾毒性的方法拥有所有权。该专利的发明人是马丁·斯托格尼沃（Martin Stogniew）、戴维·艾伯茨（David Alberts）和爱德华·卡普兰（Edward Kaplan），专利被转让给了美国生命科学公司（U.S. Bioscience）和亚利桑那大学。该专利于1997年提交，并于1999年颁发。

戴维·艾伯茨是一位杰出的癌症研究者，也是过去30年来数十项美国国立卫生研究院拨款的指定项目负责人。他是几篇1996年发表的论文的第一作者，这些论文讨论了阿米福汀在癌症治疗中的应用，其中一篇论文题为"WR-1065, 阿米福汀（氨磷汀）的活性代谢物不抑制广泛的标准抗癌药物对人类卵巢癌和乳腺癌细胞的细胞毒性作用"［WR-1065, the Active Metabolite of Amifostine (Ethyol) Does not Inhibit the Cytotoxic Effects of a Broad Range of Standard Anticancer Drugs Against Human Ovarian

第三章 问责、政府权利与公共利益：《拜杜法案》颁布30年回顾

and Breast Cancer Cells〕感谢了美国国立卫生研究院的支持。该论文还提及了氨磷汀对神经和肾脏组织的保护作用。然而，由于我们无法找到既感谢美国国立卫生研究院的支持又详细讨论使用氨磷汀治疗神经和肾脏组织疾病的具体论文，我们将该案例视为"不明确"的。

力比泰（ALIMTA）。抗癌药力比泰（通用名培美曲塞）的"学术"专利是最初于1989年提交的续案申请链的一部分。该专利于1994年颁发。专利的唯一发明人是爱德华·泰勒（Edward Taylor），专利被转让给了普林斯顿大学。力比泰的年销售额超过10亿美元。

在2003年发表的一篇介绍合成力比泰的新方法的论文中，爱德华·泰勒提到，一篇1992年发表在《药物化学杂志》（Journal of Medicinal Chemistry）的论文首次对力比泰作了描述。爱德华·泰勒是这篇1992年的论文的八位共同作者之一，论文的致谢部分声称得到了礼来公司（Eli Lilly and Company）和美国国立卫生研究院 CA36054 拨款的支持。对 RePORTER 数据库的进一步研究表明，CA36054 拨款的授予对象是来自美国南加州大学的共同作者理查德·G.莫兰（Richard G. Moran）。

爱德华·泰勒获得了美国国立卫生研究院1986—1991财年的几笔拨款。爱德华·泰勒获得的其中一笔拨款名为"洛美曲索类似物作为抗肿瘤药物的设计和合成"（拨款号5R01CA042367-06），该笔拨款的摘要指出："我们计划通过合成一些精心挑选的类似物来探索抗增殖活性的结构要求，这些类似物与洛美曲索在左旋杂环的性质、C-6处手性中心的缺失以及中间桥区域的性质、灵

活性和尺寸等特征上存在差异。在我们的综合研究中，重中之重将是开发手性合成程序，以简化与我们的目标类似物中存在的多个手性中心相关的艰难合成问题。"

1992 年发表在《药物化学杂志》上的一篇论文——用爱德华·泰勒自己的话说，写于"这种化合物最初制备"之时——题为"N-[4-[2-（2- 氨基 -3,4- 二氢 -4- 氧代 -7H- 吡咯并 [2,3-d] 嘧啶 -5- 基）乙基] 苯甲酰基]-L- 谷氨酸，一种在 C-6 处缺乏手性中心的二去氮杂四氢叶酸二乙酯侧链类似物，是一种胸苷酸合成酶的抑制剂"（A dideazatetrahydrofolate analogue lacking a chiral center at C-6 ,N-[4-[2-(2-amino-3,4-dihydro-4-oxo-7H-pyrrolo[2,3-d]pyrimidin-5-yl) ethyl]benzoyl]-L-glutamic acid, is an inhibitor of thymidylate synthase）。论文还描述了洛美曲索分子的桥区改变。这两项改变都是爱德华·泰勒的美国国立卫生研究院拨款宣称的目标，尽管这笔拨款没有在论文中得到声明，论文也未与美国国立卫生研究院的 RePORTER 数据库拨款挂钩。

我们将这项专利归为"不明确"类别，主要是因为所涉的化学成分非常复杂，我们不知道该领域的技术人员是否会认为美国国立卫生研究院的拨款、发表在《药物化学杂志》上的那论文以及专利主张涵盖了相同的分子。

贝沙罗汀（TARGRETIN/BEXAROTENE）。该"学术"专利于 1992 年提交，并于 1995 年颁发，涉及"桥接双环芳香族化合物及其在调节类维生素 a 受体基因表达方面的应用"。专利发明人是马西娅·I. 道森（Marcia I. Dawson）、詹姆斯·F. 卡梅隆（James F. Cameron）、彼得·D. 霍布斯（Peter D. Hobbs）、钟

第三章　问责、政府权利与公共利益：《拜杜法案》颁布30年回顾

灵（Ling Jong）、马格努斯·普法尔（Magnus Pfahl）、张晓坤（Xiaokun Zhang）和尤尔根·莱曼（Jurgen Lehmann）。专利被转让给了国际斯坦福研究院（SRI International）和拉霍亚癌症研究基金会（La Jolla Cancer Research Foundation）。

马西娅·I.道森、彼得·D.霍布斯、钟灵、詹姆斯·F.卡梅隆、马格努斯·普法尔还是一篇1994年发表在《自然》（Nature）杂志上的论文的共同作者，论文题为"一种具有选择性抑制AP-1的新型类维生素a抑制增殖"（A New Class of Retinoids with Selective Inhibition of AP-1 Inhibits Proliferation）。在致谢部分，马格努斯·普法尔和马西娅·I.道森声称获得了美国国家癌症研究所和美国国立卫生研究院的拨款。这篇论文中测试的化合物中有几种似乎与专利中所主张的、首选的和演示的化合物极为相似。

我们将这项专利归类为"不确定"类别，主要是因为涉及的化学成分非常复杂，而我们不知道该领域的技术人是否会把发表在《自然》杂志上的论文和贝沙罗汀专利视为涵盖了相同的分子。

因此，我们的案例研究揭示了一些可能（甚至是相对清楚的）不遵守报告要求的例子。值得注意的是，我们的案例研究中不包括这样的案例：联邦资助的研究只构成更加应用型研究的基础。因此，举例来说，我们的案例不包括这样的情况，即联邦资助的研究阐明了一个生化途径或靶标，而一项专利随后主张对一种调节该途径或靶标的化合物拥有所有权。因此，我们的案例研究实际上低估了联邦资助在多大程度上是我们所研究的药物专利的"必要"条件。

总结

《拜杜法案》不仅涉及促进大学技术转移,而且涉及保护公共利益。各种遵守和报告条款——包括要求披露联邦资助的专利中的政府利益并向资助机构报告这些专利——是《拜杜法案》的制定者们旨在保护纳税人利益的主要方式。《拜杜法案》颁布30年后,人们仍然在讨论介入和补偿等政策问题,这表明《拜杜法案》的这些公共利益目标仍然十分突出。

无论是在一般情况下还是在特殊案例中,评论介入或补偿的最终可取性都超出了本文的范围。相反,我们的主要目标是提供关于遵守《拜杜法案》报告要求的证据。正如《拜杜法案》的发起人明确承认的那样,源自报告要求的信息是任何关于介入或补偿的讨论的必要基础。

使用专利的政府利益部分的数据和关于向美国国立卫生研究院披露专利的新信息,我们发现了表明不披露的证据。我们的定性分析表明,即使是重要的专利——那些与上市药物相关的专利——也有15项专利(涉及8种药物)明显不合规,另外5种药物可能存在问题。

可以肯定的是,我们的一些定量证据表明,随着时间的推移,信息披露情况会越来越好。这可能反映了专利管理和技术转移活动方面的学习曲线[①](Mowery et al., 2004)。即使是过去的不

[①] 学习曲线反映了工作效率随工作经验的增长而提高,即在实践中不断进步的过程。——译者注

第三章　问责、政府权利与公共利益：《拜杜法案》颁布30年回顾

当行为也可能是有问题的，因为它们低估了政府在私营部门创新中的作用，甚至可能危及基础专利的有效性。

展望未来，随着专利聚合商①（patent aggregator）的活动受到美国国会和美国联邦贸易委员会的关注，明确联邦资助的学术专利是否应该作为专利聚合商的重要供应来源将是非常重要的。如果美国国会一如既往地（Rai and Sampat, 2012）在抑制基于专利的诉讼的改革中给予源自大学的专利以特权地位，这一点将特别重要。

参考文献

Arno, P. S., and M. H. Davis. 2001. "Why Don't We Enforce Existing Price Controls? The Unrecognized and Unenforced Reasonable Pricing Requirements Imposed Upon Patents Deriving in Whole or in Part from Federally-Funded Research." *Tulane Law Review*.

Azoulay, P., R. Michigan, and B. N. Sampat. 2007. "The Anatomy of Medical School Patenting." *New England Journal of Medicine* 357 (20): 2049–56.

Chen, W. Y., et al. 1994. "In vitro and in vivo studies of the antagonistic effects of human growth hormone analogs." *Journal of Biological Chemistry* 269: 15892–897.

Department of Health and Human Services (DHHS). 2001. "NIH Response to the Conference Report Request for a Plan to Ensure Taxpayers' Interests Are Protected." Washington, D.C.

---

① 专利聚合商是指50%或更多的收入或收益来自知识产权（包括专利权）的销售或许可，而在其业务运营中并不使用这些知识产权的第三方。——译者注

Korn, D., and S. Heinig. 2004. "Recoupment Efforts Threaten Federal Research." *Issues in Sci. and Tech.* 20 (4).

Jaffe, A. B., and M. Trajtenberg. 2005. *Patents, Citations, and Innovations: A Window on the Knowledge Economy.* Cambridge, MA: MIT Press.

Herder, M. 2008. "Asking for Money Back: Chilling Commercialization or Recouping Public Trust in the Context of Stem Cell Research?" *Colum. Sci. and Tech. L. Review* 9 (203).

Ledford, H. 2013. "Universities Struggle to Make Patents Pay." *Nature* 501: 471–72.

Mowery, D. C., et al. 2004. *Ivory Tower and Industrial Innovation: University Industry Technology Transfer Before and After Bayh-Dole.* Palo Alto, CA: Stanford University Press.

National Academy of Sciences (NAS). 2010. *Managing University Intellectual Property in the Public Interest.* Washington, D.C.

Rai, A., and R. Eisenberg. 2003. "Bayh-Dole Reform and the Progress of Biomedicine." *Law and Contemporary Problems* 66: 289–314.

Rai, A. K., and B. Sampat. 2012. "Accountability in patenting of federally funded research." *Nature Biotechnology* 30: 953–56.

Sampat, B. N. 2009. "Academic Patents and Access to Medicines in Developing Countries." *American Journal of Public Health* 99 (1): 9–17.

Sampat B. N., and F. R. Lichtenberg. 2011. "What are the respective roles of the public and private sectors in pharmaceutical innovation?" *Health Aff* (Millwood) 30 (2): 332–39.

Stevens, A. J., et al. 2011. "The role of public-sector research in the discovery of drugs and vaccines." *N Engl J Med.* 364 (6): 535–41.

U.S. General Accountability Office (GAO). 2003. "Agencies' Rights to Federally Sponsored Biomedical Inventions" GAO-03-536.

U.S. Senate. 1979. Report of the Committee on the Judiciary on S. 414, "University and Small Business Patent Procedures Act" 1979.

第四章

创业者通往大学的指南

菲奥娜·默里和朱利安·科列夫

创业者的大学指南

创业者如何才能有效地与大学合作，将科学和工程领域的新进步从想法转化为实效？影响他们合作的法律规则是什么？创业者必须理解的地方规则和规范是什么？又是什么样的激励和期望引导着教师对企业家的态度？本章旨在通过考察"技术转移"这一主题来回答这些问题——不是从传统的教师或技术转移官员的角度，而是从创业者的角度。

过去几十年，美国和世界其他大学校园里的创业者和创业活动的作用受到了越来越多的关注。越来越多的人认为，大学应该作为知识经济的关键支柱，同时为有用的产品和服务做出贡献。虽然很少有人对重点的这一转变提出异议，但它提出了一个关键问题：在将大学的科学和工程研究商业化时，如何最好地将想法转变为实效。换句话说，那些既有科学价值又有直接经济价值的想法——即那些位于巴斯德象限内的想法（Stokes, 1997）——是否会真的走出大学围墙，进入经济领域，并产生最大的实效？

早期的研究方法（以及学术研究）专注于塑造产生想法的广泛制度背景，具体而言，它们针对的是通过大学研究创造的知识产权的所有权和义务。后来，人们的注意力转向了科学和工程领域的大学教师将自身的研究商业化的方式。在美国，包括美国国家科学基金会、美国国立卫生研究院和美国能源部在内的资助机构都提供了资助和教育，将大师的注意力集中在通过技术转移过程推进他们的研究上。学者们还试图了解那些确实从事商业化的教师的特征，包括对性别、级别、终身教职和生产率的作用进行评估（Murray, 2004; Azoulay, Ding, and Stuart, 2007; Agrawal and Henderson, 2002）。然而，创业者在从"想法到实效"的过程中所扮演的关键角色却被忽略了。

本章将创业者置于商业化过程的前沿和中心，并考察承担这一角色的最有效方法。这是大学以外的创业者在寻求进入学术界的通道并找到可以转移和转变的想法时必须采取的视角。然而，这也是大学内部的创业者——教师、科学和工程领域的学生或医学领域的学术——从纯粹的技术角色转向涉及积极创业的角色时应该遵循的视角。具体而言，他们必须把主要关注点转移到系统地将新生想法转化为有意义的产品和企业上来。无论是对大学内部的创业者还是外部的创业者而言，技术转移都有三个不同的"层面"需要加以探索和理解：

- 第一，国家层面。商业化的制度性规则和法律环境；这是在此前的文献中最常描述的技术转移的一个方面，并以1980年的《拜杜法案》为中心。
- 第二，地方层面。地方对《拜杜法案》的解释，包括一所特定大学确立的规则，确立这些规则的目的是确定创业者通常如何获得科研成果、大学如何进行许可、（大学和企业之间）许可的合同结构以及教师在这个过程中的作用。
- 第三，（也许是最重要的）个人层面。社交网络和规范以及对商业化的不同参与者的激励，主要集中于创业者和研究人员之间的关系结构，要实现有效的商业化，就必须建立这种关系。

如果不理解所有这些不同层次的分析，创业者很可能会在技术转移系统中迷失方向，犯错或错过机会，至少减缓商业化进程，降低具有潜在前景的研究成果的经济和社会影响。

这一引导创业者通向大学的指南旨在通过从创业者的角度阐述上述全部三个层面，以克服其中的一些挑战。对这三个层面的分析基于对大学及其在商业化过程中的作用进行的系统研究以及本文第一作者在过去十多年间从麻省理工学院和其他地方收集的轶事证据。分析的重点关注了美国的特殊情况，不仅因为这是作者的经验领域，还因为与技术转移相关的法律规则是在国家层面制定的，而地方解释虽然表现出显著的差异，但也同样符合一系列在美国根深蒂固的做法。最后，大多数（虽然不是全部）关于技术转移的统计分析和定性研究关注的都是美国大学（对这一证据的全面回顾，见本书中唐纳德·S.西格尔和迈克·赖特撰写的第一章）。跨国比较分析仍然是未来研究的主题。

我的讨论始于一个商业化"故事"，首先我们需要介绍一群角色，这些角色通常参与确定一个有趣的科学想法，确定该想法是否具有一定的商业潜力，并使这个想法走出大学，产生经济和社会影响。我们根据上文概述的三个层面的分析，复述和概括了这一故事：国家制度、地方规则和人际网络和激励措施。最后，我们为创业者提供了具体的经验教训。

商业化的舞台

如果商业化是戏剧，那么它的演员阵容会非常庞大，他们的角色会很复杂，他们的动机和互动会相互交织。对创业者而言，这既是商业化令人兴奋的地方，也是商业化令人沮丧的地方。相比之下，更传统的科学工作这出戏剧相对简单明了：一位大学教师从各种感兴趣的资助者那里为他的研究筹集资金。在美国，资助者通常（大约60%的情况）是联邦政府，联邦政府每年为大学研究提供超过300亿美元资金。其他主要资助者包括州政府机构、产业界、非营利基金会和大学本身。研究人员及其资助者之间的谈判十分微妙（Gans and Murray, 2013），但通常侧重于研究范围及其披露——专利申请和未来的专利权归属（稍后将详细介绍）。其他关键角色是研究实验室中的学生——本科生获得研究经验，硕士生完成一篇简短的论文，博士生在撰写一篇博士论文的同时专注于研究、发表和未来的职业生涯（在学术界或其他领域）。大型实验室通常都有一位或多位从事博士后研究的科学家，他们已经完成自己的研究，但仍在实验室工作，目的是学习新的方法，建立独立的声誉，并探索潜在的职业道路（再次从学术界走向产业界）。一旦实验室产生了新颖的研究成果，教师、学生和科学家将专注于论文发表，在某些情况下还会申请专利——下文将就此作详细介绍。对于那些具有有趣的实用潜力的研究成果，舞台现在扩大了，演出转向了商业化（与此同时，实验室的大部分时间和注意力重新集中到下一个研究项目上）。

随商业利益而来的是新的角色——一名技术许可官员，其职责是帮助确定一个想法是否应该获得专利（如果应该获得专利，就将实验室及其文件交给专利律师）。同时还需要一位创业者——一个愿意将想法从实验室推向外部世界的人。应该由谁来扮演这个角色？正如我们将看到的，有许多人可以扮演这个角色——在商业计划竞赛或课堂上遇到一名学生的校外创业者、身兼研究人员和创业者双重角色的博士后，偶尔也可以是教师自己。以马蒂亚斯·阿斯特罗姆（Mattias Astrom）的故事为例，他曾是一名处于职业生涯中期的工商管理硕士，拥有成功的创业记录。他在教室里产生了一个想法——在手机基站塔上安装电力电子设备，并花了一个学期探索这个想法的潜力。除了教育方面的关系外，他与实验室没有正式的关系。在学期临近结束时，他花时间和乔尔·L. 道森（Joel L. Dawson）教授讨论了这个想法的真正潜力以及团队对商业化的投入。在各方互相审查之后，马蒂亚斯·阿斯特罗姆展望未来，转而担心如何真正获得这个想法，即如何从大学获得该想法的许可。他在想，现在是合适的时机吗？这项技术是否已经准备好独立于实验室之外？会有实验室团队的成员来确保事情顺利进行吗？该团队花了 18 个月时间进行研究，然后开始许可谈判，成立了一家企业——埃塔设备（Eta Devices），并将更多的新角色带到了舞台上：可能的早期投资者、董事会成员、技术顾问和企业合作伙伴。许可谈判花了几个月时间，其间马蒂亚斯·阿斯特罗姆直接与负责电气工程系的官员交涉。就在这时，乔尔·L. 道森教授离开学术界，全职加入了他的团队，而这个故事也开始和传统创业故事的情节类似。商业化过程远未结束，但传统实验室和传统初创企业之间复杂的中间地带已被打通。

在众多大学技术商业化的例子中，只有一个故事强调了驾驭技术转移生态系统中的企业家所扮演的复杂角色。其他故事说明了大学外部的创业者也可以进入这个生态系统并扮演马蒂亚斯·阿斯特罗姆的角色，或者包括乔尔·L.道森教授本人、技术博士生或博士后，甚至是技术转移官员在内的个人，也可能扮演推动商业化的最初创业者的角色（Murray, 2004）。本章的其余部分旨在解读技术转移生态系统中全体角色的潜在规则、规范和动机——从企业家的角度讲述，无论他可能是谁。

国家制度

《拜杜法案》

美国国会于1980年通过的《拜杜法案》规定了美国联邦政府（至少部分）资助的研究从大学向私营部门实体转移技术的法律框架。《史蒂文森-怀勒技术创新法》（*Stevenson Wydler Technology Innovation Act of 1980*）于同年获得通过，该法案的重点是从美国国家实验室综合体中转移技术。在实践中，这包括在美国顶尖大学进行的绝大多数研究，因此从创业者的角度决定了知识产权控制结构。事实上，截至2011年，美国联邦政府向大学提供的科学和工程研究资助几乎占到610亿美元大学研发总支出的65%，《拜杜法案》涵盖了创业者可能试图获得的大学研究中的很大一部分。正如立法措辞所述，《史蒂文森-怀勒技术创新法》旨在"促进美国的技术创新，以实现国家的经济、环境和社会目标"。同样，《拜杜法案》声称："美国国会的政策和目标是运用专利制度促进对联邦支持的研究或开发所产生的发明的利用……从而促进由美国产业和劳动力在美国创造的发明的商业化和公共可获得性。"对和美国大学合作的创业者来说，《拜杜法案》及其条款已经成为影响他们在技术转移过程中互动的最重要国家法律和制度。

《拜杜法案》的主要影响是允许大学保持对自身发明的所有权的控制，该条款主要通过专利申请程序实现。在实践中，这意味着大学确定本校教师（以及在联邦资助下在教师实验室工作的学生）产生的想法。然后，大学要求提供简要描述新颖和有用想法的所谓发明披露，并决定是否为该想法申请知识产权。（大学没有义务为所有发明披露申请专利，但是必须确定发明是否可能申请专利和是否具有商业潜力。）如果提出专利申请，大学将拥有本校教师的发明的知识产权，而教师和其他参与的发明人将被列为专利发明人。（这类似于企业研究人员是发明人，但不是在其受雇期间产生的知识产权的所有人。）这一点在图 4.1 中得到了展示，这是麻省理工学院教师约翰·范德·桑德（John Vander Sande）申请的碳纳米管专利的图片，该专利被转让给了麻省理工学院。需要指出的是，对创业者来说，每所大学的（已授予的）专利组合都可以使用大学的名称（或大学申请专利时使用的具体名称）通过美国专利和商标局的搜索引擎轻松进行搜索。

(12) **United States Patent**
Goel et al.

(10) **Patent No.: US 7,641,882 B2**
(45) **Date of Patent: Jan. 5, 2010**

(54) **FULLERENIC STRUCTURES AND SUCH STRUCTURES TETHERED TO CARBON MATERIALS**

(75) Inventors: **Anish Goel**, Washington, DC (US); **Jack B. Howard**, Winchester, MA (US); **John B. Vander Sande**, Newbury, MA (US)

(73) Assignee: **Massachusetts Institute of Technology**, Cambridge, MA (US)

(*) Notice: Subject to any disclaimer, the term of this patent is extended or adjusted under 35 U.S.C. 154(b) by 0 days.

(21) Appl. No.: **10/675,140**

(22) Filed: **Sep. 30, 2003**

(65) **Prior Publication Data**

US 2005/0095191 A1　May 5, 2005

(51) **Int. Cl.**
C01B 31/02　(2006.01)

(52) **U.S. Cl.** .... **423/445 B**; 423/449.1; 423/449.2

(58) **Field of Classification Search** ...... 423/449.1–450, 423/445 B
See application file for complete search history.

(56) **References Cited**

U.S. PATENT DOCUMENTS

5,132,105	A *	7/1992	Remo	423/446
5,648,523	A *	7/1997	Chiang	562/100
5,851,503	A *	12/1998	Mitani et al.	423/445 B
6,358,375	B1 *	3/2002	Schwob	204/173
2002/0122754	A1 *	9/2002	Ryzhkov	422/186.21

FOREIGN PATENT DOCUMENTS

JP	11-140342	*	5/1999

OTHER PUBLICATIONS

Taylor, R. and Walkton, R.M., The Chemistry of Fullerenes, 363 Nature 685 (Jun. 24, 1993).*

Taylor, et al., The chemistry of fullerenes, Nature 1993; 363: 685-693.*

Donnet, et al., Fullerenic carbon in carbon black furnaces, Carbon 2000; 38: 1885-1886.*

Burden, et al., In-situ Fullerene Formation—The Evidence Presented, Carbon 1998; 36(7-8): 1167-1173.*

Burden, et al., In-situ Fullerene Formation—The Evidence Presented [online] American Carbon Society [http://acs.omnibooksonline.com/papers/1997_ii376.pdf].*

Berezkin, Fullerenes as Nuclei of Carbon Black Particles, Physics of the Solid State 2000; 42(3) 580-585.*

Cataldo, The impact of a fullerene-like concept in carbon black science, Carbon 2002; 40: 157-162.*

Donnet, Black and White Fillers and Tire Compound, Rubber Chem. Tech. 1998; 71(3): 323-341.*

(Continued)

Primary Examiner—Stanley S. Silverman
Assistant Examiner—Daniel C. McCracken
(74) *Attorney, Agent, or Firm*—Choate Hall & Stewart LLP; Sam Pasternack

(57) **ABSTRACT**

The fullerenic structures include fullerenes having molecular weights less than that of C_{60} with the exception of C_{36} and fullerenes having molecular weights greater than C_{60}. Examples include fullerenes C_{50}, C_{58}, C_{130}, and C_{176}. Fullerenic structure chemically bonded to a carbon surface is also disclosed along with a method for tethering fullerenes to a carbon material. The method includes adding functionalized fullerene to a liquid suspension containing carbon material, drying the suspension to produce a powder, and heat treating the powder.

18 Claims, 8 Drawing Sheets

图 4.1　美国专利号 NO.7 641 882

大学的义务

《拜杜法案》规定了大学在获得发明和后续的知识产权之后必须履行的一些义务：发明披露、联邦许可和知识产权保护。

第一，大学必须向提供资助的联邦机构披露任何已确定的发明。虽然这种行为超出了创业者的控制范围，但验证这些要求完全得到满足通常是有价值的，因为存在许多潜在的陷阱。就披露要求而言，像坎贝尔塑料工程与制造公司诉莱斯·布朗利案（389 F.3d 1243）所认定的那样，未能完全披露发明可能导致大学丧失对发明的控制权，使创业者无法获得对发明的许可（Fed. Cir., 2004）。

第二，大学必须授予联邦政府（非独家的、不可转让的）发明许可。这通常不会引起创业者的警觉，因为联邦政府几乎肯定不会参与商业化或与私营部门的竞争（Duecker, 1997）。然而，尽管依靠政府实现商业化不太可能，但根据马代诉杜克大学案[①]（307 F.3d 1351），政府或其代理人获准对专利加以实验性使用——"根据《拜杜法案》……使用政府授权的专利不构成专利侵权。"（Fed. Cir., 2002）尽管如此，但政府或其代理人进入产品市场与根据《拜杜法案》许可一项学术专利的创业者展开竞争的先例并不存在。

第三，大学也有责任保护自己的知识产权。这可以被视为一种好处，因为如果发生侵权，创业者将不会直接承担法律成本。重要的是，尽管在独家许可的情况下，大学通常会要求报

[①] 马代全名为约翰·M. J. 马代（John M. J. Madey, 1943—2016）。20世纪80年代中期，马代是斯坦福大学的一名终身研究教授。在斯坦福大学工作期间，马代有一个创新的激光研究项目；此外，他还获得了由杜克大学自由电子激光实验室的一些设备所实施的两项专利的唯一所有权。马代于1988年离开斯坦福大学，并在杜克大学物理系任职。之后，马代和杜克大学之间出现了纠纷，杜克大学最终于1997年解除了马代的自由电子激光实验室主任职务。在这次上诉中，撤职并不是问题，然而，它是这起独特的专利侵权案件的起源。杜克大学继续操作实验室的一些设备，马代随后起诉杜克大学侵犯自己的两项专利。——译者注

销专利申请费,但导致专利辩护成本的风险主要掌握在大学手中,除非许可合同另有规定。举一个著名的例子,麻省理工学院近年来多次为自己的知识产权辩护。2007年,麻省理工学院与其被许可人美国百奥赛诺公司(Biothera)联手对巴西贝瑞金公司(Biorgin)提起诉讼,指控该公司在美国销售用于营养补充剂和功能食品的酵母葡聚多醣体成分构成了六项专利侵权。2003年,麻省理工学院对日本日立公司(Hitachi)提起诉讼,称该公司对该校不利的一个决定可能侵犯了其专利。同年,麻省理工学院还起诉洛克希德·马丁公司侵犯了该校1989年的一项专利,该专利颁发给了一项由麻省理工学院林肯实验室[①](Lincoln Laboratory)的两名研究人员创造的发明,该发明涉及该实验室两个"国际移动卫星组织"[②](Inmarsat)卫星通信地面站的运行。有趣的是,洛克希德·马丁公司使用的侵权技术是从麻省理工学院的一家附属公司美国数字语音系统公司(Digital Voice Systems Inc.)购买的,该公司已得到了麻省理工学院一系列不同的语音压缩专利许可。正如这些例子所表明的那样,麻省理工学院和其他大学在怀疑自身知识产权受到侵犯时表现出了积极捍卫知识产权的意愿,即使面对的是资金雄厚的公司或人脉甚广的前衍生企业。对

---

① 林肯实验室隶属于美国国防部,由麻省理工学院负责运行管理,是美国大学第一个大规模、跨学科、多功能的技术研究开发实验室。该实验室是美国联邦政府投资的研究中心,其基本使命是应用高科技解决于涉及国家安全的危急问题。——译者注
② 国际移动卫星组织成立于1979年,原名"国际海事卫星组织",1994年更为现名(但英文缩写均为Inmarsat)。——译者注

创业者来说，这将提供强有力的保证，确保任何许可协议都能很好地抵御不正当竞争。

商业化的条件

虽然上述规定聚焦的是大学在申请和捍卫自身知识产权方面的作用，但《拜杜法案》包括几个专门针对知识产权商业化的条件，这些条件事关创业者的核心利益。最重要的是大学有能力授予知识产权许可（但不直接转让所有权），以促进教师发明的商业化。事实上，《拜杜法案》和《史蒂文森-怀勒技术创新法》都要求大学和国家实验室将寻求技术转移作为自身核心使命的一部分，并建立技术转移办公室来执行这一任务。在给予大学授予此类许可的范围时，《拜杜法案》包含了关于收入分享的重要规定。具体而言，大学必须与原始发明人分享许可收入。扣除费用后剩余的任何收入都必须用于支持研究和教育。这对创业者的重要性体现在两个方面。第一，流向原始发明人的收入至少在一定程度上激励了他们与创业者合作并为想法的商业化和转化做出贡献，这使各方在取得最大影响这一目标背后保持一致。第二，将剩余收入用于研究的要求使得使用基于许可的收入来支持原来的研究实验室以及大学中其他致力于扩展最初发明的广泛研究领域的实验室成为可能。虽然被许可人对使用该收入进行的研究的方向或任何后续知识产权的许可条款没有任何控制力，但这一要求确实为成功商业化和研究资助之间的正反馈效应提供了可能。

与任何被许可人有关的第二项规定是介入权的授予，但该规定引发了创业者的特别担忧（并经常被创业者误解）。《拜杜法案》有这样一项条款：如果商业化在大学授予的许可下进展得不令人满意，则可以向第三方授予"介入"权。理论上，这有可能稀释创业者所持许可的价值，特别是在独家许可的情况下。在实践中，这样的担忧是有限的，几乎找不到实例支持这样一种观点，即普通创业者应该对"介入"条款感到紧张。由于理论和实践之间的紧张关系，这些条款值得我们深入研究，因为它们界定了《拜杜法案》所鼓励的创业精神和该法案试图避免的"专利囤积"行为之间的界限。《拜杜法案》正式包含了四个条件，每一个条件都可以导致介入权的授予：

（1）当发现发明的商业化花费了"不合理的"时间。

（2）如果现有的许可安排（例如基本医疗用品）对健康和安全造成任何危险，则可以授予额外许可。

（3）如果发明的公共使用存在被中断的危险，可以援引介入权作为补救办法。

（4）未能遵守国内制造的要求可能导致介入权被授予。

大学专利被许可人的竞争对手曾四次向美国国立卫生研究院提出正式申请，要求授予介入权，通常集中于第二个条件中的"健康和安全"条款。在四次申请中，美国国立卫生研究院都拒绝实施介入权；然而，这些决定的细节为创业者根据《拜杜法案》管理技术转移过程提供了指导。第一次要求授予介入权的申请是美国 CellPro 公司[①]于 1997 年提交的，该公司是第一家将一款美国食品药品监督管理局批准的干细胞分离设备推向市场的公司。CellPro 公司的申请针对的是美国百特医疗用品公司[②]（Baxter Healthcare Corporation）。基于约翰·霍普金斯大学持有的数项专利，百特医疗用品公司拥有该款干细胞分离设备的基础技术的独家许可。尽管 CellPro 公司在自家设备的上市速度方面快于百特医疗用品公司，但美国国家卫生研究院裁定，百特医疗用品公司在将该发明商业化方面并未花费不合理的时间：百特医疗用品公司的竞争设备当时正在进行临床试验。健康和安全没有受到威胁，因为在百特医疗用品公司的设备获得批准之前，该公司并未利用自己的专有权阻止 CellPro 公司销售设备。这一裁决开创了一个先例，即就算创业者花费比竞争对手更多的时间进入市场，介入权也不会被授予。然而，如果出现这种情况，在创业者自己的产品准备好并得到监管部门的批准之前，创业者将无法阻止竞争对手的销售。重要的是，只有当产品满足健康或安全需要时，这种情况才适用；如果产品不满足健康或安全需要，许可持有人可以在不打开通向介入权的大门的情况下申请禁止竞争对手的销售。

之后的两次申请都是在 2004 年提交的，情况非常相似。申请分别涉及处方药诺韦（Norvir）和适利达（Xalatan）。在涉及诺韦

[①] Cellpro 公司是一家成立于 1989 年的小型生物技术公司，总部位于美国华盛顿州博塞尔市（Bothell）。——译者注
[②] 百特医疗用品公司成立于 1931 年，是医疗产品生产的全球领导者。——译者注

的申请中,专利持有人雅培公司(Abbott Laboratories)提出申请,以回应诺韦售价的大幅上涨。雅培公司是诺韦的开发者,开发费用部分来自美国联邦资助。适利达案例提出了介入申请,理由是许可持有人辉瑞公司在获得哥伦比亚大学的专利许可后,将适利达在美国的售价定得高于在欧洲或加拿大的价格。在这两个案例中,美国国立卫生研究院的结论都基于这样一个事实:诺韦和适利达已经被美国食品药品监督管理局批准为安全有效,并可广泛获取。因此,上述两个案例均满足了如下要求:在一段合理的时间内实现商业化,同时满足公众的健康和安全需要。因此,美国国立卫生研究院得出结论,对于价格方面的担忧,介入权并不是适当的补救措施。对创业者来说,这些裁决意味着定价决定不会对授予介入权的可能性产生影响。虽然某些定价方法可能会受到其他来源的审查,但根据《拜杜法案》获得的独家许可不太可能受到影响。

2010年的一次针对介入权的申请涉及处方药法布赞(Fabrazyme)。申请的依据是,许可持有人美国健赞公司(Genzyme Corporation)在将西奈山医学院[①](Mount Sinai School of Medicine)持有的专利商业化时遇到的生产困难导致了该药物出现短缺。法布赞短缺导致了该药物的限量供应和低于最佳水平的治疗效果,从而导致了人们对健康和安全的严重担忧。介入权未被授予,原因是竞争对

---

① 2013年年初更名为西奈山伊坎医学院(Icahn School of Medicine at Mount Sinai),以感谢西奈山医疗系统(Mount Sinai Health System)理事卡尔·C.伊坎(Karl C. Icahn)三十多年来对该院的慷慨支持。——译者注

手用替代产品迅速进入市场的能力受到的实际限制。然而，在不同的情况下，裁决很容易会是另一种结果。根据裁决，如果"第三方有可行的计划获得美国食品药品监督管理局的批准……在健赞公司无法满足患者需求期间……美国国立卫生研究院将立即重新自己的决定以行使自身介入权"。重要的是，如果预期会出现短缺，竞争对手完全有可能准备一款竞争产品，因为根据《哈奇-韦克斯曼法案》(*Safe Harbor Provision of Hatch-Waxman Act*)安全港条款①(《美国法典》第35编第271[e]条)，临床试验不受专利侵权诉讼的影响。在四次介入权申请中，这是美国国立卫生研究院最接近于撤销许可持有人专有权的一次申请。因此，从创业者的角度来看，满足健康和安全需求的能力对保持独家许可而言非常重要，这比迅速进入市场或为消费者实现低价的价格体系更为重要。这最适用于像法布赞这样的产品，这些产品是满足特定患者群体健康和安全需求的必要（通常也是唯一）治疗手段。因此，虽然从企业家的角度来看，缺乏替代治疗方案往往被认为是一种优势，但如果无法满足医疗领域的需要，这也应被视为对介入权构成重大风险。

---

① 《哈奇-韦克斯曼法案》又称《药物价格竞争与专利期恢复法案》(*Drug Price Competition and Patent Term Restoration Act*)，由美国国会参议员奥林·哈奇（Orrin Hatch）和众议员亨利·韦克斯曼（Henry Waxman）于1984年联合提出，因此以二人的姓氏命名，并于同年由时任美国总统里根签署实施。该法案极大地促进了美国创新药和仿制药的协调发展，被誉为当今美国仿制药、非专利药产业的催化剂，对美国乃至世界制药产业产生了深远影响。——译者注

选择被许可人

在选择潜在的被许可人方面,《拜杜法案》赋予了大学相当大的余地。然而,该法案针对商业化的两个方面规定了明确的偏好,这两个方面就是国内制造和小型企业。在具体说明针对国内制造的偏好时,《拜杜法案》指出,如果持有一项独家许可的公司希望在美国销售一种产品,该公司必须"基本上"在美国国内制造该产品,或者获得对这一要求的豁免。重要的是,这并未阻止国际企业或创业者根据《拜杜法案》利用大学创新——该法案只是要求在美国国内市场销售的产品必须在美国国内制造。如果创业者试图获得专利许可的意图是提供服务而不是商业产品,这一要求就不适用。此外,如果创业者能够证明自己"已经为找到一家在美国生产该产品的公司做出了合理但不成功的努力,或者在美国生产该产品在经济上不可行",就可以获得豁免。由于这些细节,国内制造要求的适用范围相对有限,从企业家的角度来看,不太可能成为商业化的重大障碍。

《拜杜法案》要求大学表现出对小型企业——小型企业被定义为员工数量少于 500 人的企业[①]——的偏爱,这一要求似乎确实为创业者提供了一种优势,因为如果他们与规模更大、更成熟的公司竞争许可证,他们将拥有更大的优先权。然而,与在国内制造要求一样,这种偏好实施起来具有很大的灵活性。灵活性的第一个来源是,如果技术转移办公室认为一家小型企业缺乏实现

---

① 美国小企业管理局制定的标准。——译者注

发明有效商业化的资源和能力,大学就可以自由选择一家大型企业作为被许可人。由于这是大学的主观判断,因此在决策过程中有很大的回旋余地(以及地方解释的空间)。这突出了我们稍后将要强调的一点——同时与技术转移办公室和原始发明人建立牢固的关系具有重大的好处,因为创业者将在许可权竞争中获得优势。

总而言之,上述描述详细介绍了《拜杜法案》的条款(尤其是与创业者有关的条款),重点介绍了国家层面的立法规定、解释和实施。虽然最初的立法以及联邦机构和法院后续的裁决明确规定了制造地点和满足健康和安全需要的能力,但这些规定只涵盖了商业化过程的一小部分。上述法律和裁决并未言明的诸多方面为大学(实际上也为教师个人)创造地方规范和实践提供了极大的回旋余地。虽然这也赋予了创业者在如何有效管理商业化方面的灵活性和选择,但创业者并不享有完全的自由:除了遵守《拜杜法案》的规定外,创业者与大学和原始发明人展开有效合作同样至关重要。创业者要做到这一点,最好的办法是了解技术转移的后两个层面带来的挑战和机遇:大学的地方规范和实践,以及教师和学生的个人激励和社交网络。我们将在下文中概述这些主题。

地方规范和解释

在本小节中,我们从国家层面的视角转移到地方层面的视角,突出讨论大学之间在将技术转移到私营部门、走向商业化的方式上的显著差异。在这个层面,我们关注三个主要主题:想法

第四章 创业者通往大学的指南

走出实验室进入商业生态系统（以及本地变化）的典型路径、对这种转变发生频率的典型期望以及企业家在追求商业化的过程中如何获得想法。这包括与技术转移办公室和许可合同的细节打交道。到本小节结束时，创业者将了解如何从对一个特定研究领域的兴趣发展到掌握一项许可技术。值得注意的是，这些主题很少是企业家在技术转移过程中按照时间顺序首先采取的步骤，相反，在第3节中探讨关于人脉的细节之前，我们将对这些主题做一个总体方向的介绍。

技术转移办公室

随着《拜杜法案》和《史蒂文森-怀勒技术创新法》的通过，所有大学都有资格获得拨款，用于建立法律所称的合作研究中心。这些中心旨在通过改善大学和产业之间的合作来加强创新。几乎所有主要的研究型大学都利用了这些拨款。在这些研究中心内部，与产业的联系点由专门的技术转移办公室处理。随着时间的推移，在整个大学研究事业中，这些办公室已在想法的专利申请和许可中发挥了核心作用。广义上说，大多数技术转移办公室提供技术、商务和法律方面的专业知识，以促进在自家大学实验室中确定具有商业潜力的想法的过程。一个想法一旦被确定，技术转移办公室就会通过专利和许可将其转移到私营部门。

虽然这种总体的技术转移办公室方法是美国大学的标准做法，但各所大学在使命声明、技术转移流程的细节以及具体法律和报告结构方面存在显著差异；有效的技术转移取决于创业者对这些地方特征的理解。例如，麻省理工学院的技术转移办公室实际上是该校的一个部门，向副校长汇报研究工作，并有明确的使命："采用一个符合学术准则、体现对学生和教师福利的关注并符合最高道德标准的过程，通过技术许可将麻省理工学院的研究成果转化为社会用途来造福公众。"相比之下，威斯康星大学支持技术转移的机构——威斯康星大学校友研究基金会[①]是一个独立的私人非营利组织，以不同的方式阐述了自身使命，强调许可和未来研究之间的联系："使命……是支持威斯康星大学麦迪逊分校的科学研究。威斯康星大学校友研究基金会实现这一使命的方式是为从大学研究中产生的发明申请专利，将技术许可给公司进行商业化，并将许可收入返还给威斯康星大学麦迪逊分校，以支持进一步的科学研究。"

在所有技术转移办公室中（无论其确切结构和使命如何），想法和潜在的发明都遵循一条明确的路径：确定一个可能有趣和有用的想法，披露发明，评估潜力，申请专利（以及随后的授予专利），确定可能的被许可人，做出选择并进行正式许可（应当指出的是，正式许可可以在授予专利之前或之后进行）。这一过程与学术披露的传统步骤并行，两者之间存在着显著的互动（简

[①] 威斯康星大学是一个由分布于美国威斯康星州各地的13所州立大学组成的大学系统，即"威斯康星大学系统"（University of Wisconsin System），同时威斯康星大学又常指坐落于威斯康星州首府麦迪逊市的威斯康星大学麦迪逊分校。威斯康星大学校友研究基金会的服务对象是威斯康星大学麦迪逊分校和位于麦迪逊市的莫格里奇研究所（Morgridge Institute for Research）。——译者注

单的流程图见图 4.2）。特别是，教师可以在出版物和专利中披露他们的想法，只要专利申请在发表后一年内提交。这给许可办公室和感兴趣的创业者带来了快速申请专利的专利的负担，特别是当教师在他们的发明披露上有些迟缓的时候！这些同时披露的出版物和专利被称为"专利-论文对"（更详细的描述，见 Murray, 2002 and Murray and Stern, 2007），并且已经成为一些了不起的科学想法的披露策略：

- 重组基因技术在关于重组治疗性蛋白生产的专利中和对细胞中 rDNA 的细胞机制提出见解的出版物中得到了披露（Cohen et al., 1973）。
- 斯科特·沙恩（2000）在一篇论文中分析的三维打印的种种突破不仅在 5 204 055 号专利中得到了披露（随后被授权给了 8 个以上的不同被许可人），而且在《工业工程杂志》（Journal of Engineering for Industry）（Sachs et al., 1990）的一篇文章中得到了披露。
- 获得诺贝尔奖的化学碳富勒烯[①]"巴基球"（碳 60）研究在获得专利的同时得以发表（Guo, Jin, and Smalley, 1991）。

[①] 富勒烯是一种完全由碳组成的中空分子，形状呈球形、椭球形、柱形或管状。富勒烯在结构上与石墨很相似，石墨是由六元环组成的石墨烯层堆积而成，而富勒烯不仅含有六元环还有五元环，偶尔还有七元环。——译者注

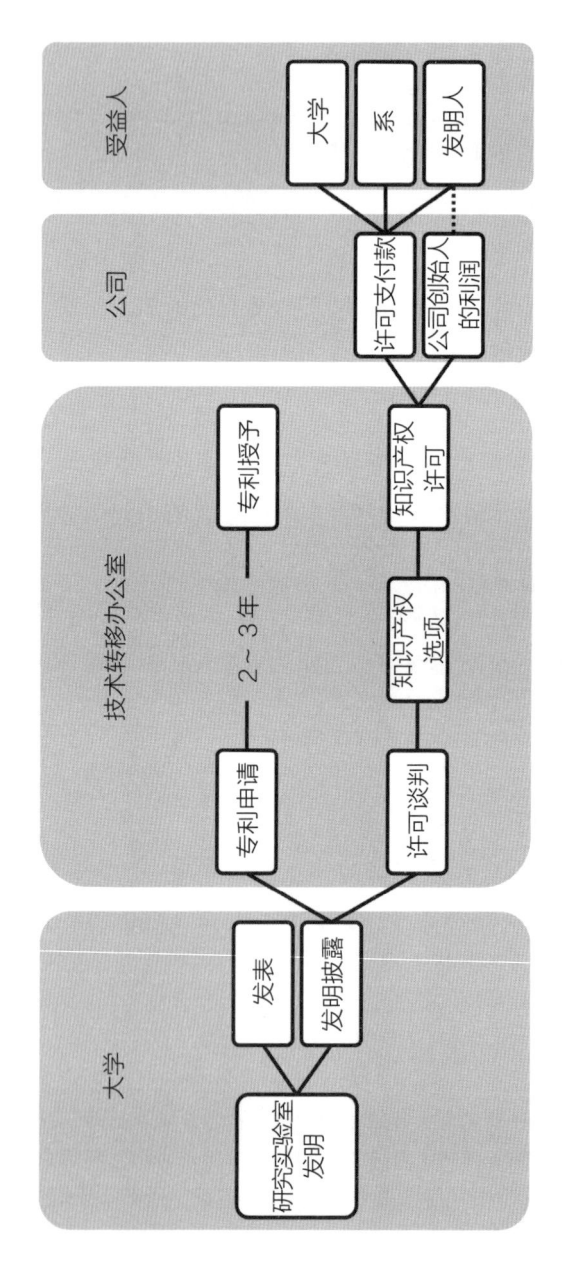

图 4.2 技术转移时间表

第四章　创业者通往大学的指南

确定商机

除了描述想法从实验室流向产品市场的单过程外，当前的文献几乎没有提供关于商业化过程的细微差别的见解，而关于创业者在这一流动中的作用的见解更为稀少。尽管如此，人们还是可以利用三个方面的研究发现：想法的数量、想法在技术转移各个阶段的损耗率以及创业者驱动的商业化的最典型机会来源。在这一点上，值得提醒热情的创业者、教师或实验室成员，并不是所有好的想法都必然具有商业潜力。因此，技术转移官员和创业者（以及教师和实验室团队）在确定具有商业前景的潜在知识产权和想法方面发挥着重要作用。确定过程有两个主要维度：知识产权的具体技术领域以及创新背后的研究人员或研究团队的特点。企业家的搜索应该给予这两个维度显著的重视，下面我们将对它们进行详细描述。

第一，确定技术领域。创业者应该评估的第一个维度是相关技术领域的传统商业潜力，因为并非所有领域都具有相似的实用潜力。正如唐纳德·E. 斯托克斯（1997）在一篇影响深远的科学政策文章中指出的那样，研究人员可以开展旨在解决现实世界问题的项目、旨在扩展知识边界的项目，或者旨在同时达到这两个目的的项目。

虽然许多创业者认为，所有源自大学的想法都可能解决有用的问题（因此具有商业潜力），但实际上，更多的项目旨在拓展知识边界。为了说明这种区别，我们可以把粒子物理学、宇宙学、古生物学和板块构造学视为主要寻求扩展现有知识的领域的例子。相比之下，纯粹以解决现实世界问题为目标的问题包括灯泡或互联网搜索算法等发明。一些大学和研究所确实强调生产即时有用的知识，例如德国弗劳恩霍夫应用研究促进协会[①]（Fraunhofer-Gesellschaft）、美国赠地学院的推广学校（CITE）或美国国家实验室（Ham and Mowery, 1998）。最后，还有一类具有双重性质的项目，它们的目标是既扩展知识又解决现有问题。如果我们按照上述维度——科学价值和经济用途——对研究项目进行分类，我们将得到一个如图4.3所示的四象限矩阵（Stokes, 1997; Murray, 2002）。

许多研究路径按照上述维度之一提供价值，然而，只有左上方象限内的想法和发明才有机会使大学教师和创业者的利益保持一致。这个区域被称为巴斯德象限，以同名的法国研究者巴斯德命名。正是在这一象限中，商业化提供了最大的利益，而确定这些机会是创业者技术转移战略的核心。对论文与专利的比例（从10∶1到100∶1）所做的粗略考察强调了这一象限中的想法数量有限。虽然专利与论文的比例表明，并非所有研究项目都有可能产生商机，但对过去产生过获得专利的研究并将研究商业化的领域和部门进行的考察为创业者提供了一个有用的起点。例如，丁卫宇、菲奥娜·默里和托比·E. 斯图尔特（2006）的一项分析发现，即使是在生命科学领域（该领域许多新颖的研究项目产生

[①] 德国弗劳恩霍夫应用研究促进协会是欧洲应用研究的领先组织，其研究活动由分布在德国各地的75个研究所和研究机构进行。与世界各地的优秀研究伙伴和公司的国际合作使弗劳恩霍夫与推动科学进步和经济发展的关键地区直接接触。——译者注

第四章 创业者通往大学的指南

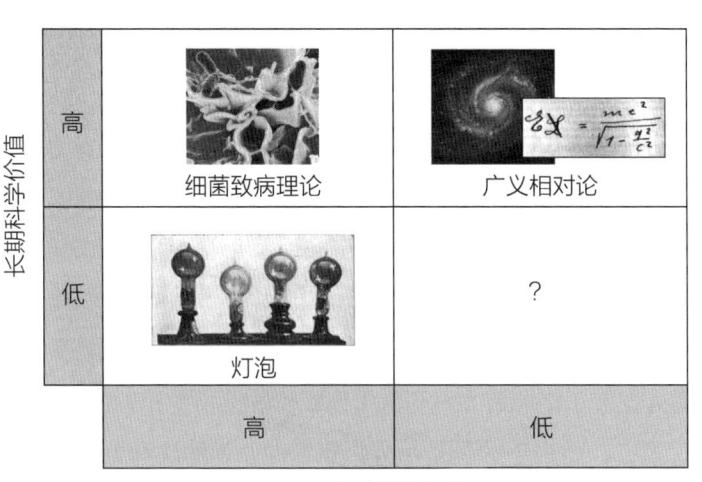

	高	细菌致病理论	广义相对论
长期科学价值	低	灯泡	?
		高	低
		直接经济用途	

细菌致病理论：美国落基山实验室、美国国家过敏和传染病研究所、美国国立卫生研究院；宇宙漩涡：S.贝克威思哈勃遗产团队、空间望远镜研究所/大学天文研究协会、欧洲太空局、美国国家航空航天局；$E=mc^2$方程式：爱因斯坦1912年关于狭义相对论的手稿；电灯泡：埃尔默·埃尔斯沃思·伯恩斯（Elmer Ellsworth-Burns，1910），《伟大的发明故事》(*The Story of Great Inventions*, Harper & Brothers, New York, p.123, fig.59.)

图4.3 巴斯德象限

资料来源：改编自唐纳德·E.斯托克斯（1997）。

了可以申请专利的有用成果），也只有四分之一的教师申请了知识产权（样本为排名前100位的领先研究型大学的5000多位拥有生命科学博士学位的教师）。同样，阿杰伊·阿格拉沃尔和丽贝卡·M.亨德森（2002）发现，在20世纪90年代末，只有不到20%的（麻省理工学院）机械工程专业教师每年申请专利，但超过60%的教师每年都发表了出版物。

除了分析近期授予的专利外，创业者还应追踪学术期刊上的发表模式。有研究（Mowery et al., 2001; Thursby and Thursby, 2002）发现，在申请专利之前，通常会发表"大量论文"，这意味着创业者跟踪在他们感兴趣的领域的顶级期刊上发表的论文将大有裨益。就专利-论文对的而言，鉴于大多数专利申请是在最初申请日期18个月后公开的，论文通常会在专利申请之前出现。因此，跟踪创业者目标技术领域的出版物，可能会让创业者在产业竞争者广泛认识一项有前途的研究之前确定该研究，从而在与发明人发展工作关系方面获得优势。

第二，确定个别研究人员。随着创业者的注意力转向个别研究人员，理解学术界出版和专利申请之间的相互作用非常重要。许多研究考察了两者之间的联系，特别是在生命科学领域，发现它们往往相辅相成，而不是相互替代。具体而言，皮埃尔·阿祖莱、丁卫宇和托比·E. 斯图尔特的两项研究表明，学术专利申请与更高的学术发表率和更高的发表质量有关。此外，对《拜杜法案》的具体影响所做的分析发现，尽管大学的专利申请和许可活动有所增加，但学术研究的内容并没有显著变化（Mowery et al., 2001; Thursby and Thursby, 2002）。这表明，选择申请专利的大学教师是在开展具有高度学术价值的项目时申请专利，而不是在申请专利时开展具有高度学术价值的项目。

尽管存在既具有科学价值又具有经济效用的研究，但仍有很大一部分高级研究人员很少或从未为自己的想法申请专利。事实上，一项关于生命科学领域大学教师专利申请情况的研究发现，只有11.5%的研究人员被列为一项或多项专利的发明人（Ding, Murray, and Stuart, 2006）。虽然一些研究人员很可能在巴斯德象限之外的领域工作，没有多少理由为他们的想法申请专利，但可能性极高的情况是，低专利申请率表明有价值的研究具有尚未开发的重大商业化机会。这一解释既得到了其他研究中发现的专利申请和论文发表之间正相关关系的支持，也得到了来自技术许可办公室的轶事证据的支持：一些科学家根本没有意识到自身研究的商业潜力（Hamermesh, Lerner, and Kiron, 2007）。

虽然专利申请并不一定会阻碍学术研究，但重要的是要记住，研究人员参与从事商业化（特别是通过创业型被许可人）的意愿存在很大差异。斯科特·沙恩和拉凯什·库拉纳（Rakesh Khurana, 2003）的研究表明，经验更丰富或学衔更高的教师在将自身发明商业化时与新成立的企业合作的可能性要大很多。同样，来自生命科学领域的数据表明，女性教师通过初创企业申请专利或将专利商业化的可能性较低（Murray and Graham, 2007）。一方面，这表明，在寻求获取大学创新时，创业者将受益于专注于经验丰富的教师，特别是当相关技术领域同样吸引了老牌企业相当大的兴趣时。另一方面，也有可能是创业者（和技术转移办公室的专业人士）系统性地忽视了初级教师和女性教师，反而聚集在功成名就的教师周围，把令人兴奋的想法留在实验室的架子上。有鉴于此，专门针对未经开发的机会的战略很可能会大大提高创业者发现和获得有价值的发明并将其商业化的机会。

学术界的专利申请

一旦确定了一个有前途的想法，大多数大学都会要求教师对原始发明进行简单的描述——一份包含该发明推定基础的发明披露（例如，新颖之处是什么，有创意之处是什么，以及该发明为什么有用）。接下来的步骤——商业潜力评估、专利申请和许可——很少以一致性的和线性的方式进行，具体方法因大学而异。出现这种差异的部分原因是，专利申请是一个昂贵且耗时的过程，因此对资源的要求很高：一项美国专利的成本可能在 1 万至 3 万美元之间，如果需要国际知识产权，成本甚至更高。一般而言，技术转移办公室不会聘请内部法律专家撰写专利；相反，他们与外部律师合作，与发明人协调申请专利（发明人通常会分享自己的学术手稿文本作为发明描述的基础，见 Murray, 2002）。

很少有技术转移办公室会为它们所有的发明披露提交专利申请。在商业化气息浓厚的学校（例如斯坦福大学，该校拥有一个庞大的研究基地，能对涉及跨领域和长期经验的专业知识进行深入研究），技术转移办公室（与教师合作）通常会快速评估一个想法可能的商业潜力，并为它们的很大一部分发明披露提交专利申请（Colyvas and Powell, 2009）。相比之下，在研究基础较小、教师经验较少的学校，或者在许可办公室相对较新的学校，对可申请专利性的评估往往更为正式，可能依赖外部专家。在一些学校，专利申请只有在被许可人被确定之后才会提交，这样做所冒的风险是：教师被迫延迟通过学术渠道披露他们的发现，或者他们可能会无意中披露发现，从而使专利申请工作复杂化。因此，对创业者来说，重要的是要了解一个特定想法所处的技术转移阶段，以及他们是否正与一所大学打交道，他们需要在技术转移过程早期就确定想法，从而确保想法不会在未获得专利的情况下泄露出去。

对于源自学术机构的想法,专利申请过程通常需要将近两到五年时间(Hamermesh, Lerner, and Kiron, 2007)。尽管存在这样的延迟,创业者却不必等到专利被授予之后才开始联系大学并讨论许可问题。事实上,乔舒亚·S.甘斯、许慧猷和斯科特·斯特恩(2008)的研究发现,将近27%的许可协议在专利经美国专利与商标局正式授予之前就已经生效。这表明,创业者必须寻求在技术转移过程早期就确定专利、教师和商机。技术转移过程在很大程度上依赖于社交网络和人脉以及创业者成功驾驭这些关系的能力。

获取知识产权

如果我们假设一位创业者在技术转移过程的某个时刻确定了一个有前途的研究想法,他现在就必须以协商许可的形式寻求正式获得该想法。当他们开始这一步时,有几个关于知识产权获取的问题值得探讨。

问题1:这项技术适合老牌企业还是初创公司?因为创业者通常经营的是小型企业,创业者试图根据《拜杜法案》获取技术许可时确实享有优势。然而,相关规定和豁免对小型企业的偏爱并不是压倒性的,创业者最好还是向许可机构询问相互冲突的企业利益。事实上,如果涉及重大的企业利益,创业者就要明确,这项技术是否真的适合创业型被许可人(用来构成初创企业的基础),或者它是否更适合一家老牌企业。

为了更好地理解创业者和老牌企业之间的平衡是如何在现

实世界的许可活动中逐渐展开的,我们参考了一些研究,这些研究考察了顶尖大学授予的许可的分配情况。洛丽·普雷斯曼（Lori Pressman）等人（1995）的研究涵盖了麻省理工学院的案例,他们发现,在一个由 205 项独家许可组成的样本中,35% 的许可被分配给了初创企业,47% 分配给了已经存在的小型企业,18% 分配给了大型企业。同样,在一项关于加州大学独家许可的研究中,罗伯特·A. 洛和阿尔维兹·A. 济耶多尼斯（Arvids A. Ziedonis, 2004）表明,36% 的许可给了初创企业,而不是老牌企业。在上述两个案例中,均有超过三分之一的独家许可流向了以许可技术商业化为创建基础的公司。除了获得相当大的许可份额外,创业者在将许可技术商业化方面与老牌企业一样成功（Lowe and Ziedonis, 2004）。研究还表明,创业者和老牌企业许可的技术类型差异极大,创业者在较年轻的技术领域和拥有更大市场细分的产业表现得特别出色（Shane, 2001）。这表明在新技术或颠覆性技术领域,即使面对老牌竞争者,创业者在利用技术转移方面同样有很大的空间。

问题 2：知识产权是否受到了阻碍？即使一项技术可能非常适合创业商业化,创业者是否真的能够获得知识产权也并非总是一目了然。换句话说,另一方是否已经拥有一项协商许可的优先购买权？虽然大多数知识产权是"无财产负担的"（即大学有权将知识产权许可给它们认为最合适的对象）,但一些知识产权已经因其初始资助而与另一方捆绑在一起。例如,如果一家大型企业为原始发明提供了一些研究支持,那么作为研究的"赞助者",该公司通常在许可谈判中就拥有优先购买权。当研究同时得到来

第四章 创业者通往大学的指南

自联邦和公司的资助时,知识产权的关键要素往往被大型企业控制,它们可能不愿意放弃自己的许可权。创业者最好确保他们想要许可的任何专利都不受这类公司的影响,因为随着大学研究部门的企业资助水平不断提高,这种情况正变得愈发普遍。具体的问题包括,另一家公司是否具有购买许可的权利,这一权利的有效期是多久,以及大学是否愿意在该权利到期之前要求就其做出决定。在其他情况下,例如在麻省理工学院媒体实验室,由企业赞助人组成的财团可能有权获得非独家研究许可,就像政府在资助研究的情况下可能有权获得非独家研究许可一样;这可能给寻求独家获取一项技术的创业者来带来麻烦。一个众所周知的拥有技术许可优先购买权的被许可人的例子是,美国杜邦公司通过资助哈佛大学遗传学系教授菲利普·莱德(Phillip Leder),与该校建立了研究关系。虽然菲利普·莱德的研究部分是由美国国立卫生研究院拨款资助的,但杜邦公司提供的资助使该公司获得了第一种转基因动物——肿瘤鼠[①]——的知识产权的直接所有权。在这个案例中,杜邦公司获得了一项广泛而独家专利,涵盖了老鼠本身和制造老鼠的方法(对有关情况和展开的争议的更多描述,见 Murray, 2010)。

问题 3:在知识产权方面是否存在利益冲突?在大多数技术

[①] 为了研究癌症和测试治疗癌症的新方法,科研人员需要一种标准动物以可预测的、统计上显著的速率发展肿瘤。肿瘤鼠就是为发展肿瘤而打造的。1984 年,美国南加州大学的菲利普·莱德、蒂莫西·斯图尔特(Timothy Stewart)和保罗·帕登格尔(Paul Pattengale)宣告了肿瘤鼠的诞生,他们的工作解决了在活体动物体内研究癌症的需要。——译者注

转移案例中，只有一位被许可人既有资格利用该发明又有兴趣这样做（Thursby and Thursby, 2004）。在极少数有多名候选人的情况下，大学可能会选择创造联合被许可人，将许可划分为多个应用领域，或根据技术专长和承诺进入市场的坚持程度，选择单一的最佳被许可人。在这种情况下，与大学和教师发明人建立的良好关系很可能会对技术转移办公室做出的决定产生重大影响。尽管如此，值得注意的是，在许可情况下的竞争（特别是在寻求许可专有权时）似乎很少涉及类似拍卖的过程，即许可被授予出价最高的投标人。虽然这方面的数据通常无法获得（实际上，分享总体水平的利益并不符合技术转移办公室的利益），但许可市场似乎并不是一个经济意义上的"稠密"市场。相反，一位通过教师或初级研究人员与原始实验室建立关系的创业者与技术转移办公室合作时将处于有利地位。然而，除了这些关系之外，与技术转移办公室签署"许可证选项权"协议以明确和合法地确立对技术的兴趣通常是有用的。

许可

一旦创业者找到了自己感兴趣的想法和技术，许可问题就变得至关重要。尽管技术转移办公室的策略和结构各不相同，但在技术转移领域，使用许可几乎是普遍的做法，而直接出售源自大学的专利则是罕见的，通常只发生在大学最初拒绝申请专利的情况下。许可协议的细节由技术转移办公室（代表作为专利所有人的大学）和创业者协商确定，通常由开发所涉技术的实验室的教师提出意见。在向一家创始人为教师的初创企业发放许可

第四章 创业者通往大学的指南

的情况下，教师可能会发现自己与雇主隔"桌"而立。不足为奇的是，教师们通常选择让外部创业者在这个过程中发挥更积极的作用。

这类谈判的关键维度是许可的范围，许可的专有权或非专有权，以及创业者的特许权使用费和其他财务义务的结构。由于这些维度在很大程度上彼此独立，因此我们将依次加以讨论。

（1）许可范围。许可的范围涉及创业者获取和使用许可专利背后的基础技术的性质。这一范围可以进一步划分为两个维度：技术领域和国际知识产权。第一个维度适用于这样一种（并不罕见的）情况，即一项专利可能是若干不同领域中的一系列产品的基础。在某些情况下，许可公司可能在发明所涵盖的所有领域都具备专业知识，因此可能希望就专利的整个范围进行谈判。更常见的情况是，一名创业者被许可人只会对一个单一的适用领域产生浓厚的兴趣。在这种情况下，大学或被许可人可以要求许可适用于该特定领域。这通常会降低许可的成本，并使大学可以选择将发明的其他应用授权给第三方。就许可的技术范围进行有效谈判非常重要，特别是在独家许可的情况下。创业者必须在两个方面之间取得平衡，一方面是保持足够小的许可范围以控制成本，另一方面是有足够大的许可范围让最终产品的性质具有灵活性，同时保护自己免受相关领域其他被许可人的竞争。这种情况在斯科特·沙恩（2000）的文章中得到了很好的记录，该文章描述了在伊莱·萨克斯教授的实验室开发的三维打印技术的许可过程。在这个案例中，执行的许可在六个以上，每个许可都有一个完全不同的应用领域的不同企业家。当然，需要指出的是，这种方法为创业者在其创业战略和选择的滩头市场①（beachhead market）方面带来的灵活性要有限很多。如果创业者决定"转向"替代方案，狭窄的许可范围可能会使这一情况更具挑战性。

许可范围的地理维度与技术领域的地理维度十分相似。在大多数情况下，只有当大学已经在美国以外的市场申请专利保护时，这一维度才适用。一般来说，企业家很可能从为了涵盖尽可能多的国家而进行的许可谈判中获益——当生产或营销存在规模回报时尤其如此。与技术领域的情况一样，这里的许可范围存在成本较高的缺点。在这种情况下，创业者可能需要在更多国家支付专利申请和维护费用。此外，大学还可以就起诉侵权行为的责任进行谈判，将起诉国际市场、国内市场或国际国内两个市场上的侵权行为的责任转移到创业者身上。在这种情况下，关键的平衡在于，一方面要有足够大的国际许可范围，以便在专利商业化取得成功的情况下向新市场扩张，另一方面要避免在那些不大可能对产品的长期盈利能力起到重大作用的市场中产生的诉讼和维护费用。

（2）专有权。许可谈判的第二个维度是专有权。在几乎所有情况下，独家许可会带来更大的保护，使许可的产品免受竞争产品的影响，从而实现更高的价格和更大的利润。鉴于获得大学发明许可的私营部门企业的特许权使用费（在生物技术领域）平均约占净销售额的4%（Edwards, Murray, and Yu, 2003），我们似乎可以合理地预测，任何大批量的产品如果在独家许可下成功商

---

① 对初创企业来说在一开始最容易验证和攻克的市场。——译者注

业化，将更加有利可图。此外，如果需要大量额外研究才能成功地将获得许可的发明商业化，独家许可将变得非常可取，因为它提供了一种保护企业研究投入的手段。尽管存在上述重要好处，但除了特许权使用费之外，还存在若干与独家许可有关的重要成本。其中最直接的成本是大学期望独家许可获得更多的预付款和更高的特许权使用费率。应该指出的是，大学因使用独家许可而受到了一些批评，特别是因为那些可被视作研究工具的研究成果，这些研究工具可能会使整个（包括公共和私人）科学界受益。最具争议、也是目前研究得最多的例子或许是将转基因小鼠专利独家授权给杜邦公司。虽然杜邦公司不是一家创业型企业，但该案例依然具有启发意义，因为它强调了被许可人在争取对科学界所有成员行使自身专有权时所面临的挑战，以及在与学术界研究人员互动时遇到的特殊困难（对该案例的详尽分析，见Murray, 2010）。因此，大学通常会将"学术用途"豁免条款写进所有许可，有效地使学术机构作为目标客户"免受影响"。

当就一项独家许可进行谈判时，创业者还应该期待将"学术用途"豁免条款作为许可协议的一部分列入许可协议，明确规定资助和研究人员对商业化过程的承诺。对于规模较小的企业，资助往往取决于筹集外部投资资本的能力，未能达到许可协议中明确规定的目标可能导致大学撤销许可的专有权。有鉴于此，创业者在就取决于未来融资结果的资助目标做出承诺时应当慎之又慎。除合同要求外，更大程度的大学监督可能会妨碍创业者严格控制产品开发信息。这可能增加成本，也可能带来收益，取决于产品市场潜在竞争的性质。

（3）财务义务。许可协议最重要的维度也许是其财务义务的结构。正如预期的那样，许可协议的总成本在很大程度上取决于许可的范围以及许可是否具有专有权。然而，支付的性质可能有很大的不同，创业者有很大的机会在就有利的财务条款进行谈判的同时满足大学的需求。这种差异存在于一系列直接明了的支付类别中，每一个支付类别对风险、时间范围以及企业家与大学之间的激励都有不同的影响。

①专利成本：第一种支付类别是报销大学专利成本。这一条款在独家许可中几乎是标准条款，在独家许可的情况下，大学希望从被许可人那里获得全额报销。在非独家许可或许可适用范围有限的情况下，创业者将期望这些费用得到部分报销。

②预付费用：第二种支付类别是大学要求为许可的发放支付的预付费用。这笔费用将成为大学及其研究人员的直接收入来源。创业者在向那些需要大量时间、风险和投资才能实现商业化的发明承诺支付大笔预付款时应该慎之又慎。

③维护费和里程碑付款[①]（milestone payments）：在仍需大量研究和产品开发的情况下，创业者应该关注第三种支付类别：许可证维护费和里程碑付款。这些支付方式具有随着时间的推移分散支付款项的效果，重要的是，这种财务结构更好地协调了促使创业者和大学合作的激励因素。

④特许权使用费：第四种支付类别涵盖有条件支付——被

[①] 里程碑付款，又称节点付款，是指双方约定把合同中关键工作分解成不同的里程碑（节点），以此作为付款的依据。——译者注

许可人销售的产品的特许权使用费。特许权使用费几乎总是以最终产品或服务销售额的百分比计算。它们在很大程度上取决于发明的开发阶段、企业家需要付出的贡献的大小、最终产品的预期利润率以及是否需要其他许可才能创造出可行的产品。在生物技术领域，平均特许权使用费约占销售额的 4%（Edwards, Murray, and Yu, 200 ）。

⑤股权：对任何与大学合作的新手创业者来说，许可协议中最重要和最令人困惑的方面可能在于股权的作用。股权的核心作用是充当一种延期付款（代替大额预付费用）工具，其价值大小取决于能否成功地将发明商业化。因此，股权份额提供了强大的激励，促使大学为创业者提供支持。此外，将股权作为一种支付方式使用，可以使创业者的金融资产自由地投资于商业化所需的研究和设备。对创业者来说，重要的是弄清楚所涉大学的典型股权参与率。虽然这种统计数据很少见诸发布的数据，但人们普遍认为，各所大学在股权要求方面存在很大差异。在美国，一些历史最悠久的技术转移办公室持有个位数的低股权率，而另一些更热衷于参与流动性事件（liquidity event）的技术转移办公室则持有更大的股权份额。那些更积极从事公司创建的大学寻求被许可人提供的不仅仅是事务性知识产权许可（transitional IP licensing），通常也会要求获得更多的股权。在某些情况下，尤其是对学术医疗中心（医院）而言，接受股权会带来麻烦，因为这可能导致利益冲突；当患者将使用就诊医院持有股权的公司的商业化产品时，利益冲突就会出现。此外，大学可能会发现，与特许权使用费相比，股权带来的风险更大，因为收益往往会在公

司接近盈利前上升，大学很可能需要被迫等待更长时间才能从这种支付方式中受益。

在本节中，我们从大学层面详细描述了技术转移过程的细节。讨论主要集中在技术转移办公室的作用以及许可协议的细节。构成任何特定许可协议的维度和权衡要素在很大程度上是一致的，然而，重要的是记住，无论是在不同的技术领域之间，还是在大学之间，一份标准合同的细节可能存在很大差异。这些细节通常是专有信息，这意味着诸如特许权使用费率或预付费用与维护费用之间的划分等标准是不对外公开的。一旦创业者专注于一项特定的技术和一所特定大学，预期支付水平的最佳信息来源通常是近期与同一家许可办公室就类似技术进行过谈判的被许可人。就新的技术领域或刚刚开始对一个现有研究领域做出贡献的大学而言，可能不会有任何被许可人刚好从这所大学获得了技术成果许可。尽管如此，上述方法仍然具有价值：创业者可以联系近期与大学在不同领域合作过的被许可人或在其他领域使用过类似技术的被许可人，这有助于确定大学对许可的预期。然而，在这种情况下，随着大学许可办公室进行尽职调查[①]（due diligence）并在最初几个阶段的谈判中获得经验，创业者应该期望投入合理的时间用于调整和教育。

[①] 尽职调查，亦译作"审慎调查"，指投资者在投资过程中对目标企业的资产和负债情况、经营和财务情况、法律关系以及目标企业所面临的机会与潜在风险进行的一系列调查。——译者注

个人激励和人际网络

在前几小节中，我们首先描述了美国根据《拜杜法案》管理技术转移的立法框架，然后讨论了与大学技术转移办公室合作以确定、获取和许可有前途的知识产权的一般流程。在本小节中，我们关注个人互动在确保有效商业化方面的作用。我们主要关注实验室和创业者之间的互动，并强调个人动机的重要性和社交网络的作用。基于我们关于许可的讨论，本小节将从基于许可的正式激励开始，这些激励决定了教师（以及其他研究实验室成员）对确定有前途的研究和寻求技术转移的参与。之后，我们将讨论非正式和非金钱激励在与教师合作的早期阶段的重要性，然后按时间顺序讨论商业化和产品开发过程中存在的激励和个人作用。最后，在激励和组织结构之外，我们还关注了最不易察觉的细节层面：社交网络和个人关系。这使我们可以通过强调创业者在商业化过程中最受关注和可能最为重要的方面来结束本章。

针对技术转移的激励

基于许可的激励：虽然科学想法从发明披露到专利再到许可和风险企业组建的路径看上去可能一目了然，并且与实验室中的日常事务完全脱节，但事实上，教师和其他实验室成员的参与对这一转化过程至关重要。有用的科学想法仅仅是想法，如果没有丰富的战术知识和经验，它们很难从学术实验室进入现实世界。事实上，有研究表明，在分析学术研究人员的经济和创新影响时,提供这种软信息①与发表专利一样重要(Agrawal and Henderson, 2002)。大学和创业者都必须提供强大的动机,鼓励研究人员将自己的时间和精力投入技术转移过程之中。乍一看,这似乎是一个重大障碍:研究人员没有义务参与技术转移。此外,获得终身教职这一核心目标几乎完全基于论文发表和研究拨款,而不是基于研究人员在专利申请和商业化方面的记录(Siegel, Waldman, and Link, 2003)。此外,研究人员投入时间面临着很高的机会成本——他们的职业生涯轨迹和他们在各自学科中的地位都是由他们发表的论文的数量和质量驱动的,除了教学和指导的要求外,论文发表也使得研究人员留给次要兴趣的时间很少。

为了激励技术转移和商业化,《拜杜法案》明确规定,一部分许可收入必须直接归属原始发明人。正因为如此,大学及其技术转移办公室才依赖许可协议作为构建激励的支点。在许多情况下,许可收入被分成三等分,分别流向大学、监督研究的学术部门和原始发明人。作为许可收入的来源,创业者对教师研究人员能够获得的基于许可的奖励的时间和结构拥有很大的控制权。在许可谈判期间,创业者应该考虑拟定一份合同,该合同应偏向维护费和里程碑付款,而不是预付费用,因为这份合同为原始发明人提供了持续的激励来源,促使其在商业化过程中进行合作。虽然特许权使用费也将导致三分之一的付款流向原始研究人员,但

---

① 软信息是指不能按标准化办法收集和处理从而无法通过书面方式进行传递的信息。——译者注

第四章　创业者通往大学的指南

这些付款通常只有在商业化完成之后才会产生，而且似乎看起来太过遥远或不确定性太大，无法在技术转移早期阶段提供强有力的激励。通过仔细规划，创业者可以以一种为教师合作提供持续正式激励的支付结构进行谈判。

针对实验室参与的更广泛动机：一般来说，发明人在许可收入中所占的份额（在成功商业化的情况下）往往与拨款和学术工资等其他收入来源相当。在大多数情况下，这不足以补偿研究人员从事商业化的实际工作时间的一小部分。因此，创业者必须为研究人员提供一系列在纯粹的学术环境中难以获得的宝贵机会。在本小节中，我们将突出在与大学教师合作过程中最有可能产生重大影响的两类激励：现实影响和声望。

激励的第一个重要来源是研究人员希望通过自己的发明产生有意义的影响：虽然他们的学术工作在各自领域内可能很有影响力，但许多研究人员非常重视产生更广泛的影响。尽管许多研究人员认识到并担心商业活动和学术研究之间的潜在冲突，但又认为这些潜在冲突通常是一个人想要有所作为而必须克服的挑战。正如一位研究人员解释的那样，"我向我的导师们提出了这个问题，他们向我保证，这是一个我必须处理的冲突，因为它对推进我的科学研究并真正产生影响而言是必不可少的"（Murray and Graham, 2007）。由于研究人员的这种渴望，创业者可以通过将研究人员的发明开发成一种商业产品来提供重大的价值，这种商业产品可以触及更广泛的人群，并常常能满足消费者或其他受益者此前未能得到解决的需求。对许多研究人员来说，这与他们想要对现实世界产生影响的愿望非常一致，所以能够得到他们的支持，而这对成功商业化而言至关重要。

激励的第二个来源根植于学术界的主要"货币"之一：声望和认可。对一名研究人员而言，在追求终身教职的过程中，声誉是决定成功的重要因素，但相对而言，一旦被授予终身教职，声誉就成了一个更为核心的动机来源。对声誉的渴望往往集中在具体的衡量标准上，包括共同作者身份或对其出版物的引用等（Gans and Murray, 2013）。同样，为一项发明申请专利并将发明商业化通过后续专利提供了一个认可的来源，后续专利很可能会既引用描述原始发明的专利又引用导致该发明的学术出版物。此外，商业化可以提高基础研究的可见性，导致更多的学术引用，特别是如果发明的适用范围在产品开发过程中扩大。通过技术转移获得的学术引用和直接可见性都提高了项目原始发明人和合作者的专业声誉。此外，商业化在研究人员狭窄的技术领域之外的一般背景中提供了认可。最后这一点对创业者特别有利，因为这种形式的认可在纯粹的学术环境中很难实现，并使研究人员可以更容易向更广泛的受众解释自己的工作。通过支持研究人员想要在自身技术领域内外获得认可的愿望，创业者提供了一个重要的价值和激励来源，促进了成功商业化所需的合作。

针对商业化的激励

到目前为止，我们已经介绍了一些鼓励教师和学生参与技术转移这一狭窄过程的激励措施。然而，正如上文所述，商业化需要具备显著技术专长和声誉的研究人员与具有商业专长、能够获得外部资本和持续资源的企业家之间更深入的参与和互动。促使这种更深层次的参与的激励是由经济动机和对影响力的渴望所驱动的，应该围绕每名实验室成员在商业化过程中所扮演的具体角色加以构建。

创业者首先应该采取的步骤之一是明确定义原始教师发明人在初创企业中的角色（关于教师在创业型初创企业中的角色的更详细讨论，见 Murray, 2004）。重要的是，发明人很少是企业的首席执行官；尽管首席执行官往往拥有管理研究实验室的专长，但这种专长不太可能很好地转化为一家初创企业的其他重要方面。具体而言，与投资者共事、组织生产和营销，以及与客户打交道，根据他们的需要调整最终产品，诸如此类的任务不太可能非常适合发明人，最好由创业者或初创企业中的相应专家来处理。此外，许多学校禁止教师担任正式的行政职务，除非在（大学教师进行学术研究或旅行的）公休假或请假期间。最合适发明人的角色不是担任管理职务，而是顾问，可以是科学顾问委员会（Scientific Advisory Board，缩写为 SAB）的成员，也可以在有经验的情况下担任初创企业的董事会成员。偶尔，教师也会在请假或公休假期间担任首席技术官（同样是在一段有限的时间内），以补充这一角色。在大多数情况下，创业者的目标是避免公司的日常细节给发明人造成负担。这使发明人可以自由地专注于基础技术和可以改进基础技术的各种方法，同时也使得他们可以专注于下一个学术项目。与此同时，这使创业者得以处理与管理和战略愿景相关的事务。这种责任分工发挥了双方的优势，既能实现个人目标，又能给成功商业化带来更多的机会。

除了明确大学教师的角色外，创业者还应该寻找一支最终能够将大量时间投入商业化细节之中的初级研究人员团队（可能包括领导研究的研究生）。理想情况下，他们将加入企业，领导技术转移过程和企业的技术开发。重要的是，这支团队应该已经熟悉相关技术，因此，他们最好是从原始发明人的实验室和系招募的。正因为如此，创业者在组建该研究团队时通常会听从发明人的建议，以便从发明人对其初级研究人员的第一手认识中获益，并将商业利益和学术研究之间的冲突导致的任何摩擦降至最低程度。理想情况下，至少会有一些研究生和初级研究人员会在初创企业转为全职员工，以便将他们的所有注意力集中到商业化上。

创业者能够而且通常确实会为研究人员的专业知识和帮助提供显著的经济激励。这些激励在很大程度上取决于实验室成员——教师、学生和博士后——在正在进行的商业化中所起到的作用的细节。一般来说，凡是在将一项来自自己所在实验室的技术概念化和商业化的过程中起到任何作用的教师，都将成为一家新企业的创始人，并因此获得创始人的部分股权份额。尽管学术界的某些领域曾经受到过批评，但在技术转移过程中给予教师研究人员股权的策略已变得司空见惯。一项研究发现，在2004年，50%处于首次公开募股阶段的公司向教师授予了股权，股权价值占首次公开募股估值的 8% 以上（Edwards, Murray, and Yu, 2006）。由于股权的价值随着商业化的成功而增长，股权为研究人员提供了极好的激励，尽管创业者的股权份额付出了巨大的代价。由于这种权衡，教师创始人的股权水平应该反映原始发明人的初始和持续专业知识在商业化过程中的重要性。除了初级教师（他们很可能仍然留在大学），创始人的股权也可以被授予实验室（或其他机构）中推动商业化的核心技术个人，特别是如果他们为了推动商业化而离开大学（关于股权分配的讨论，见Wasserman, 2012）。

人际网络

在概述了大学和创业者为推动商业化所能采取的一系列激励措施之后，剩下的主要问题涉及创业者如何将自己定位为准备与原始发明人建立坚实合作基础的个体。他们如何确保推动商业化的那个人是自己，而不是另一位创业者？简单地说，这依赖于社交网络、专业知识和经验，最好是沿着从想法确定到许可的发展道路来理解。

鉴于有用的想法在学科、系和实验室之间分布不均，创业者究竟是如何确定潜在机会的？最明显的方式似乎可能是通过谷歌搜索引擎和美国专利与商标局的网站查询！然而，在大多数学校，尤其是在当今关注商业化的氛围中，创业者通常寻求与教师研究人员和技术转移官员建立（并保持）密切的关系。这使他们能够在很早的时候就确定有前途的研究，并确保及时提交发明披露和专利申请，从而避免因（在会议、学术研讨会上或通过早期发表）广泛披露而丧失知识产权。

一般来说，创业者越早参与到一个想法或一项发明中，这种关系越能得到有效的发展。对新兴技术的早期了解对创业者来说是一项重要资产，使他们能够在专利授予日期之前很久就开始接触并探索商业化机会。创业者有几条道路可以走，而且可能应该同时走。技术转移办公室通常可以用于和潜在的被许可人会面，负责特定系或教师的许可官员对特定技术领域和其中的活跃研究拥有广泛的了解。在许多情况下，大学也会在提交专利申请后立即积极地寻找发明的被许可人，通常是通过大学网站上的可用技术列表。无论技术转移办公室是否积极主动，获得技术信息仍然是可能的（和重要的）：所有专利申请都会在最初提交日期18个月后通过美国专利与商标局公开。创业者最重要的目标是确定在他们感兴趣的领域工作的特定教师和研究团队。这种确定为创业者的下述活动奠定了基础：专注于特定的研究领域，并试图更加深入地理解教师的活动，包括具体的项目、活跃的研究领域、出版物以及现有和即将获得的专利。反过来，这很可能会为创业者与原始发明人之间富有成效的关系奠定基础，并可以在创业者与技术转移办公室互动时带来显著的好处。

一旦创业者确定了一项有价值的发明或一名研究人员的研究值得进一步探索，最重要的步骤就是与发明人建立有效的关系。如果没有任何共同的联系或事先的联系人，这样做是不太可能成功的。相反，创业者最好是建立一系列桥梁联系人关系，目标是最终联系上自己感兴趣的首席研究员。这些联系人可以有多种形式：他们可以是创业者已经与之建立关系的其他资深大学教师，也可以是研究生、初级研究人员，甚至是与首席研究员有联系的其他创业者。在风险投资和创业领域，人脉是最宝贵的资产之一，技术转移领域也不例外。在生物技术和风险投资领域，人脉和地理邻近性是获得整体成功的重要决定因素（Lindqvist, 1991; Sorenson and Stuart, 2001; Powell et al., 2002）。在前文中，我们已经指出了这些联系的价值：无论是在寻找有前途的发明过程中还是在许可过程中,与许可办公室的密切联系都可以助创业者一臂之力,而与其他创业者建立联系则有助于确定与大学进行合同谈判时的期望。然而,在技术转移领域最重要的联系是创业者和学术研究人员之间的联系。

创业者和实验室之间牢固的社交关系在整个商业化过程中都很有价值。在确定想法并促进有效的发明披露之后,社交关系可以确保创业者在获取发明许可的努力中处于最有利位置:在许多情况下,如果有多方对某项专利感兴趣,大学的技术转移办公室将(非正式地)优先考虑发明人的"商业化团队"。在其他大学中,技术转移办公室将在决定许可合同的获得者方面发挥更大的作用。在这些情况下,与许可专员的联系以及与以前的被许可人的联系将有助于确立有效谈判的基础。总体而言,尽管《拜杜法案》在监管上对小型企业的偏爱有可能使创业者受益,但这种利益的实现在很大程度上取决于创业者能否与大学的技术转移办公室以及与拥有发明的教师研究人员和实验室建立牢固的人脉网络。

尽管许可协议在技术转移中起着核心作用,但签署许可协议仅仅是迈向商业化的第一步。在大多数情况下,采用一项学术发明并开发一种适销产品存在重大挑战。克服这些挑战的能力关键取决于能否利用一系列更广泛的社交网络。事实上,研究表明,在获得一项新兴技术的许可的条件下,决定企业最终成功的最强有力因素之一是创始人的社会资本(Shane and Stuart, 2002)。因此,除了正式的合同和激励措施外,他们建立的网络和个人信任同样有助于和发明人发展一种富有成效的关系,至关重要的是,有助于确保教师参与到商业化过程中来。幸运的是,在技术转移的确定和许可阶段建立的一系列联系能为促进对原始发明人及其研究小组的认可提供有效的基础。通过与研究人员建立牢固的关系，创业者可以获得成功商业化所需的全部知识和专长。除了培养这些关系外，创业者还应该不断寻找新的联系：虽然技术转移过程的开始取决于在特定学术领域和产生发明的大学有效地使用社交网络，但随着时间的推移，这些网络需要扩展以包括一系列其他创业团队成员、早期投资者、顾问以及那些能够获得其他关键资源的人。

总结

在本章中，我们从企业家的角度讨论了技术转移的细节。我们首先讨论了国家制度，重点关注《拜杜法案》和美国技术转移的法律方面。在讨论过程中，我们强调了创业者的责任以及在寻求获得学术发明许可时需要避免的陷阱。随后，我们转向大学层面的地方规范和解释，重点关注技术许可办公室的作用。我们描述了不同大学在许可策略上的差异，然后转向许可合同的细节以及创业者和大学之间的谈判过程。最后，我们考察了网络和个人在有效商业化中的作用，描述了激励和制度角色的性质，通过这些激励和制度角色，创业者可以与原始发明人展开最有效的合作，继而强调了人脉在整个技术转移过程中的重要性。在这个过程中，我们为创业者在技术转移过程中的决策创建了一个框架，解释了每个阶段的权衡，并提供了一般指导，同时使得创业者能够在整个商业化过程中保持灵活性并迅速对实际情况做出反应。

参考文献

Agrawal, A., and R. Henderson. 2002. "Putting Patents in Context: Exploring Knowledge Transfer from MIT." *Management Science* 48 (1): 44–60.

Azoulay, P., W. Ding, and T. Stuart. 2007. "The Determinants of Faculty Patenting Behavior: Demographics or Opportunities?" *Journal of Economic Behavior and Organization* 63 (4): 599–623.

Azoulay, P., W. Ding, and T. Stuart. 2009. "The Impact of Academic Patenting on the Rate, Quality, and Direction of (Public) Research Output." *Journal of Industrial Economics* 57 (4): 637–76.

Cohen, S., et al. 1973. "Construction of biologically functional bacterial plasmids in vitro." *PNAS* 70 (11): 3240–44.

Colyvas, J., and W. Powell. 2009. "Measures, metrics, and myopia: The challenges and ramifications of sustaining academic entrepreneurship." *Advances in the Study of Entrepreneurship, Innovation and Economic Growth* 19: 79–111.

Ding, W., F. Murray, and T. Stuart. 2006. "Gender Differences in Patenting in the Academic Life Sciences." *Science* 313 (5787): 665–67.

Duecker, K. 1997. "Biobusiness on campus: Commercialization of university-developed biomedical technologies." *Food and Drug Law Journal* 52: 453–510. Edwards, M., F. Murray, and R. Yu. 2003. "Value Creation and Sharing Among Universities, Biotechnology, and Pharma." *Nature Biotechnology* 21 (6):618–24.

Edwards, M., F. Murray, and R. Yu. 2006. "Gold in the Ivory Tower: Equity Rewards of Outlicensing." *Nature Biotechnology* 24 (5): 509–15.

Gans, J., D. Hsu, and S. Stern. 2008. "The Impact of Uncertain Intellectual Property Rights on the Market for Ideas: Evidence from Patent Grant Delays." *Management Science* 54 (5): 982–97.

Gans, J., and F. Murray. 2013. "Markets for Scientific Attribution." Mimeo, MIT.

Gans, J., F. Murray, and S. Stern. 2010. "Contracting Over the Disclosure of

Scientific Knowledge: Intellectual Property and Academic Publication." SSRN Working Paper. Available at http://papers.ssrn.com/s013/papers.cfm? abstract_id=1559871.

Guo, T., C. Jin, and R. Smalley. 1991. "Doping bucky: Formation and properties of boron-doped buckminsterfullerene." *Journal of Physical Chemistry* 95 (13): 4948–50.

Ham, R., and D. Mowery. 1998. "Improving the effectiveness of public-private R&D collaboration: Case studies at a US weapons laboratory." *Research Policy* 26(6): 661–75.

Hamermesh, R., J. Lerner, and D. Kiron. 2007. "Technology Transfer at U.S. Universities." Harvard Business School Publishing: HBS Case 9-807-124.

Lindqvist, M., 1991. *Infant Multinationals: The Internationalization of Young, Technology-Based Swedish Firms*. Stockholm School of Economics, doctoral thesis.

Link, A. N., D. S. Siegel, and B. Bozeman. 2007. "An Empirical Analysis of the Propensity of Academics to Engage in Informal University Technology Transfer." *Industrial and Corporate Change* 16 (4): 641–55.

Lowe, R., and A. Ziedonis. 2004. "Start-Ups, Established Firms, and the Commercialization of University Inventions." Working Paper.

Mowery, D. C., et al. 2001. "The Growth of Patenting and Licensing by U.S. Universities: An Assessment of the Effects of the Bayh-Dole Act of 1980." *Research Policy* 30: 99–119.

Murray, F. 2002. "Innovation as Co-evolution of Scientific and Technological Networks: Exploring Tissue Engineering." *Research Policy* 31 (8–9): 1389–1403.

Murray, F. 2004. "The Role of Academic Inventors in Entrepreneurial Firms: Sharing the Laboratory Life." *Research Policy* 33: 643–59.

Murray, F. 2010. "The Oncomouse That Roared: Hybrid Exchange Strategies as a Source of Distinction at the Boundary of Overlapping Institutions." *American Journal of Sociology* 116 (2): 341–88.

Murray, F., and L. Graham. 2007. "Buying Science and Selling Science:

Gender Differences in the Market for Commercial Science." *Industrial and Corporate Change* 16 (4): 657–89.

Murray, F., and S. Stern. 2007. "Do formal intellectual property rights hinder the free flow of scientific knowledge? An empirical test of the anti-commons hypothesis." *Journal of Economic Behavior and Organization* 63 (4): 648–87.

Owen-Smith, J., and W. W. Powell. 2003. "The expanding role of university patenting in the life sciences: Assessing the importance of experience and connectivity." *Research Policy* 32: 1695–1711.

Powell, W. W., et al. 2002. "The Spatial Clustering of Science and Capital: Accounting for Biotech Firm: Venture Capital Relationships." *Regional Studies* 36 (3): 291–305.

Pressman, L., et al. 1995. "Pre-production investment and jobs induced by MIT exclusive patent licenses: A preliminary model to measure the economic impact of university licensing." *Journal of the Association of University Technology Managers* 7: 49–82.

Sachs, E., et al. 1990. "Three-Dimensional Printing: Rapid Tooling and Prototypes Directly from a CAD Model." *CIRP Annals—Manufacturing Technology* 39 (1): 201–4.

Shane, S. 2000. "Prior Knowledge and the Discovery of Entrepreneurial Opportunities." *Organization Science* 11 (4): 448–69.

Shane, S. 2001. "Technology regimes and new firm formation." *Management Science* 47 (9): 1173–90.

Shane, S., and R. Khurana. 2003. "Bringing individuals back in: The effects of career experience on new firm founding." *Industrial and Corporate Change* 12 (3): 519–43.

Shane, S., and T. Stuart. 2002. "Organizational Endowments and the Performance of University Start-ups." *Management Science* 48 (1): 154–70.

Siegel, D., D. Waldman, and A. Link. 2003. "Assessing the Impact of Organizational Practices on the Relative Productivity of University Technology Transfer Offices: An Exploratory Study." *Research Policy* 32 (1): 27–48.

Siegel, D., and M. Wright. 2015. "University Technology Transfer Offices, Licensing, and Start-Ups." In *Chicago Handbook of University Technology Transfer*. Chicago: University of Chicago Press.

Sorenson, O., and T. Stuart. 2001. "Syndication Networks and the Spatial Distribution of Venture Capital Investments." *American Journal of Sociology* 106 (6): 1546–1588.

Stokes, D. 1997. *Pasteur's Quadrant: Basic Science and Technological Innovation*. Washington, D.C.: Brookings Institution Press.

Thursby, J., and M. Thursby. 2002. "Who is Selling the Ivory Tower? Sources of Growth in University Licensing." *Management Science* 48: 90–104.

Thursby, J., and M. Thursby. 2004. "Are Faculty Critical? Their Role in University-Industry Licensing." *Contemporary Economic Policy* 22 (2): 162–78.

Wasserman, N. 2012. *The Founder's Dilemmas: Anticipating and Avoiding the Pitfalls that Can Sink a Startup*. Princeton, NJ: Princeton University Press.

第五章

大学技术转移面临的挑战与创业教育的积极作用

安德鲁·J. 纳尔逊和托马斯·H. 拜尔斯

导言

本章旨在反思大学技术转移努力面临的挑战，并探讨创业教育在应对这些挑战方面的作用以及作为一个领域本身的作用。首先，我们指出通过初创企业进行大学技术转移的范围有些狭窄。之后，我们详述新技术商业化面临的一般挑战，特别关注大学衍生企业被夸大的资源需求。最后，我们探讨了创业教育在应对这些挑战方面的作用。我们提出了一些创业教育得以最有效开展的具体方式，同时提出了创业教育和技术转移之间的几个重要区别，我们认为，认识并保持这些区别十分重要。

大学技术转移与创业教育的各自领域与两者的交叉点

任何对大学技术转移和创业的调查都必须首先承认，大多数大学技术转移并不是通过初创企业和衍生企业进行的。如图 5.1 所示，北美大学技术经理人协会进行的年度调查表明，持有绝大多数大学技术许可的是老牌企业（大中型企业），而不是初创企业——这一情况随着时间的推移保持相对稳定。老牌企业在所有被许可人中占有很高的比例，针对这一现象，美国一所主要大学的一位技术许可官员与我们分享了一种解释：

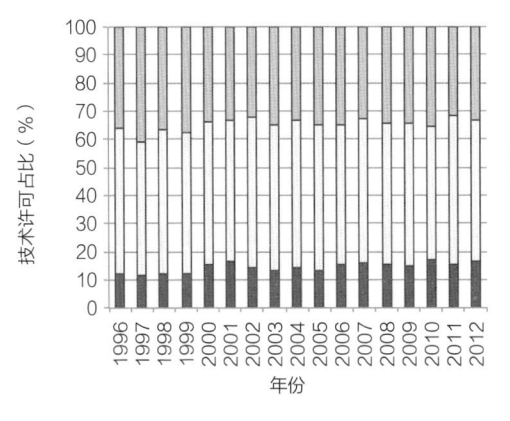

第五章　大学技术转移面临的挑战与创业教育的积极作用

资料来源：AUTM, 2013。

图 5.1　近年大学与初创企业、小型企业和大中型企业签署的技术许可占比

当我审查一项新的"发明"披露并试图弄清楚它是否有市场以及我们能否找到一位被许可人时，很自然地会把目光投向那些过去从我们手中获得类似发明许可的一系列公司。这几乎意味着我们将首先联系更成熟的公司，除非发明人明确向我们指出一家初创企业。即便如此，我们仍将检查我们现有的组合"公司"和联系人，以评估对方的兴趣，计算市场价值，等等。

鉴于这种情况，在大学技术转移方面对初创企业的高度重视可能会让人感到惊讶（例如 Degroof and Roberts, 2004; Di Gregorio and Shane, 2003; Franklin, Wright, and Lockett, 2001; Lerner, 2005; Lockett, Wright, and Franklin, 2003; Lockett and Wright, 2005; Markman et al., 2005; Nerkar and Shane, 2003; O'Shea et al., 2005;

Siegel, Wright, and Lockett, 2007; Smilor, Gibson and Dietrich, 1990; Wright, Birley, and Mosley, 2004）。

然而，在大学研究的商业化方面，初创企业和大中型企业不能被视为彼此的简单替代品，原因有四个。第一，迈克尔·L.塔什曼和菲利普·安德森（Philip Anderson）（1986）以及丽贝卡·M.亨德森和金·B.克拉克（Kim B. Clark）（1990）概述了颠覆性技术和构架创新[①]（architectural innovations）的商业化所需的能力和策略不同于渐进式技术。反过来，克莱顿·M.克里斯滕森（Clayton M.Christensen，1997）提出，老牌企业面临着"创新者的窘境"（innovator's dilemma），因为它们不希望通过推广新的颠覆性技术来破坏现有的市场。因此，与初创企业相比，它们不太可能试图将此类技术商业化。由于大学更有可能开展颠覆性技术而非渐进式技术的基础研究，因此初创企业在重大颠覆性技术的商业化方面可能发挥至关重要和极为积极的作用。不过，这一作用可能无法仅从关于数量的统计数字中得到证实。

第二，许多大学，特别是公立大学，强调地方或区域影响是自身使命的一部分。由于初创企业建立在地方，而大中型企业则不然，因此强调通过初创企业进行大学技术转移是可以理解的（Benneworth and Charles, 2005; Feldman and Desrochers, 2003; Siegel

---

[①] 构架创新是指创新导致整个系统结构或者组件之间的作用方式发生变化。大部分的构架创新不仅改变了组件的互联方式，还改变了组件本身，从整体设计上改变了系统。构架创新常常会对产业内竞争者和技术用户产生深远和复杂的影响。——译者注

and Phan, 2005）。

第三，同样，通过初创企业来评估经济影响比通过大中型企业更容易。例如，可以直截了当地说，许可促进了一家目前雇用8名员工的新初创企业的建立。也可能是相同的许可使位于同一区域的一家大中型企业得以增加8名员工（或使8名员工保住了自己的职位）。然而，如果缺乏对这家大中型企业内部劳动力市场和组织的详细了解，大中型企业就很难对区域就业和经济产生影响。

第四，正如一位大学行政官员与我们分享的那样，"初创企业风头正盛，大中型企业则不然。我们更愿意告诉社区领袖、捐赠者、校友和其他人，'我们支持初创企业'，而不是'我们支持跨国企业'。"因此，对初创企业的积极社会情感可能部分解释了初创企业受到的重视。毫无疑问还有更多原因，尽管初创企业只是大学技术转移活动的一小部分，关于初创企业的讨论还是主导了大部分大学技术转移学术文献。

我们对大学技术转移和创业教育的调查的另一个方面是，我们的评论专门针对签署大学发明许可的初创企业的"传统"案例。在这样做时，我们充分认识到，这些正式安排未能抓住技术转移和创业之间的许多其他联系。例如，阿杰伊·阿格拉沃尔和丽贝卡·M.亨德森（2002）调查了麻省理工学院机械工程系（Department of Mechanical Engineering）和电气工程系[①]

[①] 麻省理工学院电气工程系成立于1902年，1975年更名为电气工程与计算机科学系（Department of Electrical Engineering and Computer Science）。——译者注

（Department of Electrical Engineering）的教师。他们的调查结果表明，专利和许可仅占从这些研究人员的实验室外流知识的7%。斯坦福大学音乐与声学计算机研究中心（Center for Computer Research in Music and Acoustics, 缩写为CCRMA）是斯坦福大学最活跃的对外许可人和专利许可人之一。在一项对该中心的详尽研究中，安德鲁·J.纳尔逊（2012）发现，在开发技术用于商业用途的组织中，技术许可仅仅涵盖了其中约5%的组织（根据专利引用标注）。阿杰伊·阿格拉沃尔和丽贝卡·M.亨德森（2002）以及安德鲁·J.纳尔逊（2012）都表明，通过会议报告、发表出版物、雇用应届毕业生、咨询和合作研究进行的技术转移远远多于通过持有许可的大学衍生企业进行的技术转移。

正如我们在本章所讨论的那样，在我们看来，创业远远超出了"创办一家新公司"的范畴。继斯科特·沙恩和桑卡兰·文卡塔拉曼（Sankaran Venkataraman）（2000：218）之后，我们认为，创业在根本上涉及的是"创造未来商品和服务的机会由谁如何发现、评估和利用，并产生何种影响"。因此，创业可能涉及社会目标而非商业目标（或除商业目标之外还涉及社会目标）（例如 Antoncic and Hisrich, 2001; Antoncic and Hisrich, 2003; Carrier, 1993; Pinchot, 1985）。显然，这一概念将创业教育的范围扩展到了对学生进行"如何创办一家新公司"的培训之外，而且它表明，大学技术转移努力只是创业教育的一小部分。

综上所述，这些因素表明，必须承认，我们对大学技术转移和创业教育的交叉点的探索只是抓住了这两类活动中的一小部分。然而，鉴于大学衍生企业在创新和经济增长中的重要作用（Acs,

Audretsch, and Feldman, 1994; Audretsch, Keilbach, and Lehmann, 2006; Au dretsch and Stephan, 1996; Bania, Eberts, and Fogarty, 1993; Hart, 2003; Mueller, 2006; Wennekers and Thurik, 1999）以及这些衍生企业面临的诸多艰巨挑战，至关重要的是要探讨创业教育如何能够提高这些努力的有效性。

大学衍生企业面临的资源挑战综述

正如许多学者指出的那样，研究成果的商业化既存在技术风险，也存在市场风险（例如 Byers, Dorf, and Nelson, 2014; Kaplan and Strömberg, 2004; Rosenberg, 1996; Shepherd, Douglas, and Shanley, 2000）。技术风险的核心是一个基本问题："你能建造它吗？"这个问题的答案必须解决可靠性、便于批量生产以及制造成本等问题。套用电影《梦幻之地》（*Field of Dreams*）中的一句话，市场风险围绕的是这样一个问题："如果你建造了它，他们会来吗？"对这个问题的强有力回答必须解决的是，市场是否会发展得足够快，市场数量是否足够多，客户是否愿意支付必要的销售价格，等等。研究商业化面临的技术风险和市场风险都非常大。然而，可以说，这些挑战并非大学或新生的初创企业所独有，任何试图将新技术商业化的公司都面临着同样的风险。因此，我们的讨论集中于大学衍生企业面临的独特资源需求。

首先，在许多创业者头脑中，最引人注目的资源就是财务资源。正如谚语所言："赚钱需要钱。"初创企业想要开发一款产品，吸引一个团队，开展营销活动，获得一台设备，并履行和建立一家公司相关的其他基本职能，财务资源可能是必不可少的。在这种背景下，从业者和学术研究人员都相当关注作为一种金融机制的风险资本（Baum and Silverman, 2004; Hallen, 2008; Jeng and Wells, 2000; Kortum and Lerner, 2000; Wright, Vohora, and Lockett, 2004; Wright et al., 2006）。当然，值得注意的是，只有一小部分初创企业表现出了使它们成为风险资本理想对象的可扩展性和巨大的市场潜力，而获得风险资本的初创企业的比例就更小了。例如，考夫曼企业调查（Kauffman Firm Survey）2004年的数据显示，在企业收到的3564笔注资中，只有26笔（占比不到1%）是风险资本。在那些有幸发展到2008年的企业收到的1673笔后续注资中，只有7笔（同样不到1%）是风险资本（Robb et al., 2010）。换句话说，在全部创业融资活动中，风险资本融资是罕见的。

由于考夫曼企业调查数据涵盖了广泛的企业，而大学衍生企业通常以科学或技术为基础，因此大学衍生企业比一般初创企业更有可能与风险资本融资匹配。不过，北美大学技术经理人协会的数据显示，只有13%的大学衍生企业是由风险资本资助的（AUTM, 2013）。因此，在大学衍生企业的融资中，风险资本仍然是小众参与者。

美国的一些州已经尝试直接向大学技术衍生企业提供资金。例如，俄勒冈州于2007年启动了"大学风险企业发展基金"（"University Venture Development Fund"），该基金通过针对私人捐赠者的慷慨税收激励融资，并向大学衍生企业提供用于概念验证和转化研究的拨款（Meyer et al., 2001）。美国许多其他大学和

第五章 大学技术转移面临的挑战与创业教育的积极作用

州也有类似计划。然而，正如乔希·勒纳（2009）强调的那样，这些努力可能难以调和众多且有时相互矛盾的目标，例如财务回报、公司发展和地区就业。

其次，设施和设备也是必不可少的资源，这还可能是一项与融资密切相关的资源需求。学术研究人员对科学园区、企业孵化器和试图满足大学技术衍生企业早期设施需求的其他安排给予了相当大的关注（例如 Drori and Yue, 2009; Ferguson and Olofsson, 2004; Lindelöf and Löfsten, 2003; Link and Link, 2003; Link and Scott, 2003; Link and Scott, 2005; Monck et al., 1988; Siegel, Westhead, and Wright, 2003; Westhead, 1997; Westhead and Storey, 1994; Westhead, Storey, and Cowling, 1995）。科学园区和其他安排还可以提供设施以外的帮助，包括建立网络的机会、建议和基本办公服务。对一些技术初创企业来说，昂贵的专业设备是另一项重要资源（Bania, Eberts, and Fogarty, 1993; Smith, 1991）。认识到这一事实后，一些联邦基金规定，提供给一个组织的设备应该可供包括公司在内的其他组织使用（例如，见 Baker, 2006 中报告的癌症纳米技术卓越中心的附加条件）。

最后，对任何初创企业而言，最重要的资源是人员，包括潜在的管理者、团队成员、董事会成员和顾问（Wright et al., 2007）。在这方面，学术文献将大量的注意力集中在企业创始人身上，通常忽视了一批技术精湛的相关潜在员工和顾问的重要性。在这种对创始人的关注中，学术文献对和创立一家公司这一决定相关的经验、心理甚至生物学特征给予了特别关注（例如 Begley and Boyd, 1987; Chen, Greene, and Crick, 1998; Delmar and

Davidsson, 2000; Hisrich, Langan-Fox, and Grant, 2007;McClelland, 1961; Nicolaou et al., 2008; Robinson et al., 1991; Sexton and Bowman, 1985; Sexton and Bowman-Upton, 1990）。当然，这也带来了挑战，这样的观察结果并不容易付诸行动，并且它们可能会导致这样的结论：如果一位潜在创业者在个性测试中的得分没有超过一定的门槛，那么他就不应该再费心学习更多的创业知识。这种观点未能认识到创业教育的作用和目的，甚至可能会损害大学进行技术转移的努力。

此外，对创业者特征的强调可能会掩盖人员和政策方面的其他关键特征。例如，专业投资者会欣然指出创业经验和长远眼光对于那些希望创业的人的重要性（Byers, Dorf, and Nelson, 2014）。安纳李·萨克森尼安（Annalee Saxenian，1994）就曾指出就业替代方案在任何一家特定初创企业倒闭时的重要性：如果一个人寻求创立一家初创企业，鉴于这家初创企业很有可能倒闭，他需要某种保证，即该区域还有其他工作机会。最后，区域政策可能对人员的可获得性产生重要影响。例如，在美国，实行竞业禁止协议[①]（non-compete agreement）的州可能会出现创业者和发明人向外地迁移的情况，这实际上抑制了该州未来的创业活动（Carey, 2001; Marx, Strumsky, and Fleming, 2009; Samila and Sorenson, 2009）。考夫曼基金会（Kauffman Foundation）认为，医疗保健政

[①] 竞业禁止协议是指雇员承诺在雇用期结束后不与雇主进行任何形式竞争的协议。此类协议还禁止雇员在雇用期间或之后向任何其他方透露专有信息或商业秘密。——译者注

策对创业有着重要影响，失去与雇主挂钩的健康保险可能会抑制个人创业（Ortmans, 2013）。

在考虑这些不同的资源需求时，至关重要的是要认识到，它们都是大学衍生企业取得成功必须满足的条件。例如，只解决"缺口资金"（gap funding）的大学商业化方法几乎注定会失败。同样，在没有解决更大的合格和相关技术员工组成的劳动力池的情况下，培训首席执行官和创始人的尝试不太可能成功。除非通过初创企业进行的大学商业化努力解决上述所有资源需求，否则单独和独立的倡议将不会产生多大影响。

在认识到具体的资源需求因具体的技术和市场而异后，我们关于大学衍生企业基本资源需求——融资、设施/设备和人员——的观点变得更加复杂。因此，生物技术、材料、软件和医疗设备领域的衍生企业——仅举四个例子——需要截然不同的资金、设施/设备和人员类型才能取得成功（当然，它们在时间表、潜在影响和其他特征方面也有所不同）。这种异质性对以大学为中心的衍生企业构成了一个挑战。从生物化学到材料科学再到软件，大多数大学所从事的研究活动范围非常广泛。反过来，试图将涵盖如此广泛领域和产业的大学研究商业化，就必须满足它们之间相差极大的资源需求。在大多数情况下，一所大学或一个区域的基础设施根本无法提供足够的商业化资源。例如，在美国，只有少数区域拥有广泛的劳动力储备，涵盖在该区域进行的大学研究可能影响的所有产业。在其他区域，如果仅仅为工商管理硕士提供一般缺口资金或创业课程（作为两个例子），而不解决这些同时存在和多样化的资源挑战，就不太可能促进有效的商业化。

创业教育是解决之道吗？

正如上述考虑因素强调的那样，通过初创企业的创建和成功成长实现大学研究的商业化是一个巨大的挑战，这取决于各种资源、活动、目标和利益相关者的成功协调与执行。在这种背景下，创业教育是提高初创企业生存能力的一种很有前途的手段，尽管人们需要结合实际情况，对这种手段自身的目标和原则加以理解，关于这一点我们将在下文中讨论。

回顾上一小节中的考虑因素，创业教育显然可以对其中许多因素产生积极影响。例如，以产品设计和开发、原型开发（设计）、技术趋势和创造力为重点的教育活动有助于回答"你能制造它吗"这一问题。更关键的是，这些活动还可以检验：一开始就寻求企业的发展是否合理？创业者可能如何使他们最初的想法"转向"（Liedtka and Ogilvie, 2011; Ries, 2011; Seelig, 2011）？同样，许多创业课程的核心组成部分是市场分析，包括需求评估、定位、细分和客户关系管理（Blank and Dorf, 2012; Byers, Dorf, and Nelson, 2014）。毫无疑问，对这些考虑因素的关注可以积极影响对"如果你建立它，他们会来吗"这一问题的答复。鉴于从事技术商业化的初创企业和老牌企业对这些问题的共同关注，创业教育的积极影响显然并不限于大学衍生企业，而是扩展到了所有商业化情况（以及其他情况）。

创业教育同样有助于调解大学衍生企业面临的其他挑战。最显著的是，创业教育有助于管理者和团队成员的发展，提高他们对潜在陷阱的认识，并提供对有效战略和运营活动的洞见（Manimala, 2008; Rasmussen and Sørheim, 2006）。不太显著的是，由于创业教育被广泛纳入所有学生的课程，而不仅仅是那些希望创办大学衍生企业的学生，创业教育还能影响针对创业的政策决策和广泛公众支持。反过来，开明的公共政策也能对大学衍生企业产生积极影响。

然而，创业教育并非灵丹妙药，不能指望它解决每一个挑战。虽然创业教育是提高大学衍生企业效率的重要手段，但创业教育本身并不是大学衍生企业所面临挑战的解决之道（McMullan and Long, 1987）。此外，我们自己作为创业教育工作者的经验以及大量学术研究表明，创业教育在广泛考虑受众、课程和外部参与时最为有效。我们将在下文详细论述其中的每个领域。

受众

在大多数大学，大部分创业课程都是在商学院开设的（Binks, Starkey, and Mahon, 2006; Gwynne, 2008; Solomon and Fernald, 1991）。然而，作为一门学科和一种创造价值的方法，创业的范畴远远超出了工商管理学士（Bachelor of Business Administration，缩写为BBA）和工商管理硕士课程（Gibb, 20 02;Hynes, 1996; Katz, 2003; Ray, 1990）。反过来，更加进步的大学在众多院系开设创业课程。特别是对大学衍生企业而言，至关重要的是将创业教育扩展到工程系和科学系，因为大部分的大学技术正是源自这些系的课程（Meyer et al., 2011; Phan, Siegel, and Wright, 2009; World Economic Forum, 2009）。在我们看来，这一举措涉及将创业真正融入广泛的课程，而不是对少数经过挑选的学生进行零敲碎打的教育（Thursby, Fuller, and Thursby, 2009）。此外，至关重要的是在创业教育的努力中体现一种真正的多学科方法，即模拟处于早期的科技初创企业的现实情况。这一视角不仅涉及从商学院的角度向工程师、科学家和其他人员传授创业知识，还表明商科学生（作为一个例子）应该具备科学和技术等方面的知识（Clark, 1998; Keogh and Galloway, 2004; Menzies, 2004; Penaluna and Penaluna, 2008）。通过创业视角进行的这种学科整合必然会产生无法通过维持学科"孤岛"获得的洞见（Clarysse, Mosey, and Lambrecht, 2009; Hill and Kuhns, 1994）。

这种整合可能需要大学和各个学院或系在后勤和实效方面做出调整。例如，学生跨系注册课程应该要十分容易，不会遇到系外注册上限和其他可能阻碍跨学科参与的障碍（反过来，这种交叉注册可能会迫使一些学院重新审视内部收入模式，这种模式可能会强化学院间的界限）。跨学科整合还可能需要对校历予以调整或特别考虑，比如一所大学的法学院实行的是学期制，而该校的工程学院实行的是学季制[①]（quarter system）。

重要的是，创业教育的受众不应局限于学生。教师、管理者、工作人员以及社区中的所有人都应该可以从创业教育中受益，提供的课程也应该根据实际情况量身制定（Siegel and Phan, 2005）。这样的广度还可以加强不同群体之间的协同效应，例如

[①] 学季制亦称"四学期制"，是一种将一学年分为四个学期的教学管理制度，每学期10~11周。美国部分高等学校采用这种制度。——译者注

一名教师参加一个创业项目或研讨会，随后在他的学生中促进或加强创业的作用。

课程

我们在其他研究中（Nelson and Byers, 2005）认为，技术转移可以加强创业课程。例如，图5.2说明了斯坦福大学技术转移和创业团体之间的教育联系。显然，图5.2右侧所示的技术许可办公室与每个团体都有联系。这些联系反映：大学发明披露为课堂项目提供了丰富例子；技术许可办公室的工作人员向大学各单位传授关于知识产权和许可方面的知识；与拥有大学技术许可的公司的外部关系给课程带来了特邀演讲者以及其他关系。

与此同时，与对创业的广泛看法一致的是，创业教育不应局限于关注技术初创企业（情况往往如此），而是应该着重培养能够以多种方式应用于多种环境的视角和技能。因此，创业教育不能与进行可行性研究、编写商业计划或参加商业计划竞赛混为一谈。虽然这样的活动可能是有价值的学术练习，但它们也可能导致学生将无休止的分析、数字运算以及精心打磨的"套装和幻灯片"与创建和管理一个组织的实际工作混为一谈。此外，它们可能意味着，创业可以简化为"挑选"一个想法，并根据教学大纲中概述的特定时间表遵循一系列规定的步骤。相反，与所有课程一样，可行性研究、商业计划和商业计划竞赛必须被置于特定背景中，必须首先被作为教育活动而不是公司或经济建设活动加以对待。

事实上，新出现的证据表明，创业教育应该采取各种形式，

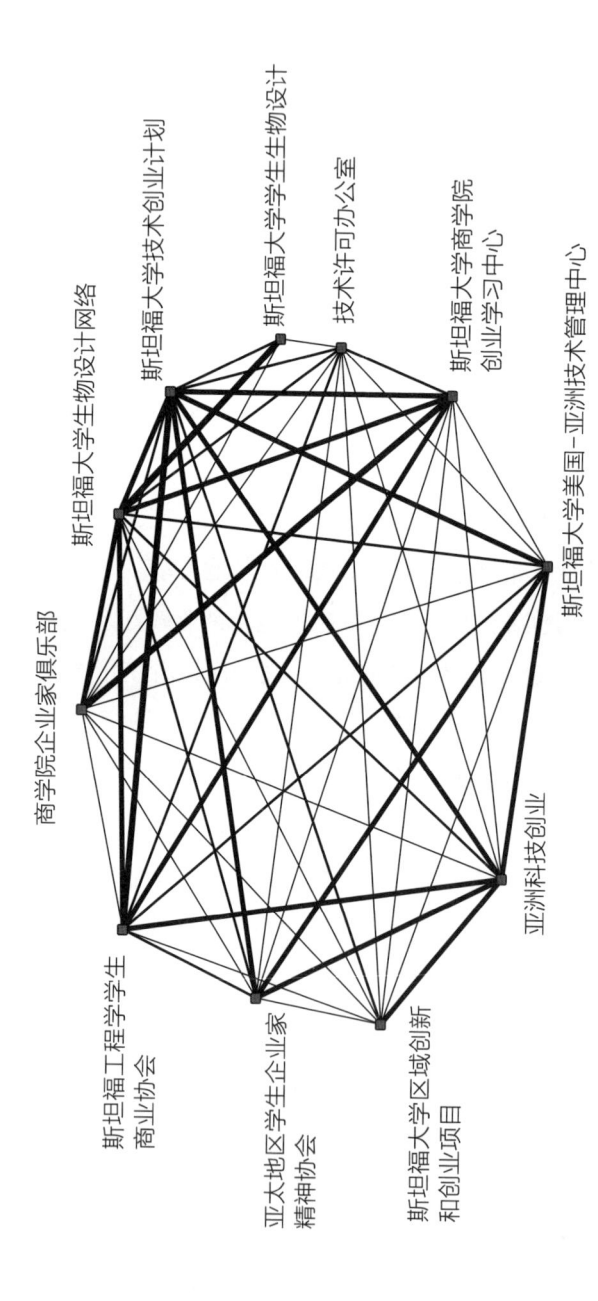

图 5.2 斯坦福大学技术转移和创业团体之间的教育联系

资料来源：Nelson and Byers, 2005。

注：连线表示"你所在团体的教师或员工参与了对来自学生的教学"，线条的粗细表示从"从不"（没有线条）到"几乎总是"（线条最粗）的五分量表频率。

包括传统课程、勤工俭学项目、实习、师徒关系、工作坊、研讨会,以及诸如"创业周"(Entrepreneurship Week)等全校性活动。"创业周"是一项以实践活动为中心的全球性活动,让大学生和其他人接触到创造性解决问题的方法以及创业的其他方面(Fayolle and Gailly, 2008; Garavan and O'Cinneide, 1994; Pittaway and Cope, 2007; Rutger, 2008; Wee and Lynda, 2004)。在这些结构和活动中,创业教育可能包括游戏、模拟、案例研究、可行性研究、阅读讨论、讲座、访谈、实地研究、动手练习以及其他活动(Clarysse, Mosey, and Lambrecht, 2009; Detienne and Chandler, 2004; Katz, 1999; Kuratko, 2005; Mustar, 2009; Verzat, Byrne, and Fayolle, 2009)。这种多样化的课程允许学生以不同的方式和不同程度的投入参与创业,促进低风险的实验以及针对特定兴趣量身定制的内容和形式(Vesper and McMullan, 1988)。

就内容而言,创业教育不仅在告知个人如何创办公司方面发挥着重要作用,而且在教导他们如何管理和发展组织方面也发挥着重要作用(Klandt, 2004)。约翰·马林斯(John Mullins)和兰迪·科米萨(Randy Komisar)(2009)提供了令人信服的证据,表明大多数初创企业会在成长过程中改变商业计划,甚至改变整个产业。特别是对以技术为基础的初创企业而言,这种转变可能是一种常态,而不是例外(Ries, 2011)。同样,詹姆斯·C.柯林斯(James C .Collins)和威廉·C.拉齐尔(William C. Lazier)(1995)专注于管理中小型企业时面临的独特挑战,探索了从"创立"一家公司到形成一家稳健的大型企业需要经历的关键步骤。这些研究和其他一些研究表明,将创业教育限制在创建公司或筹集第一轮外部资金，可能类似于向准农民演示耕作和种植，而忽略了讨论浇水、施肥、收获、作物轮作以及其他同样重要的话题。全面实施这种创业教育的"生命周期"方法还表明，创业应该被充分融入其他解决处于发展后期的组织通常面临的挑战的课程。事实上，许多大学（例如斯坦福大学和麻省理工学院）将创业的内容和概念拓展得更远，认为创业是一项领导力培训举措，而不是一个专门关注创办组织的领域。

鉴于创业者在众多不同的领域活动，创业教育课程和内容还应该反思、比较和对比不同的环境，而不是试图将单一的模式应用于所有创业活动。例如，一些大学开设关于社会创业的特别课程，并认识到社会创业的独有特点（Smith et al., 2008; Tracey and Phillips, 2007）。在技术商业化领域，创业课程必须谨慎承认不同领域和不同类型技术之间的重要区别，并且认识到大学技术衍生企业案例之间的显著异质性，而不是试图同等对待。

创业教育的影响必须被视为是终身的，而不是立即可以察觉的。即使是那些将要创立公司的学生，他们中的绝大多数人也无法在毕业后立即成为有效的领导者，更好的做法是首先获得相关经验。创业教育可能会直接影响他们对创办一个机构的可行性和可取性的看法（Peterman and Kennedy, 2003）以及他们的技能（Souitaris, Zerbinati, and Al-Laham, 2007）。但是，考夫曼基金会的数据显示，以技术为基础的公司的创始人很少是应届毕业生，因为这类创始人的中位数年龄为 39 岁，而且许多创始人的年龄还要大得多（Wadhwa, Freeman, and Rissing, 2008）。

第五章 大学技术转移面临的挑战与创业教育的积极作用

此外,许多学生可能永远不会推出一项技术或创办一个组织。然而,他们可能仍然会将创业技能和态度带进现有的组织,发现这些技能和态度导致了问题解决能力的增强、新举措的制定以及工作满意度和绩效的全面提升(Hindle and Cutting, 2002)。事实上,一些学生认识到他们不应该创建一个组织,这一认识必须被视为一个积极的结果。还有一些学生可能会发现,创业教育的主要作用在于更好地理解创业过程,从而制定更准确和更有影响力的政策或研究日程(Klandt, 2004)。这些结果也应被视为成功,即使它们不涉及创立一个组织。

总而言之,这些关于创业教育的作用和影响的广阔视角表明,大学管理者和其他人员不应指望很快就能看到创业教育的效果,也不应指望通过简单计算衍生企业的数量看到创业教育的效果。多样的目标需要多样的衡量标准。

外部参与

创业教育不应仅仅被视为大学的权限或责任。相反,教育机构、非营利机构、企业和各级政府机构都应在制定和支持教育举措方面发挥积极作用。例如,在制定和实施以技术为中心的创业教育活动时,大学可能会与现有以技术为基础的企业合作。这种参与可以提升资源基础,确保课程在学术理论和实践之间取得适当平衡(Collins, Smith, and Hannon, 2006; Kuratko, 2005; Roebuck and Brawley, 1996)。由于大学技术的商业化不仅取决于大学的行动,而且取决于许多外部利益相关者的行动,因此这些利益相关者参与创业教育也可以建立可用于商业化努力的关系(Todorovic and Sontornpithug, 2008)。事实上，大学地位独特，可以作为创新和教育活动的中心，将整个区域或产业的不同群体聚集在一起（Clark, 1998; World Economic Forum, 2009）。从这个角度来看，围绕"创业周末"（Nager, Nelsen, and Nouyrigat, 2012）等活动的努力应该被视为对大学内部努力的补充。

创业教育与技术转移的关系再思考

正如上文的评论表明的那样，创业教育中的许多有效做法和方法可以加强技术转移方面的努力，但我们也必须认识到创业教育在目标、导向、方法和受众方面是不同的。正如技术转移领域超出了创业的范畴，创业领域也不仅仅涉及技术转移举措。表5.1突出了技术转移和创业教育在若干方面的差异。

表5.1 大学技术转移与创业教育的区别（改编自 Nelson and Byers, 2005）

指标	技术转移	创业教育
目标和使命	将发明商业化；创造收入；为区域经济发展做出贡献；刺激初创企业发展	培养领导技能；整合课程和学科；为新企业奠定基础；在学术界和商业界之间建立联系
商业导向	显著的	混合型——在传统初创企业中普遍存在，但在社会创业和其他不以市场为中心的创业活动中不太显著
时间跨度	短期	长期

续表

指标	技术转移	创业教育
评估	经商业化的发明；经实施的许可；收入；初创企业；区域就业	态度、行为和能力，包括创造力、冒险精神、对机会的追求、自信、自我效能和组织创建
提供者和支持者	专注于企业关系和大学知识产权的管理者；手握具有商业潜力的发明的教师和学生；被许可人和潜在被许可人，包括初创企业、小型企业和大中型企业	代表广泛的活动和学科的教师、学生、创业者和创业生态系统中的其他成员

如表5.1所示，技术转移关注经济成果和技术成果，而创业教育关注教育发展、教育关系和教育成果。因此，技术转移保持着强烈的商业导向，而创业教育根据发挥作用的具体角度，表现出一种与商业目标之间更为微妙的关系。技术转移遵循的时间周期也短于创业教育：大多数新技术许可都是在披露后一年内签署的（Elfenbein, 2006），专利条款将收入的绝对上限规定为20年。因此，吉迪恩·D.马尔克曼等人（2005）认为，大多数大学技术转移办公室是风险规避者，专注于实现短期现金最大化。相比之下，创业教育着眼长远，以终身影响为目标。

对技术转移和创业教育的评估也不相同。观察家通常根据相对简单明了的指标来评估技术转移，例如签署的许可或产生的衍生企业的情况。相比之下，创业教育的成果以及评估这些成果的内容非常广泛。因此，衡量和评估创业教育的效果仍然是一项重要的挑战（Falk and Alberti, 2000; Fayolle, Gailly, and Lassas-Clerc,

2006; Menzies and Paradi, 2003; Peterman and Kennedy, 2003）。

最后，在技术转移和创业教育的提供者和支持者方面也存在不同。技术转移只涉及那些手握具有商业潜力的发明的教师和学生，并努力将他们与外部许可人联系起来，主要为大型企业的利益服务（Siegel, Waldman, and Link, 2003; Siegel et al., 2004）。相比之下，创业教育涉及广泛得多的大学群体，并努力吸引更广泛的外部伙伴。

总而言之，这些诸多差异表明，虽然技术转移和创业教育可能相辅相成，但也必须承认它们是差异极大的活动。如果不承认这一点，创业教育计划就有可能错过技术转移以外的更广阔机会，或者在最坏的情况下，采用不适当的目标、衡量标准和时间表，从而无法保持以创业教育为核心的教育使命（Meyer et al., 2011; Nelson and Byers, 2005）。

鉴于许多创业计划的特殊历史，许多教育工作者没有明确考虑他们的计划与技术转移的关系，包括这种导向在多大程度上含蓄或明确地影响着计划提供的课程、目标和支持者。因此，我们提出以下一系列问题，通过这些问题，人们可以评估特定大学或计划与技术转移的关系：

1. 在商学院内部和外部，创业学生的比例分别是多少？创业"学生群体"是否由单一学科主导？

2. 除了那些针对技术商业化的培训课程，我们是否还提供创业课程？创业课程在多大程度上强调技术商业化之外的主题？

3. 我们是否以各种形式（例如，研讨会、讲座系列、基于项目的课程、勤工助学项目等）提供广泛的课程？

4. 我们的创业导师是否具备广泛的背景和经验？我们是否在寻找那些有技术商业化经验的人以外的教学人才？

5. 我们的大学有多少不同的单位在积极从事创业教育工作？它们在多大程度上从事这项工作，这项工作在各单位之间的平衡程度如何？

6. 校园里的普通学生对创业有何看法？这些看法如何与我们的创业教育计划的使命和目标保持一致？

7. 高级管理人员、校友、资助者和公众对我们的创业努力有何期望？他们在多大程度上关注商业化而非教育？

8. 我们进行创业教育活动的资金来源是什么？资金来源（包括拨款）是否独立于技术商业化联系和计划？

9. 学生、教师和其他人遵循怎样的创业时间表？他们是否拥有长远眼光？

10. 我们有何证据证明自己的创业教育努力取得了成功？在考虑创业计划的成功时，我们含蓄或明确地强调哪些衡量指标？在评估我们的创业中心时，商业影响有多重要？在描述我们的计划时，我们强调哪些衡量指标或统计数据？

这些问题没有答案。相反，这些问题旨在强调关于创业教育的作用以及创业教育与技术转移的关系的隐含假设。那些给出的回答十分强调技术转移的受访者可能会发现，通过超越这一特殊的概念化，他们的创业教育努力可能会更具影响力。相反，那些很少参与技术转移的受访者可能会发现，他们的创业教育努力未能解决这一重要领域，也未能利用与之互补的优势。

更一般地说，技术转移和创业教育相辅相成而又截然不同，这一事实凸显了一个关键挑战：如何促进这些活动之间的协同效应，同时又不允许一种活动吸纳另一种活动？在其他研究中，我们曾提出，"组织模块化"（organizational modularity）的概念提供了一个很有前途的模型（Nelson and Byers, 2005）。卡尔·E.韦克（Karl E. Weick, 1976）在一篇影响深远的文章中提出，当一个组织追求可能发生冲突的多个目标时，该组织的正式结构可能只是经过了"松散"的整合。朱迪斯·A.阿德基森（Judith A. Adkison, 1979）在对美国堪萨斯州公立学校系统的研究中，应用了卡尔·E.韦克的概念。她发现，参与者之间的"松散耦合"使得他们能够在避免冲突的同时追求独特的角色和责任。迈克尔·L.塔什曼和查尔斯·A.奥莱理（2004）在发展他们的"左右兼顾"的组织的概念时借鉴了这些观点。在他们看来，与那些承认并促进差异的组织相比，那些试图将单一模式或视角应用于所有子单位的组织得到了糟糕的结果（另见Martin and Eisenhardt, 2003）。

与此同时，组织可以从确保这些单位协调各种存在协同效应的活动和举措中获益，正如创业教育和技术转移互惠互利的情况。这种协调首先取决于各成员对其他成员的活动的认识。例如，迈克尔·L.塔什曼和查尔斯·A.奥莱理（2004）强调了各单位相互独立时集成高层管理团队的好处，因为这种集成促进了各独立单位的意识和协调。在对12项跨业务协同举措的研究中，杰弗里·A.马丁和卡特勒恩·M.艾森哈特（2003）发现，高绩效举措源自业务单位，而不是公司层面，而且高绩效举措有一个"参与式多业务团队决策过程"，而不是一个自上而下的公司决策过程。同样，蔡文彬（Wenpin Tsai, 2002）对一个大型多元化组织的调查显示，正式的等级结构对单位之间的知识共享有消极影响，而非正式的横向关系则对单位之间的知识共享有积极影响。

综上所述，这些研究和其他研究表明，当意识与合作自下而上出现时，它们将发挥最佳作用。例如，在比较美国与瑞典的大学技术转移绩效时，布伦特·戈德法布（Brent Goldfarb）和芒努斯·亨里克森（2003）发现，美国的更高绩效主要归因于其自下而上的方法和瑞典自上而下的方法。同样，多少有点讽刺的是，那些试图充分利用创业教育和技术转移之间的关系的大学必须避免以集中的方式规划这些关系。相反，关系应该自然而然地出现，由管理者提供一些资源和促进联系，而不是推动政策和举措。与此同时，创业教育和技术转移生态系统的个人参与者必须努力确保不拘泥于常规，避免依赖现有的关系；创业教育和技术转移的培育和发展需要不断注入新的想法、参与者和项目。

总结

创业教育和大学技术转移在过去20年双双经历了显著增长（ATUM, 2013; Charney and Libecap, 2000; Katz, 2003; Mowery et al., 2001; Solomon, Duffy, and Tarabishy, 2002; Vesper and Gartner, 1997）。尽管其中的每个领域都有许多维度，但它们的同时增长在一定程

度上反映了两者之间的许多互补性。从根本上说,大学技术的商业化需要远见、领导力、毅力、想象力以及整合包括财务资本和人力资本在内的关键资源的能力。创业教育致力于培养的恰恰是这些技能和能力。因此,这些领域之间的密切关系不应令人感到意外。

我们对创业教育和技术转移文献的回顾强调了这两个领域可以相互借鉴的一些方式,以及在务实层面上共享和整合项目和资源的一些方式。具体而言,我们讨论了关于创业教育的受众和课程的广阔视角以及外部伙伴的深度参与如何能够全面加强技术商业化和创业教育努力。对那些尚未与大学技术转移人员和项目合作的创业项目而言,这种合作是扩大其努力的影响和"现实世界"参与的一种直接而有效的手段。

与此同时,我们描述了创业教育和技术转移的一些不同维度。一个重大挑战在于确保这些差异得到尊重和维持。例如,艾伦·D.迈耶等人(2011:189)采访的一位项目负责人承认:

> 许多类似的项目一开始都将教育作为中心目标(正如我们所做的那样),但是通过任务蠕变[①](Mission Creep),教育目标让位于试图实现收益最大化、交易、知识产权许可、商业竞争奖品和其他衡量指标。如果我们想要避免使其他项目分心的陷阱,我们就决不能忽视一种重要性,即向所有学生传递价值。

---

① 任务蠕变指逐渐扩大一个任务或组织的原始目标。——译者注

第五章　大学技术转移面临的挑战与创业教育的积极作用

初创企业、管理头衔、奖金和投资者，这些诱惑对学生、教师和管理者来说都具有吸引力。然而，将创业教育的努力主要集中在技术商业化上，会牺牲创业教育所能达到的令人难以置信的广度，导致风险极高、概率低且教育影响有限的结果。相比之下，如果不把重点主要放在技术转移上，而是确保创业教育保持广泛的目标和多样化的受众，大学就可以有效地加强自身的创业生态系统，甚至为技术转移带来更大的长期利益。

参考文献

Acs, Z. J., D. B. Audretsch, and M. P. Feldman. 1994. "R & D Spillovers and Recipient Firm Size." *Review of Economics and Statistics* 76 (2): 336–40.

Adkison, J. A. 1979. "Conflict and stress in interorganizational structures." ERIC Document Reproduction Service No. ED 170861.

Agrawal, A., and R. Henderson. 2002. "Putting patents in context: Exploring knowledge transfer from MIT." *Management Science* 48 (1): 44–60.

Antoncic, B., and R. D. Hisrich. 2001. "Intrapreneurship: Construct refinement and cross-cultural validation." *Journal of Business Venturing* 16 (5): 495–527.

Antoncic, B., and R. D. Hisrich. 2003. "Clarifying the intrapreneurship concept." *Journal of Small Business and Enterprise Development* 10 (1): 7–24.

Association of University Technology Managers (AUTM). 2013. 2012 U.S. Licensing Survey Summary. Northbrook, IL: AUTM.

Audretsch, D. B., M. C. Keilbach, and E. Lehmann. 2006. "Entrepreneurship and economic growth." Oxford: Oxford University Press.

Audretsch D., and P. Stephan. 1996. "Company-scientist locational links: The case of biotechnology." *American Economic Review* 86: 641–52.

Baker, M. 2006. *National Cancer Institute Funds New Nanotechnology Center*. Stanford Report, March 1, 2006.

Bania, N., R. W. Eberts, and M. S. Fogarty. 1993. "Universities and the Startup of New Companies: Can We Generalize from Route 128 and Silicon Valley?" *Review of Economics and Statistics* 75 (4): 761–66.

Baum, J. A. C., and B. S. Silverman. 2004. "Picking winners or building them? Alliance, intellectual, and human capital as selection criteria in venture financing and performance of biotechnology startups." *Journal of Business Venturing* 19 (3): 411–36.

Béchard, J. P., and D. Grégoire. 2005. "Entrepreneurship education research revisited: The case of higher education." *Academy of Management Learning and Education* 4 (1): 22–43.

Begley, T., and D. Boyd. 1987. "Psychological characteristics associated with performance in entrepreneurial firms and smaller businesses." *Journal of Business Venturing* 2: 79–93.

Benneworth, P., and D. Charles. 2005. "University spin-off policies and economic development in Less successful regions: Learning from two decades of policy practice." *Journal of European Planning Studies* 13 (4): 537–57.

Binks, M., K. Starkey, and C. Mahon. 2006. "Entrepreneurship education and the business school." *Technology Analysis and Strategic Management* 18 (1): 1–18.

Blank, S., and B. Dorf. 2012. *The Startup Owner's Manual*. Pescadero, CA: K&S Ranch Publishers.

Byers, T., R. C. Dorf, and A. J. Nelson. 2014. *Technology Ventures: From Idea to Enterprise*. 4th ed. New York: McGraw-Hill.

Carey, K. L. 2001. "Beyond the Route 128 paradigm: Emerging legal alternatives to the non-compete agreement and their potential effect on developing high- technology markets." *J. Small and Emerging Bus. L.* 5 (1): 135–60.

Carrier, C. 1993. "Intrapraneurship in Large Firms and SMEs: A Comparative Study." *International Small Business Journal* 12 (3): 54–61.

第五章 大学技术转移面临的挑战与创业教育的积极作用

Charney, A., and G. Libecap. 2000. "The Impact of Entrepreneurship Education: An Evaluation of the Berger Entrepreneurship Program at the University of Arizona, 1985–1999." Revised final report to the Kauffman Center for Entrepreneurial Leadership. Kansas City: Ewing Marion Kauffman Foundation, November 29.

Chen, C., P. Greene, and A. Crick. 1998. "Does entrepreneurial self-efficacy distinguish entrepreneurs from managers?" *Journal of Business Venturing* 13: 295–316.

Christensen, C. M. 1997. *The Innovator's Dilemma: When New Technologies Cause Great Firms to Fail*. Cambridge, MA: Harvard Business School Press.

Clark, B. R. 1998. *Creating Entrepreneurial Universities: Organizational Pathways of Transformation. Issues in Higher Education*. New York: Elsevier.

Clarysse, B., S. Mosey, and I. Lambrecht. 2009. "New Trends in Technology Management Education: A View From Europe." *Academy of Management Learning and Education* 8 (3): 427–43.

Collins, J. C., and W. C. Lazier. 1995. *Managing the Small to Mid-Sized Company: Concepts and Cases*. Chicago: Irwin.

Collins, L. A., A. J. Smith, and P. D. Hannon. 2006. "Applying a Synergistic Learning Approach in Entrepreneurship Education." *Management Learning* 37 (3): 335–54.

Degroof, J. J., E. B. Roberts. 2004. "Overcoming Weak Entrepreneurial Infrastructure for Academic Spin-Off Ventures." *Journal of Technology Transfer* 29(3–4): 327–57.

Delmar, F. and P. Davidsson. 2000. "Where do they come from? Prevalence and characteristics of nascent entrepreneurs." *Entrepreneurship and Regional Development* 12 (1): 1–23.

DeTienne, D. R., and G. N. Chandler. 2004. "Opportunity Identification and Its Role in the Entrepreneurial Classroom: A Pedagogical Approach and Empirical Test." *Academy of Management Learning and Education* 3 (3): 242–57.

Di Gregorio, D., and S. Shane. 2003. "Why Do Some Universities Generate

More Start-Ups than Others?" *Research Policy* 32: 209–27.

Drori, G. S., and Y. Yue. 2009. "The innovation centre: A global model for entrepreneurship in the era of globalization." *International Journal of Entrepreneurship and Innovation* 10 (3): 171–80.

Elfenbein, D. W. 2006. "Publications, patents, and the market for university inventions." *Journal of Economic Behavior and Organization* 63 (4): 688–715.

Falk, J., and F. Alberti. 2000. "The assessment of entrepreneurship education." *Industry and Higher Education* 14 (2): 101–8.

Fayolle, A., and B. Gailly. 2008. "From craft to science: Teaching models and learning processes in entrepreneurship education." *Journal of European Industrial Training* 32 (7): 569–93.

Fayolle, A., B. Gailly, and N. Lassas-Clerc. 2006. "Assessing the impact of entrepreneurship education programs: A new methodology." *Journal of European Industrial Training* 30 (8–9): 701–20.

Feldman, M., and P. Desrochers. 2003. "Research Universities and Local Economic Development: Lessons from the History of the Johns Hopkins University." *Industry and Innovation*.10 (1): 5–24.

Ferguson, R., and C. Olofsson 2004. "Science Park and the Development of New Technology-Based Firms: Location, Survival and Growth." *Journal of Technology Transfer* 29 (1): 5–17.

Franklin, S. J., M. Wright, and A. Lockett. 2001. "Academic and surrogate entrepreneurs in university spin-out companies." *Journal of Technology Transfer* 26(1–2):127–41.

Garavan, T. N., and B. O'Cinneide. 1994. "Entrepreneurship Education and Training Programmes: A Review and Evaluation (Part 1)." *Journal of European Industrial Training* 18 (8): 3–12.

Gibb, A. 2002. "In pursuit of a new 'enterprise' and 'entrepreneurship' paradigm for learning: creative destruction, new values, new ways of doing things and new combinations of knowledge." *International Journal of Management Reviews* 4 (3): 213–31.

第五章 大学技术转移面临的挑战与创业教育的积极作用

Goldfarb, B., and M. Henrekson. 2003. Botoom-up versus top-down policies towards the commercialization of university intellectual property." *Research Policy* 32 (4): 639–58.

Gwynne, P. 2008. "More Schools Teaching Entrepreneurship." *Research Technology Management* 51 (2): 6–8.

Hallen, B. L. 2008. "The causes and consequences of the initial network positions of new organizations: From whom do entrepreneurs receive investments?" *Administrative Science Quarterly* 53 (4): 685–718.

Hart, D. M., ed. 2003. "The emergence of entrepreneurship policy: governance, start-ups, and growth in the U.S. knowledge economy." Cambridge: Cambridge University Press.

Henderson, R. M., and K. B. Clark. 1990. "Architectural innovation: The reconfiguration of existing product technologies and the failure of established firms." *Administrative Science Quarterly* 35 (1): 9–30.

Hill, R. C., and B. A. Kuhns. 1994. "Experiential learning through cross-campus cooperation: Simulating and initiating technology" *Simulation and Gaming* 25 (3): 368.

Hindle, K., and N. Cutting. 2002. "Can Applied Entrepreneurship Education Enhance Job Satisfaction and Financial Performance? An Empirical Investigation in the Australian Pharmacy Profession." *Journal of Small Business Management* 40 (2): 162–67.

Hisrich, R., J. Langan-Fox, and S. Grant. 2007. "Entrepreneurship Research and Practice: A Call to Action for Psychology." *American Psychologist* 62 (6): 575–89.

Hynes, B. 1996. "Entrepreneurship education and training: Introducing entrepreneurship into non-business disciplines." *Journal of European Industrial Training* 20 (8): 10–17.

Jeng, L. A., P. C. Wells. 2000. "The determinants of venture capital funding: evidence across countries." *Journal of Corporate Finance* 6 (3): 241–89.

Kaplan, S., and P. Strömberg. 2004. "Characteristics, Contracts, and Actions:

Evidence from Venture Capitalist Analyses." *Journal of Finance* 59 (5): 2177–210.

Katz, J. A. 1999. "Institutionalizing Elegance: When Simulation Becomes a Requirement." *Simulation and Gaming* 30 (3): 332–36.

Katz, J. A. 2003. "The chronology and intellectual trajectory of American entrepreneurship education: 1876–1999." *Journal of Business Venturing* 18 (2): 283–300.

Keogh, W., and L. Galloway. 2004. "Teaching enterprise in vocational disciplines: Reflection on positive experience." *Management Decision* 42 (3/4): 531–41.

Klandt, H. 2004. "Entrepreneurship Education and Research in German-Speaking Europe." *Academy of Management Learning and Education* 3 (3): 293–301.

Kortum, S., and J. Lerner. 2000. "Assessing the contribution of venture capital to innovation." *RAND Journal of Economics* 31 (4): 674–92.

Kuratko, D. F. 2005. "The Emergence of Entrepreneurship Education: Development, Trends, and Challenges." *Entrepreneurship: Theory and Practice* 29 (5): 577–97.

Lerner, J. 2005. "The University and the Start-Up: Lessons from the Past Two Decades." *Journal of Technology Transfer* 30 (1–2): 49–56.

Lerner, J. 2009. *Boulevard of Broken Dreams: Why Public Efforts to Boost Entrepreneurship and Venture Capital Have Failed—and What to Do about It*. Princeton, NJ: Princeton University Press.

Liedtka, J., and T. Ogilvie. 2011. *Designing for Growth: A Design Thinking Tool Kit for Managers*. New York: Columbia Business School Publishing.

Lindelöf, P., and H. Löfsten. 2003. "Science Park Location and New Technology- Based Firms in Sweden: Implications for Strategy and Performance." *Small Business Economics* 20 (3): 245–58.

Link, A. N., and K. R. Link. 2003. On the Growth of U.S. Science Parks. *Journal of Technology Transfer* 28: 81–85.

Link, A. N., and J. T. Scott. 2003. "Science Parks and the Generation of University-Based Knowledge: An Exploratory Study." *International Journal of Industrial Organization* 21 (9): 1323–56.

Link, A. N., and J. T. Scott. 2005. "Opening the Ivory Tower's Door: An Analysis of the Determinants of the Formation of U.S. University Spin-Off Companies." *Research Policy* 34: 1106–12.

Lockett, A., and M. Wright. 2005. "Resources, capabilities, risk capital and the creation of university spin-out companies." *Research Policy* 34 (7): 1043–57.

Lockett, A., M. Wright, and S. Franklin. 2003. "Technology transfer and universities' spin-out strategies." *Small Business Economics* 20 (2): 185–200.

Mair, J., and I. Marti. 2006. "Social entrepreneurship research: A source of explanation, prediction, and delight." *Journal of World Business* 41 (1): 36–44.

Manimala, M. J. 2008. "Entrepreneurship education in India: An assessment of SME training needs against current practices." *International Journal of Entrepreneurship and Innovation* 8 (6): 624–47.

Markman, G. D., et al. 2005. "Entrepreneurship and university-based technology transfer." *Journal of Business Venturing* 20 (2): 241–63.

Martin, J. A., and K. M. Eisenhardt. 2003. "Cross-business synergy: Recombination, modularity, and the multi-business team." Academy of Management 2003 Best Paper Proceedings, Business Policy and Strategy Division.

Martin, R., and S. Osberg. 2007. "Social Entrepreneurship: The Case for Definition." *Stanford Social Innovation Review* (Spring): 28–39.

Marx, M., D. Strumsky, and L. Fleming. 2009. "Mobility, Skills, and the Michigan Non-Compete Experiment." Management Science. 55: 875–89.

McClelland, D. 1961. *The Achieving Society*. Princeton, NJ: Van Nostrand.

McMullan, W. E., and W. A. Long. 1987. "Entrepreneurship Education in the Nineties." *Journal of Business Venturing* 2 (3): 261–75.

Menzies, T. V. 2004. "Are universities playing a role in nurturing and developing high-technology entrepreneurs? The administrators' perspective."

Inter- national Journal of Entrepreneurship and Innovation 5 (3): 149–57.

Menzies, T. V., and J. C. Paradi. 2003. "Entrepreneurship education and engineering students—Career path and business performance." *International Journal of Entrepreneurship and Innovation* 4 (2): 121–32.

Meyer, A. D., et al. 2011. "Creating a university technology commercialisation program: Confronting conflicts between learning, discovery and commercialization goals." *International Journal of Entrepreneurship and Innovation Management* 13 (2): 179–98.

Monck, C. S. P., et al. 1988. *Science Parks and the Growth of High Technology Firms*. London: Croom Helm.

Mowery, D. C., et al. 2001. "The Growth of Patenting and Licensing by U.S. Universities: An Assessment of the Effects of the Bayh-Dole Act of 1980." *Research Policy* 30: 99–119.

Mueller, P. 2006." Exploring the knowledge filter: How entrepreneurship and university-industry relationships drive economic growth." *Research Policy* 35 (10): 1499–508.

Mullins, J., and R. Komisar. 2009. *Getting to Plan B: Breaking Through to a Better Business Model*. Cambridge, MA: Harvard University Press.

Mustar, P. 2009. "Technology Management Education: Innovation and Entrepreneurship at MINES ParisTech, a Leading French Engineering School." *Academy of Management Learning and Education* 8 (3): 418–42.

Nager, M., C. Nelsen, and F. Nouyrigat. 2012. *Startup Weekend: How to Take a Company from Concept to Creation in 54 Hours*. Hoboken, NJ: John Wiley and Sons.

Nelson, A. J. 2012. "Putting university research in context: Assessing alternative measures of production and diffusion at Stanford." *Research Policy* 41 (4): 678–91.

Nelson, A. J., and T. Byers. 2005. "Organizational Modularity and Intra-University Relationships Between Entrepreneurship Education and Technology Transfer." In *University Entrepreneurship and Technology Transfer: Process,*

第五章 大学技术转移面临的挑战与创业教育的积极作用

Design, and Intellectual Property, edited by Gary Libecap, 275–311. Stamford, CT: Elsevier Science/JAI Press.

Nerkar, A., and S. Shane. 2003. "When Do Startups that Exploit Academic Knowledge Survive?" *International Journal of Industrial Organization* 21 (9): 1391–410.

Nicolaou, N., et al. 2008. "Is the Tendency to Engage in Entrepreneurship Genetic?" *Management Science* 54 (1): 167–79.

Oden, H.W. 1997. *Managing Corporate Culture, Innovation, and Intrapreneurship*. Westport, CT: Quorum Books.

Ortmans, J. 2013. No Absolutes in the Affordable Care Act. http://www.entre preneurship.org/Blogs/Policy-Forum-Blog/2013/July/No-Absolutes-in-the-Affordable-Care-Act.aspx Accessed 24 October 2013.

O'Shea, R., et al. 2005. "Entrepreneurial orientation, technology transfer and spinoff performance of US universities." *Research Policy* 34 (7): 994–1009.

Penaluna, A., and K. Penaluna. 2008. "Business Paradigms in Einstellung: Harnessing Creative Mindsets, A Creative Industries Perspective." *Journal of Small Business and Entrepreneurship* 21 (2): 231–50.

Peterman, N. E., and J. Kennedy. 2003. "Enterprise Education: Influencing Students' Perceptions of Entrepreneurship." *Entrepreneurship: Theory and Practice* 28 (2): 129–44.

Phan, P., D. Siegel, and M. Wright. 2009. "New Developments in Technology Management Education: Background Issues, Program Initiatives, and a Research Agenda." *Academy of Management Learning and Education* 8 (3): 324–36.

Pinchot, G. 1985. *Intrapreneuring: Why You Don't Have to Leave the Corporation to Become an Entrepreneur*. New York: Harper Collins.

Pittaway, L., and J. Cope. 2007. "Simulating Entrepreneurial Learning." *Management Learning* 38 (2): 211–33.

Rasmussen, E.A., and R. Sørheim. 2006. "Action-based entrepreneurship education." *Technovation* 26 (2): 185–94.

Ray, D. 1990. "Liberal arts for entrepreneurs." *Entrepreneurship: Theory and Practice* 15 (2): 79–93.

Ries, E. 2011. *The Lean Startup*. New York: Crown Business.

Robb, A., et al. 2010. *An Overview of the Kauffman Firm Survey: Results from the 2004–2008 data*. Kansas City, MO: Ewing Marion Kauffman Foundation.

Robinson, P., et al. 1991. "An Attitude Approach to the Prediction of Entrepreneurship." *Entrepreneurship: Theory and Practice* 15(4):13–31.

Roebuck, D. B., and D. E. Brawley. 1996. "Forging links between the academic and business communities." *Journal of Education for Business* 71 (3): 125–28.

Rosenberg, N., 1996. "Uncertainty and technological change." In *The Mosaic of Economic Growth*, edited by R. Landau, T. Taylor, and G. Wright, 334–56. Stanford, CA: Stanford University Press.

Rutger, H. 2008. *Week Devoted to Innovation, Can-Do Attitude Returns to Campus*. Stanford Report. February 20.

Samila, S., and O. Sorenson. 2009. *Non-Compete Covenants: Incentives to Innovate or Impediments to Growth (May 28, 2009)*. Available at SSRN: http://ssrn.com/abstract=1411172.

Saxenian, A. 1994. *Regional Advantage: Culture and Competition in Silicon Valley and Route 128*. Cambridge, MA: Harvard University Press.

Seelig, T. 2011. *in Genius: A Crash Course on Creativity*. New York: HarperOne.

Sexton, D. L., and N. Bowman. 1985. "The entrepreneur: A capable executive and more." *Journal of Business Venturing* 1 (1): 129–40.

Sexton, D. L., and N. Bowman-Upson. 1990. "Female and male entrepreneurs: Psychological characteristics and their role in gender-related discrimination." *Journal of Business Venturing* 5 (1): 29–36.

Shane, S., and S. Venkataraman. 2000. "The promise of entrepreneurship as a field of research." *Academy of Management Review* 25 (1): 217–26.

Shepherd, D. A., E. J. Douglas, and M. Shanley. 2000. "New venture survival: Ignorance, external shocks, and risk reduction strategies." *Journal of Business Venturing* 15 (5–6): 393–410.

Siegel, D. S., and Phan, P. H. 2005. "Analyzing the Effectiveness of University Technology Transfer: Implications for Entrepreneurship Education." *Advances in the Study of Entrepreneurship, Innovation and Economic Growth* 16: 1–38.

Siegel, D. S., D. Waldman, and A. Link. 2003. "Assessing the impact of organizational practices on the relative productivity of university technology transfer offices: An exploratory study." *Research Policy* 32:127–48.

Siegel, D. S., et al. 2004. "Toward a model of the effective transfer of scientific knowledge from academicians to practitioners: Qualitative evidence from the commercialization of university technologies." *Journal of Engineering and Technology Management* 21 (1–2): 115–42.

Siegel, D. S., P. Westhead, and M. Wright. 2003. "Assessing the Impact of Science Parks on the Research Productivity of Firms: Exploratory Evidence from the United Kingdom." *International Journal of Industrial Organization* 21 (9): 1357–69.

Siegel, D. S., M. Wright, and A. Lockett. 2007. "The rise of entrepreneurial activity at universities: Organizational and societal implications." *Industrial and Corporate Change* 16 (4): 489–504.

Smilor, D. V. Gibson, and G. B. Dietrich. 1990. "University spin-out companies: Technology start-ups from UT–Austin." *Journal of Business Venturing* 5 (1): 63–76.

Smith, B. R., et al. 2008. "Social entrepreneurship: A grounded learning approach to social value creation." *Journal of Enterprising Culture* 16 (4): 339–62.

Smith, H. L. 1991. "The role of incubators in local industrial development: The cryogenics industry in Oxfordshire." *Entrepreneurship and Regional Development* 3 (2): 175–94.

Solomon, G. T., S. Duffy, and A. Tarabishy. 2002. "The state of entrepreneurship education in the United States: A nationwide survey and analysis." *International Journal of Entrepreneurship Education* 1, no. 1: 65–86.

Solomon, G. T., and L. W. Fernald, Jr. 1991. "Trends in Small Business Management and Entrepreneurship Education in the United States." *Entrepreneurship: Theory and Practice* 15 (3): 25–39.

Souitaris, V., S. Zerbinati, and A. Al-Laham. 2007. "Do entrepreneurship programs raise entrepreneurial intention of science and engineering students? The effect of learning, inspiration and resources." *Journal of Business Venturing* 22 (4): 566–91.

Thursby, M., A. Fuller, and J. Thursby. 2009. "An Integrated Approach to Educating Professionals for Careers in Innovation." *Academy of Management Learning and Education* 8 (3): 389–405.

Todorovic, Z. W., and N. Suntornpithug. 2008. "The multi-dimensional nature of university incubators: Capability/resource emphasis phases." *Journal of Enterprising Culture* 16 (4): 385–410.

Tracey, P., and N. Phillips. 2007. "The distinctive challenge of educating social entrepreneurs: A postscript and rejoinder to the special Issue on entrepreneurship education." *Academy of Management Learning and Education* 6(2): 264–71.

Tsai, W. 2002. "Social Structure of 'Coopetition' within a Multiunit Organization: Coordination, Competition, and Intra-Organizational Knowledge Sharing." *Organization Science* 13: 179–91.

Tushman, M. L., and P. Anderson. 1986. "Technological discontinuities and organizational environments." *Administrative Science Quarterly* 31 (3): 439–65.

Tushman, M. L., and C. A. O'Reilly, III. 2004. "The Ambidextrous Organization." *Harvard Business Review* 82 (4) (April): 74–81.

Verzat, C., J. Byrne, and A. Fayolle. 2009. "Tangling with Spaghetti: Pedagogical Lessons from Games." *Academy of Management Learning and Education* 8 (3): 356–69.

Vesper, K. H., and W. B. Gartner. 1997. "Measuring progress in entrepreneurship education." *Journal of Business Venturing* 12 (5): 403–21.

Vesper, K. H., and W. E. McMullan. 1988. "Entrepreneurship: Today Courses, Tomorrow Degrees?" *Entrepreneurship: Theory and Practice* 13 (1): 7–13.

Wadhwa, V., R. Freeman, and B. Rissing. 2008. *Education and Tech Entrepreneurship*. Kansas City, MO: Ewing Marion Kauffman Foundation.

Wee, K., and N. Lynda. 2004. "A problem-based learning approach in entrepreneurship education: Promoting authentic entrepreneurial learning." *International Journal of Technology Management* 28 (7/8): 685–701.

Weick, K. E. 1976. "Educational Organizations as Loosely Coupled Systems." *Administrative Science Quarterly* 21 (1): 1–19.

Wennekers, S., and R. Thurik. 1999. "Linking entrepreneurship and economic growth." *Small Business Economics* 13 (1): 27–56.

Westhead, P. 1997. "R & D 'Inputs' and 'Outputs' of Technology-Based Firms Located On and Off Science Parks." *R&D Management* 27: 45–62.

Westhead, P., and D. J. Storey. 1994. *An Assessment of Firms Located On and Off Science Parks in the United Kingdom*. London: HMSO.

Westhead, P., D. J. Storey, and M. Cowling. 1995. An Exploratory Analysis of the Factors Associated with the Survival of Independent High-Technology Firms in Great Britain. In *Small Firms: Partnerships for Growth*, edited by F. Chittenden, M. Robertson, and I. Marshall, 63–99. London: Paul Chapman.

World Economic Forum. 2009. *Educating the Next Wave of Entrepreneurs: Unlocking Entrepreneurial Capabilities to Meet the Global Challenges of the 21st Century*. A report of the Global Education Initiative, April. Geneva: World Economic Forum.

Wright, M., S. Birley, and S. Mosey. 2004. "Entrepreneurship and university technology transfer." *Journal of Technology Transfer* 29 (3–4): 235–46.

Wright, M., A. Vohora, and A. Lockett. 2004. "The formation of high-tech university spinouts: The role of joint ventures and venture capital investors." *Journal of Technology Transfer* 29 (3–4): 287–310.

Wright, M., et al. 2006. "University spin-out companies and venture capital." *Research Policy* 35(4): 481–501.

Wright, M., et al. 2007. "The role of human capital in technological entrepreneurship." *Entrepreneurship Theory and Practice* 31 (6): 791–805.

第六章

研究-科学-技术园区：技术转移的媒介

艾伯特·N. 林克和约翰·T. 斯科特

导言

研究-科学-技术园区日益被视为创造充满活力的集群的一种手段，这些集群通过知识和技术的转移来加速经济增长和国际竞争力的提升。因此，理解与研究-科学-技术园区相关的学术文献十分重要，因为这些文献虽然还处于萌芽阶段，但已经影响并将继续构建与园区形成和发展相关的公共政策。

因此，本章的目的是概述与知识和技术进出园区有关的现有学术文献，并讨论这些文献对公共政策问题的重要性。

定义

"研究园区"一词在美国更流行，"科学园区"一词在欧洲更流行，而"技术园区"一词在亚洲更流行。园区的许多定义大多是由专业组织（例如 AURRP, 1998; IASP, 2005; UKSPA, 2006; and UNESCO, 2006）以及园区本身提出的（作为界定园区活动的一种方式）。这些定义的共同点是，园区是一种公私伙伴关系，促进知识流动（通常是园区企业和大学之间以及园区企业之间的知识流动）并为区域经济的增长和发展做出贡献。

基于对大学研究园区其他定义的概述以及美国大多数园区都附属于大学的事实，艾伯特·N.林克和约翰·T.斯科特（2006）提出了以下定义：

第六章 研究-科学-技术园区：技术转移的媒介

大学研究园区是一个以技术为基础的组织组成的集群，位于大学校园内部或附近，以便从大学的知识库和正在进行的研究中受益。鉴于大学与研究园区租户的联系，大学不仅转移知识，而且希望更有效地开发知识。

与园区有关的公私伙伴关系是一种基础设施，它以正式或非正式的方式利用园区企业内部以及大学（如果存在）内部发生的创新的效能（Link and Link, 2009）。"公"指的是涉及使用政府资源的创新过程的任何方面，无论这些资源来自联邦或国家、州还是地方。"私"指的是涉及使用私营部门资源（主要是企业特有的资源）的创新过程的任何方面。资源的定义很广，包括所有影响创新发生的一般环境的资源，例如财务资源、基础设施资源、研究资源，等等。"伙伴关系"指的是任何与创新有关的关系，包括但不限于正式和非正式的研发合作。

就美国的园区而言，政府的参与往往是间接的，经济目标是利用公共部门研发（包括大学研发）和私有部门研发。例如，在亚洲一些国家中，政府的参与是直接而不是间接的。

研究-科学-技术园区形成理论

令人惊讶的是，经济学、地理学、创业、管理学和公共政策方面的现有文献并未提供关于园区形成的成熟理论。案例研究记录了一些研究园区的制度史，无论这些园区是否附属于大学。曼努埃尔·卡斯特利斯（Manuel Castells）和彼得·霍尔（Peter Hall，1994）以及贾鲁尼·翁利皮亚拉特（Jarunee Wonglimpiyarat，2010）描述了硅谷（加利福尼亚州）和/或128号公路①（马萨诸塞州波士顿市附近）的情况；迈克尔·I. 卢格尔（Michael I. Luger）和哈维·A. 戈尔茨坦（Harvey A. Goldstein）（1991）、艾伯特·N. 林克（1995；2002）以及艾伯特·N. 林克和约翰·T. 斯科特（2003a）详细介绍了研究三角园（Research Triangle Park）（美国北卡罗来纳州）的历史；M.J. 吉布（M. J. Gibb，1985）、莱斯利·格雷森（Leslie Grayson，1993）、伊恩·盖伊（Ian Guy，1996a；1996b）和孔塞桑·维多维洛（Conceição Vedovello，1997）总结了英国科学园区情况的各个方面；M.J. 吉布（1985）还记录了德国、意大利、荷兰和亚洲一些国家的科学/技术园区情况；伊西德雷·马奇·乔达（Isidre March Chordà，1996）就法国的科学园区作了报告；约翰·菲利莫尔（John Phillimore，1999）就澳大利亚的科学园区作了报告；罗尔夫·斯滕伯格（Rolf Sternberg，2004）就德国的技术中心作

---

① 美国128号公路毗邻美国马萨诸塞州波士顿市，是一条长约90千米的环形公路。20世纪50至70年代，这里曾是美国最重要的高新技术产业园区，128号公路沿线两侧聚集了数以千计从事高科技研究、发展和生产的机构，成为128号公路高科技区，是世界知名的电子工业中心，被誉为"美国科技高速公路"，其独有的128模式深刻影响了硅谷、得州仪器公司（Texas Instruments）等，并为后人所效仿。128号公路地区的发展与波士顿的高等院校有着密不可分的关系。大学教授、研究人员乃至在校学生创办高科技企业、技术入股、公司兼职蔚然成风。麻省理工学院对128号公路地区的科技发展影响最大，128号公路两旁高技术产业区内的公司有70%是麻省理工学院的毕业生创办的。——译者注

第六章 研究-科学-技术园区：技术转移的媒介

了报告；扬尼斯·L.巴库罗斯（Yiannis L. Bakouros）、季米特里·C.马达斯（Dimitri C. Mardas）和尼科斯·C.瓦尔萨凯利斯（Nikos C. Varsakelis，2002）以及伊万杰丽娅·索福里（Evangelia Sofouli）和尼古拉斯·S.沃诺塔斯（2007）就希腊科学园区的发展作了报告；胡光宙（Albert Guangzhoun Hu，2007）就中国的技术园区作了报告；吉赛·温德雅南桑（Geetha Vaidyanathan，2008）就印度的技术园区作了报告；埃莉萨·萨尔瓦多（Elisa Salvador，2011）就意大利的科学园区作了报告；艾哈迈德·阿尔舒迈里（Ahmed Alshumaimri）、泰勒·阿尔德里奇（Taylor Aldridge）和戴维·布鲁斯·奥德兹（2010）就沙特阿拉伯的技术园区作了报告。

学者们尚未正式将园区的出现与集群理论（cluster theory）联系起来，但集群理论已被应用于大学附近基于生物技术和其他科学的企业集群的形成，因此应用该理论是合理的。正如哈维·A.戈尔茨坦和迈克尔·I.卢格尔（1992）以及保罗·韦斯特海德和斯蒂芬·巴特斯通（Stephen Batstone，1998）所评论的那样，在某种程度上，区位理论是集群理论普及的前奏，利用集群理论和区位理论，我们可以说，供给和需求力量共同作用，从未导致大学附近的研究型企业集群化（Rui Baptista，1998）。

在需求方面，园区内有先进技术的高端用户，通过在园区落户，这些用户的搜索成本被降至最低。当然，也存在和身处园区相关的不利因素，主要是为了获得发达技术而进行的竞争以及与发达技术展开的竞争双双加剧。当一个园区吸引了许多之后能够获得相同技术的企业，这些企业可能会在使用这些技术方面面临更大的竞争。在供应方面，园区内的一所或多所大学以研究生和咨询教师的形式提供熟练的专业劳动力，但对这一人力资本池的竞争同样越发激烈。此外，对一家企业而言，身处园区，特别是大学园区，为获取新知识，特别是隐性知识，提供了更大的机会。对大学而言，拥有与自身并置的企业为许可以大学为基础的发明甚至创新提供了本地化机会。集聚经济学（agglomeration economics）理论强调多个组织的存在及其产生的外部性所导致的知识溢出、效益提高和成本下降（Swann, 1998）。戴维·布鲁斯·奥德兹（1998），戴维·布鲁斯·奥德兹和玛丽安·P. 费尔德曼（1996；1999），斯特凡诺·布雷斯基（Stefano Breschi）和弗朗切斯科·里梭尼（2001），亚当·B. 贾菲（1989），亚当·B. 贾菲、曼努埃尔·特拉伊滕贝格和丽贝卡·M. 亨德森（1993），弗兰克·T. 罗特尔梅尔（Frank T. Rothaermel）和玛丽·C. 瑟斯比（2005a；2005b）为集聚效应提供了实证支持。

J. 弗农·亨德森（J. Vernon Henderson, 1986）和保罗·克鲁格曼（Paul Krugman, 1991）在概念上和经验上强调了区位本身对知识溢出的重要性。本地化会影响资源价格。由于新技术体现新知识，地理上的接近意味着新技术的价格更低，因此它们可能得到更多的使用。艾伯特·N. 林克和约翰·T. 斯科特（2006）发现，园区与附属大学的地理距离越近，园区内的就业增长越快，这一发现支持了一个假设：区位十分重要。此外，艾伯特·N. 林克和约翰·T. 斯科特（2005）还发现，随着园区和大学之间地理邻近性的增加，园区内的大学衍生公司更为普遍。企业使用更新颖的技术更容易实现规模经济效益。W. 布赖恩·阿瑟（W. Brian Arthur，1989）强调了与这种经济效益相关的网络外部性的重要性。保罗·A. 戴维（Paul A. David）（1985）还认为，一般而言，偶然性或历史事件可以将一项技术锁定在特定的发展道路上——他的观点尤其适用于大学园区。如果这项技术起源于大学，那么从大学的角度来看，创建这样一个园区；从企业的角度来看，坐落在园区内将产生积极的反馈，继续特定技术的路径依赖[①]。

与此相关的是，丹尼斯·帕特里克·莱登（Dennis Patrick Leyden）、艾伯特·N. 林克和唐纳德·S. 西格尔（2008）概述了一个基于俱乐部理论（club theory）的理论模型，以描述一家企业在何种条件下会在现有大学园区落户。作者推测，大学园区就像一个私人组织，因此，研究园区的成员身份是现有园区租户（包括大学、俱乐部和潜在的新成员企业）相互协定的结果。接纳一家新企业的决定取决于该企业对园区内已有企业的福利产生的边际效应。对园区内的代表性企业而言，园区成员身份的价值是有机会参与协同活动，而协同活动可以用来增加企业在其参与的产出市场上的利润——扣除直接成本（例如在园区落户和维护基础设施的维护成本）和间接成本（例如为获取新知识而展开的竞争）。

---

① 路径依赖是指人们一旦选择了某个体制，由于规模经济（economies of scale）、学习效应（learning effect）、协调效应（coordination effect）、适应性预期（adaptive effect）以及既得利益约束等因素的存在，该体制会沿着既定的方向不断得以自我强化。——译者注

斯蒂芬·K.莱森（Stephen K. Layson）、丹尼斯·帕特里克·莱登和约翰·诺伊费尔德（John Neufeld）（2008）拓展了园区成员资格问题。他们的理论模型探讨了研究园区的最优规模，在最优规模的研究园区中，每家企业都把从身处园区内获得的净收益最大化，而整个园区则把园区内所有租户的平均净收益最大化。他们的模型得出的结论是，尽管从主办大学向园区租户转移知识和技术可以带来好处，但园区的最优规模与是否属于大学无关（也就是说，最优租户的数量不受影响）。

在关于园区形成的文献中，对市场失灵的关注一直是理论讨论经常缺失的。也就是说，对园区的公共支持可以从经济角度来看待，即消除阻碍科技知识在大学教师和租户科学家之间以及园区租户科学家之间双向流动的障碍。斯蒂芬·马丁（Stephen Martin）和约翰·T.斯科特（2000：439）利用几位学者的研究来支持这样一种观点，即当通过具有高科学含量的技术进行创新时，创新市场失灵源于这样一个事实：技术的基础知识源自商业部门之外。由于使用了来自商业部门以外的知识，知识的创造者可能无法识别潜在应用或将知识有效地传达给潜在用户。斯蒂芬·马丁和约翰·T.斯科特将生物技术、化学、材料科学和制药确定为应用高科学含量技术的典型产业。他们认为，为了解决与这类高科学含量技术相关的创新市场失灵问题，适当的政策工具是诸如研究园区等能够促进高科学含量研究进展传播的高科技桥梁机构。

更一般地说，艾伯特·N.林克和约翰·T.斯科特（2011：8-12）列出并详细讨论了对创新和新技术造成障碍的若干因素，而在研究-科学-技术园区涌现的企业面临着诸多此类障碍。例如，这些企业的项目往往面临如下障碍：技术风险高，完成研发和将技术成果商业化所需的时间长，自身技术的利益对其他企业产生溢出效应，以及在分享自己的技术信息时出现投机行为的风险。其结果是，如果没有研究-科学-技术园区孵化器所体现的公私伙伴关系的支持，初创企业将预期自身的私人收益率降至最低资本回报率[①]（hurdle rate）以下，即使社会收益率超过社会最低资本回报率。当然，研究-科学-技术园区是否正在解决这种创新市场失灵的情况是一个需要仔细评估的问题，我们将在总结部分对此进行讨论。

研究-科学-技术园区实证研究

与园区相关的实证文献多少还处于萌芽阶段。表6.1从四个维度总结了现有文献的发现：

- 影响企业决定在园区落户的因素
- 大学园区的形成与大学的表现
- 企业在园区内的绩效
- 园区与区域经济增长发展

---

① 最低资本回报率，亦称门槛收益率，是指投资者要求的最低资本投资率，只有达到这个最低的标准，投资者才愿意投资。——译者注

表 6.1 研究-科学-技术园区实证研究

研究问题	作者	研究维度	发现
影响企业决定在园区落户的因素	保罗·韦斯特海德和斯蒂芬·巴特斯通（1998）	园区内和园区外英国企业之比较	驱动企业在园区落户的因素是企业渴望获得大学的研究设施和科学家——所有英国的园区都位于大学内部或附近
	哈维·A.戈尔兹坦和迈克尔·I.卢格尔（1992）	美国的大学园区和非大学园区之比较	落户园区的关键标准是企业与大学（或者，如果可以推广到其他国家，则是高等教育机构）之间的联系
	芬恩·汉松（Finn Hansson）、肯尼斯·赫斯特德（Kenneth Husted）和雅各布·韦斯特高（Jakob Vestergaard）（2005）	英国园区和丹麦园区案例研究	企业之所以在园区落户，是因为需要社会资本促进创业成长
	丹尼斯·帕特里克·莱登、艾伯特·N.林克和唐纳德·S.西格尔（2008）	在大学园区内拥有研究设施和没有研究设施的美国上市公司	园区根据企业对园区内现有企业的潜在溢出效应（即知识溢出效应）邀请企业加入园区

第六章 研究-科学-技术园区：技术转移的媒介

续表

研究问题	作者	研究维度	发现
大学园区的形成与大学的表现	艾伯特·N.林克和约翰·T.斯科特（2003b）	美国大学园区随时间推移的增长情况	园区形成的增长遵循冈帕特生存时间模型（Gompertz survival-time model）；正式的园区—大学关系导致大学出版和专利申请活动出现增长，校外资助获得更大成功，博士毕业生的安置得到改善，雇用杰出学者的能力得到增强
	艾伯特·N.林克和约翰·T.斯科特（2005）	美国大学衍生公司在大学研究园区内的建立情况	在那些历史更悠久、与更好的大学研究环境有联系、专注于生物技术、地理上离大学更近的园区，大学衍生公司在园区内公司中所占比例更大
园区内企业的绩效	保罗·韦斯特海德（1995），保罗·考林和马克（1995），保罗·韦斯特海德和戴维·J.斯托里（1994，1997），以及保罗·韦斯特海德、戴维·J.斯托里和马克·考林（1995）	园区内和园区外英国企业绩效的配对比较	园区内企业的生存率高于园区外企业
	唐纳德·S.西格尔、保罗·韦斯特海德和迈克·赖特（2003）	园区内和园区外英国企业绩效的配对比较	园区内企业的科研生产力高于园区外企业

251

续表

研究问题	作者	研究维度	发现
	彼得·林德勒夫和汉斯·洛夫斯滕(2003,2004)	园区内和园区外瑞典企业的配对比较	园区内企业比园区外企业更重视创新能力、销售和就业增长,市场导向和盈利能力
	理查德·弗格森和克里斯特·奥洛夫(2004)	园区内和园区外瑞典企业的配对比较	园区内企业和园区外企业之间不存在绩效差异
	福川信合(2006)	园区内和园区外日本企业的配对比较	园区内企业和园区外企业相比,园区内企业更有可能与大学建立研究联系
	玛利亚格拉西亚·斯基奇里尼(Mariagrazia Squicciarini, 2008)	园区内和园区外芬兰企业的配对比较	园区内企业的专利申请活动多于园区外企业
	杨志海(Chih-Hai Yang)、元桥一之(Kazuyuki Motohashii)和陈忠荣(Jong-Rong Chen)(2009)	中国台湾新竹科学工业园区内企业与园区附近或园区外企业的配对比较	园区内企业每一美元研发费用获得的专利数量更多

续表

研究问题	作者	研究维度	发现
园区与区域经济增长和发展	哈维·A.戈尔茨坦和迈克尔·I.卢格尔(1992),理查德·希尔默尔(Richard Shearmur)和多戴维·洛雷克斯(David Doloreux)(2000)	对美国园区主任的描述性分析	园区依靠的是新的商业初创企业
		对加拿大园区主任的描述性分析	园区依靠的是新的商业初创企业和总体就业增长
	斯蒂芬·J.阿波尔德(Stephen J.Appold, 2004)	美国产业研究实验室实证分析	新的产业实验室更有可能在拥有大学研究园区的县落户
	艾伯特·N.林克和约翰·T.斯科特(2006)	美国大学园区的就业增长	离大学更近的园区发展得更快

从表 6.1 的文献综述中可以清楚地看出，研究-科学-技术园区，特别是大学园区，在与创新活动以及经济增长和发展有关的几个维度都很重要。

为了从更广阔的视角看待这些实证发现的重要性，请参考图 6.1 中的企业创新模型。该模型的根本是科学基础，意指科学知识的积累。科学基础位于公共领域。对科学基础的投入来自基础研究，主要由政府资助，在全球范围内的大学和实验室进行。

战略规划 → 生产工艺开发 → 市场开发 → 新的增值产品

创业活动　　降低风险

技术开发　　基础技术

专有技术 [研究-科学-技术园区影响力]　　科学基础 [研究-科学-技术园区影响力]

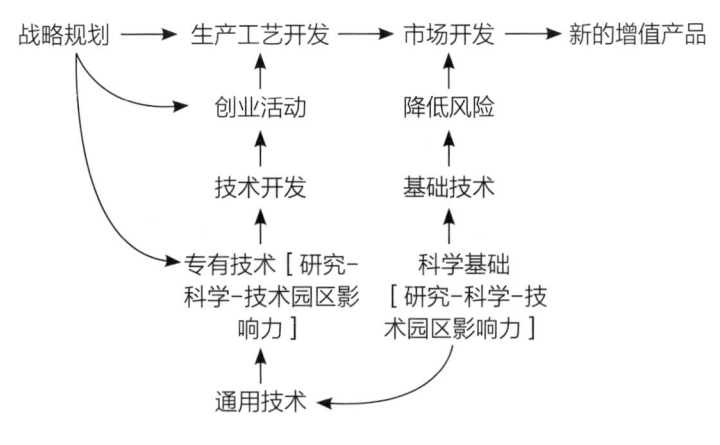

通用技术

图 6.1　一家制造业企业的创新模型

一家以技术为基础的制造业企业的模式与服务业企业类似（Gallaher, Link, and Petrusa, 2006），只不过其技术通常是购买的，而不是通过自身的研发获得的，以基础研究和应用研究形式进行的技术开发通常始于企业实验室。在那里，研发涉及应用科学知识验证一项新技术的概念。这种基础研究如果成功，将产生一项原型技术或通用技术。如果原型技术具有潜在的商业价值，就会进行后续的应用研究，接着进行开发。如果成功，就会产生专有

第六章 研究-科学-技术园区：技术转移的媒介

技术。作为企业战略规划的结果，基础研究、应用研究和开发发生在企业内部，并指导企业以市场为导向的创业活动。一般而言，战略规划涉及为发展新兴技术而制定路线图。一家制造业企业的目标是实现不连续的技术跳跃，创造能够淘汰其竞争对手的新技术，其战略计划是长期的，与当前的竞争性规划没有密切联系。

之后，创业活动推动企业创造新产品或新工艺。在创业活动中，由于这种创业的滞后影响，整体创新过程表现出滞后性。因此，对专有技术的投资和市场开发之间的关系可能并不像企业的战略规划者所希望的那样可以预测。

基础技术（如基础设施技术）源自科学基础和国家实验室等各种技术基础设施。这些技术，例如测试方法或测量标准，降低了与引入新产品或新工艺相关的市场风险。一款新产品经过设计和测试后，技术风险大大降低，但在该产品被接受，再经调整并集成到现有系统中（例如在一家服务业企业中）之后，其市场风险可能会很大。实际上，该系统的非线性在于，创新和技术发展都会受到多重影响，因此强调需要采取基础广泛、目标多样的公共部门创新和技术政策行动。

在这种模式下，研究-科学-技术园区的影响是对科学基础和专有技术的影响。园区特别是大学园区丰富了科学基础，因为它们通过知识的双向转移利用了大学的研发优势。园区还利用企业了的研发优势，同样是通过技术转移，特别是相较于园区外的企业。

技术转移进入研究-科学-技术园区的例子

下面是三个基于大学的技术被转移进大学研究-科学-技术园区的例子。这些例子当然不是衍生技术转移仅有的例子，但它们清楚地表明，园区是支持技术转移的重要基础设施。

艾威德放射性药物公司[①]（Avid AudioPharmaceuticals）于2005年从宾夕法尼亚大学分离出来，迁入大学城科学中心（University City Science Center）企业孵化器。大学城科学中心成立于1963年，是美国最大的城市研究园区。2009年，艾威德放射性药物公司从孵化器迁入园区。该公司开发可以检测早期疾病的分子显像剂，可检测的疾病包括阿尔茨海默病、帕金森病、路易体痴呆和糖尿病。

Liquidia技术公司（Liquidia Technologies）[②]作为美国北卡罗来纳大学教堂山分校的衍生企业于2004年成立并入驻研究三角园。Liquidia技术公司建立了一个基于纳米技术的产品开发平台，

---

① 艾威德放射性药物公司成立于2005年，2010年成为礼来公司的全资子公司，总部位于美国宾夕法尼亚州费城的大学城科学中心研究园区。该公司研发出一种名为氟贝他吡注射液（Florbetapir）的放射性示踪剂。氟贝他吡注射液可用于使用正电子发射断层扫描检测有记忆问题的病人的β淀粉样斑块，它使该公司成为第一家将美国食品药品监督管理局批准的可以直接检测阿尔茨海默病的这种标志性病理的方法推向市场的公司。——译者注

② Liquidia技术公司是一家美国临床生物制药公司，该公司正在使用特有的PRINT技术开发用于预防和治人类疾病的高度精确的颗粒疫苗和治疗药物。PRINT是一种粒子工程平台，能够精确生产均匀的药物颗粒，旨在提高各种治疗药物的安全性和有效性。——译者注

第六章 研究-科学-技术园区：技术转移的媒介

这个强大的多功能平台彻底改变了工程医疗产品。通过利用半导体产业的制造技术，Liquidia 技术公司可以快速设计和制造几乎任何尺寸、形状或成分的经过精确设计的药物颗粒。

Adimab 公司[①]由美国达特茅斯学院的一位教授创立，在此之前，这位教授曾将一家生物技术公司从达特茅斯学院剥离出来，使其进驻附属于达特茅斯学院的研究-科学-技术园区——Centerra 资源园区（Centerra Resource Park）。Adimab 公司起步于 Centerra 资源园区的孵化器——达特茅斯区域技术中心（Dartmouth Regional Technology Center）。Adimab 公司之后离开孵化器，搬进自己位于园区内的设施。Adimab 公司的集成抗体发现和优化平台提供了从抗原到纯化的全长人免疫球蛋白 G（Immunoglobulin GIgG）的空前速度。Adimab 通过提供各种与治疗相关的抗体面板建立了行业领先优势，这些抗体在亲和力、表位覆盖率、物种交叉反应性和表达能力方面符合最严苛的标准。Adimab 使其合作伙伴能够通过广泛的技术获取安排迅速拓宽它们的生物制剂管道。

总结

国家创新体系的要素包括有竞争力的企业和竞争环境、有效

[①] Adimab 公司位于美国新罕布什尔州黎巴嫩（Lebanon）市。黎巴嫩市是达特茅斯学院、塞耶工程学院（Thayer School of Engineering）、塔克商学院（Tuck School of Business）和达特茅斯希区柯克医学中心（Dartmouth Hitchcock Medical Center）所在地。Adimab 公司是双抗药物开发的领导者，规模虽小，但深受制药巨头公司青睐。——译者注

的教育体系、强大的大学研究、产权法律体系以及包含风险资本的资本市场（Nelson, 1993; Cohen, 2002）。研究-科学-技术园区在国家创新体系中具有独特的地位。斯蒂芬·马丁和约翰·T.斯科特（2000）在讨论如何设计针对私人创新的公共支持时表示：

> 当创新依赖具有高科学含量的技术基础时，就需要桥梁机构……在这种情况下，桥梁机构的作用是促进基础研究领域的进展从学术研究运作向私营部门扩散……与大学研究人员之间密切的正式和非正式联系（包括一些公司研究运作的物理位置靠近大学）已被看成使这些联系成为可能的重要因素……这里的桥梁机构可以是大学-产业研究园区……当创新需要应用知识前沿的知识和技术时，就需要高科技桥梁机构（大学-产业商业园区等）。

尽管有关园区的文献仍处于萌芽阶段，但有证据表明，园区可以促进企业之间以及企业与大学之间的双向知识转移。因此，正如图6.1所示，园区增强了创新能力，进而增强了竞争能力。

许多国家的经济部门都在不同程度上以非正式的方式鼓励产业/大学联系的形成。与日本、荷兰和英国一样，法国积极促进科学园区的创建（Westhead, 1997; Hilpert and Ruffieux, 1991; Goldstein and Luger, 1990），而德国长期以来一直在推动学术创新中心以孵化和发展中小型企业（Sternberg, 1990）。

在美国，州立大学的公共投入被用于资助研究-科学-技术园区的形成和发展。2004年，参议员杰夫·宾加曼（Jeff Bingaman）

第六章 研究-科学-技术园区：技术转移的媒介

提出了 S.2737《2004 年科技园区管理法案》（*The Science Park Administration Act of 2004*）；2007 年，美国国会审议但并未通过一项为各州和地方政府提供拨款和贷款，用于发展和建设大学园区的法案。这两项法案中隐含的假设是，研究-科学-技术园区是美国国家创新体系的一个重要组成部分，因此应该加以培育，因为这将产生基于知识和就业的溢出效应。

美国的这一行动可能是公共部门直接支持研究-科学-技术园区的最明显例子，这也可能是自 1980 年《拜杜法案》通过以来美国间接支持大学-产业技术转移的最明显例子。与公共部门的支持携手并进的是公共问责的必要性，即制定和实施评估方法和工具，不仅要支持研究-科学-技术园区实际上是国家创新体系的重要组成部分这一假设，而且要量化公共部门的支持带来的净溢出收益。

表 6.1 中讨论的配对研究是一种初步的评价形式。也就是说，知道这一点很有用：有证据表明，在其他条件保持不变的情况下，园区内的企业比研究园区外的企业更具生产力。然而，当大量公共部门资源被用于园区的建设时，就需要一种更加深入的评估方法，即应用艾伯特·N. 林克和约翰·T. 斯科特（2001；2011）所称的溢出评价方法。溢出评价方法适用于公共资助、私人实施的研究项目，研究项目是根据园区内发生的研究活动进行定义的，而不是简单地根据园区建设进行定义。

一些重要的项目可以通过公共资金资助私人开展的研究来改善经济绩效。当没有公共资助就无法进行具有社会价值的项目时，就需要公共资助。如果大学或当地企业从创造研究-科学-

技术园区环境中获得的预期回报率低于他们要求的回报率,即最低资本回报率,那么大学或当地企业将不会投资研究园区环境。然而,如果研究产生的好处溢出到消费者和投资研究的企业以外的企业,社会回报率可能会超过适当的最低资本回报率,即使私人回报率低于私人最低资本回报率。这样一来,投资研究园区环境将具有社会价值,但由于大学或地方企业不会在没有公共支持的情况下进行投资,公共部门应该支持这些投资。通过提供公共资金,从而减少开展研究的大学和当地企业需要提供的投资,预期的私人回报率就可以上升至高于最低资本回报率的水平。在这种情况下,公共部门的支持也可能表明或确认一个项目可能拥有市场,从而降低投资者的感知风险,并增加他们愿意投入的初始投资。由于有了公共补贴,大学(如果有大学存在)和当地企业都愿意进行社会需要的研究,因为此类研究的大部分产出会溢出到园区内的其他企业以及地方和国家经济部门中。

溢出评价方法中提出的问题有助于我们从经济角度理解公共部门支持部分私营部门研究的潜在回报,即在大学的研究和地方企业的研究和创新所产生的总利润中,大学和地方企业期望获得的利润比例是多少?因此,不是被占用而是被其他利用园区研究产生的知识为社会利益生产竞争产品的企业获得的利润比例是多少?

我们的结论是,研究-科学-技术园区不应被先验地视为一个国家创新体系的主要要素——美国国会的许多成员以及其他国家的政策制定者显然持有上述观点,而是需要对这一观点展开更多的研究。大学与产业之间成功的双向知识流动是国家创新体系的关键要素，我们确实有证据表明研究-科学-技术园区在这种知识流动中发挥了作用。然而，园区并不是知识流动的必要条件。也许，与艾伯特·N.林克和约翰·T.斯科特（2003b）报告的大学教务长调查结果一致，研究-科学-技术园区属于有效教育体系中的更广泛类别。然而，研究-科学-技术园区在未来可能会获得更高的地位，特别是随着技术生命周期继续缩短和大学基础研究以及国家实验室基础研究的范围不断拓展（Wessner, 1999; 2001），与产业应用研究／开发日益相互交织。

参考文献

Alshumaimri, A., T. Aldridge, and D. B. Audretsch. 2010. "The University Technology Transfer Revolution in Saudi Arabia." *Journal of Technology Transfer* 35 (6): 585–96.

Appold, S. J. 2004. "Research Parks and the Location of Industrial Research Laboratories: An Analysis of the Effectiveness of a Policy Intervention." *Research Policy* 33 (2): 225–43.

Arrow, K. J. 2000. "Increasing Returns: Historiographic Issues and Path Dependence." *European Journal of the History of Economic Thought* 7 (2): 171–80. Arthur, W. 1989. "Competing Technologies, Increasing Returns, and Lock-in by Historical Small Events." *Economic Journal* 99 (2): 116–31.

AssociationofUniversityRelatedResearchParks(AURRP).1998."Worldwide Research and Science Park Directory 1998." BPI Communicationsreport.

Audretsch, D. B. 1998. "Agglomeration and the Location of Innovative Activity."*Oxford Review of Economic Policy* 14(2):18–29.

Audretsch, D. B., and M. P. Feldman. 1996. "R&D Spillovers and the Geography of Innovation and Production." *American Economic Review* 86 (3): 630–40.

Audretsch, D. B., and M. P. Feldman. 1999. "Innovation in Cities: Science-Based Diversity, Specialization, and Localized Competition." *European Economic Review* 43 (2): 409–29.

Bakouros, Y. L., D. C. Mardas, and N. C. Varsakelis. 2002. "Science Parks, a High Tech Fantasy? An Analysis of the Science Parks of Greece." *Technovation* 22 (2): 123–28.

Baptista, R. 1998. "Clusters, Innovation, and Growth: A Survey of the Literature." In *The Dynamics of Industrial Clustering*, edited by G. M. P. Swann, M. Prevezer, and D. Stout. Oxford: Oxford University Press.

Breschi, S., and F. Lissoin. 2001. "Knowledge Spillovers and Local Innovation Systems: A Critical Survey." *Industrial and Corporate Change* 10 (4): 975–1005.

Castells, M., and P. Hall. 1994. *Technopoles of the World*. London: Oxford University Press.

Chordà, I. M. 1996. "Towards the Maturity State: An Insight into the Performance of French Technopoles." *Technovation* 16 (3): 143–52.

Cohen, W. 2002. "Thoughts and Questions on Science Parks." Presented at the National Science Foundation Science Parks Indicators Workshop, University of North Carolina at Greensboro.

David, P. A. 1985. "Clio and the Economics of QWERTY." *American Economic Review* 75 (2): 332–37.

Ferguson, R., and C. Olofsson. 2004. "Science Parks and the Development of NTBFs: Location, Survival and Growth." *Journal of Technology Transfer* 29 (1): 5–17.

Fukugawa, N. 2006. "Science Parks in Japan and Their Value-Added Contributions to New Technology-Based Firms." *International Journal of Industrial Organization* 24 (2): 381–400.

Gallaher, M. P., A. N. Link, and J. E. Petrusa. 2006. *Innovation in the U.S. Service Sector*. London: Routledge.

Gibb, M. J. 1985. *Science Parks and Innovation Centres: Their Economic and Social Impact*. Amsterdam: Elsevier.

Goldstein, H. A., and M. I. Luger. 1990. "Science/Technology Parks and Regional Development Theory." *Economic Development Quarterly* 4 (1): 64–78.

Goldstein, H. A., and M. I. Luger. 1992. "University-Based Research Parks as a Rural Development Strategy." *Policy Studies Journal* 20 (2): 249–63.

Grayson, L. 1993. *Science Parks: An Experiment in High Technology Transfer*. London: British Library Board.

Guy, I. 1996a. "A Look at Aston Science Park." *Technovation* 16 (5): 217–18. Guy, I. 1996b. "New Ventures on an Ancient Campus." *Technovation* 16(6): 269–70.

Hackett, S. M., and D. M. Dilts. 2004. "A Systematic Review of Business Incubation Research." *Journal of Technology Transfer* 29 (1): 55–82.

Hall, B. H., A. N. Link, and J. T. Scott. 2001. "Barriers Inhibiting Industry from Partnering with Universities: Evidence from the Advanced Technology Program." *Journal of Technology Transfer* 26 (1–2): 87–98.

Hall, B. H., A. N. Link, and J. T. Scott. 2003. "Universities as Research Partners."*Review of Economics and Statistics* 85(2):485–91.

Hansson, F., K. Husted, and J. Vestergaard. 2005. "Second Generation Science Parks: From Structural Holes Jockeys to Social Capital Catalysts of the Knowledge Society."*Technovation* 25(9):1039–49.

Henderson, J. V. 1986. "The Efficiency of Resource Usage and City Size." *Journal of Urban Economics* 19 (1): 47–70.

Hilpert, U., and B. Ruffieux. 1991. "Innovation, Politics and Regional Development: Technology Parks and Regional Participation in High-Technology in France and West Germany." In *Regional Innovation and Decentralization: High Technology Industry and Government Policy*, edited by U. Hilpert. London: Routledge.

Hu, A. G. 2007. "Technology Parks and Regional Economic Growth in China." *Research Policy* 36 (1): 76–87.

International Association of Science Parks (IASP). 2005. http://www.iasp.

ws/publico/index.jsp?enl=2.

Jaffe, A. B. 1989. "Real Effects of Academic Research." *American Economic Review* 79 (5): 957–70.

Jaffe, A. B, M. Trajtenberg, and R. Henderson. 1993. "Geographic Localization of Knowledge Spillovers as Evidenced by Patent Citations." *Quarterly Journal of Economics* 108(3):577–98.

Krugman, P. 1991. *Geography and Trade*. Cambridge, MA: MIT Press.

Layson, S. K., D. P. Leyden, and J. Neufeld. 2008. "To Admit or Not to Admit: The Question of Research Park Size." *Economics of Innovation and New Technology* 17 (7–8):689–97.

Leyden, D. P., A. N. Link, and D. S. Siegel. 2008. "A Theoretical and Empirical Analysis of the Decisionto Locate on a University Research Park."*IEEE Transactions on Engineering Management* 55(1):23–28.

Lindelöf, P., and H. Löfsten. 2003. "Science Park Location and New Technology-Based Firms in Sweden: Implications for Strategy and Performance." *Small Business Economics* 20 (3): 245–58.

Lindelöf, P., and H. Löfsten. 2004. "Proximity as a Resource Base for Competitive Advantage:University-Industry Links for Technology Transfer." *Journal of Technology Transfer* 29(3–4):311–26.

Link, A. N. 1981a. "Basic Research and Productivity Increase in Manufacturing: Some Additional Evidence." *American Economic Review* 71 (5): 1111–12.

Link, A. N. 1981b. *Research and Development Activity in U.S. Manufacturing*. New York: Praeger.

Link, A.N.1995. *A Gene-rosity of Spirit: The Early History of the Research Triangle Park*. Research Triangle Park, NC: University of North Carolina Press for the Research Triangle Park Foundation.

Link, A.N.2002. *From Seed to Harvest: The History of the Growth of the Research Triangle Park*. Research Triangle Park, NC: University of North Carolina Press for the Research Triangle Park Foundation.

Link, A.N., and J.R.Link. 2009. *Governmentas Entrepreneur*. New York: Oxford University Press.

Link, A. N., and K. R. Link. 2003. "On the Growth of U.S. Science Parks." *Journal of Technology Transfer* 28 (1): 81–85.

Link, A. N., and J. T. Scott. 1998. *Public Accountability: Evaluating Technology-Based Institutions*. Norwell, MA: Kluwer.

Link, A. N., and J. T. Scott. 2001. "Public/Private Partnerships: Stimulating Competition in a Dynamic Market." *International Journal of Industrial Organization* 19 (5): 763–94.

Link, A. N., and J. T. Scott. 2003a. "The Growth of Research Triangle Park." *Small Business Economics* 20 (2): 167–75.

Link, A. N., and J. T. Scott. 2003b. "U.S. Science Parks: The Diffusion of an Innovation and Its Effects on the Academic Mission of Universities." *International Journal of Industrial Organization* 21 (9): 1323–56.

Link, A. N., and J. T. Scott. 2005. "Opening the Ivory Tower's Door: An Analysis of the Determinants of the Formation of U. S. University Spin-Off Companies." *Research Policy* 34(7):1106–12.

Link, A. N., and J. T. Scott. 2006. "U. S. University Research Parks." *Journal of Productivity Analysis* 25 (1): 43–55.

Link, A. N., and J. T. Scott. 2007. "The Economics of University Research Parks." *Oxford Review of Economic Policy* 23(4): 661–74.

Link, A. N., and J. T. Scott. 2011. *Public Goods, Public Gains: Calculating the Social Benefits of Public R&D*. New York: Oxford University Press.

Link, A. N., and D. S. Siegel. 2003. *Technological Change and Economic Performance*. London: Routledge.

Luger, M. I., and H. A. Goldstein. 1991. *Technology in the Garden*. Chapel Hill: University of North Carolina Press.

Martin, S., and J. T. Scott. 2000. "The Nature of Innovation Market Failure and the Design of Public Support for Private Innovation." *Research Policy* 29 (4–5): 437–47.

Nelson, R. R. 1993. *National Innovation Systems: A Comparative Analysis*.

New York: Oxford University Press.

Nelson, R. R., and S. G. Winter. 1982. *An Evolutionary Theory of Economic Change*. Cambridge, MA: Harvard University Press.

Phillimore, J. 1999. "Beyond the Linear View of Innovation in Science Park Evaluation: An Analysis of Western Australian Technology Park." *Technovation* 19 (11): 673–80.

Rothaermel, F. T., and M. C. Thursby. 2005a. "Incubator Firm Failure or Graduation? The Role of University Linkages." *Research Policy* 34 (7): 1076–90.

Rothaermel, F. T., and M. C. Thursby. 2005b. "University-Incubator Firm Knowledge Flows: Assessing Their Impact on Incubator Firm Performance." *Research Policy* 34 (3): 302–20.

Salvador, E. 2011. "Are Science Parks and Incubators Good 'Brand Names' for Spin-Offs? The Case of Turin." *Journal of Technology Transfer* 36 (2): 203–32.

Shearmur, R., and D. Doloreux. 2000. "Science Parks: Actors or Reactors? Canadian Science Parks in their Urban Context." *Environment and Planning* 32 (6): 1065–82.

Siegel, D. S., P. Westhead, and M. Wright. 2003. "Assessing the Impact of Science Parks on Research Productivity: Exploratory Firm-Level Evidence from the United Kingdom." *International Journal of Industrial Organization* 21(9):1357–69.

Sofouli, E., and N. S. Vonortas. 2007. "S&T Parks and Business Incubators in Middle-Sized Countries: The Case of Greece." *Journal of Technology Transfer* 32 (5): 525–44.

Squicciarini, M. 2008. "Science Parks' Tenants Versus Out-Of-Park Firms: Who Innovates More? A Duration Model." *Journal of Technology Transfer* 33(1): 45–71.

Sternberg, R. 1990. "The Impact of Innovation Centers on Small Technology- Based Firms: The Example of the Federal Republic of Germany." *Small Business Economics* 2 (2): 105–18.

Sternberg, R. 2004. "Technology Centers in Germany: Economic Justification, Effectiveness and Impact on High-Tech Regions." *International*

Journal of Technology Management 28 (7): 444–69.

Swann, G. M. P. 1998. "Towards a Model of Clustering in High-Technology Industries." In *The Dynamics of Industrial Clustering*, edited by G. M. P. Swann, M. Prevezer, and D. Stout. Oxford: Oxford University Press.

Tassey, G. 2007. *The Technology Imperative*. Northampton, MA: Edward Elgar.

United Nations Educational, Scientific and Cultural Organization (UNESCO). 2006. http://www.unesco.org/science/psd/thm_innov/unispar/sc_parks/conceptshtml/.

United Kingdom Science Park Association's (UKSPA). 2006. http://www.ukspa.org.uk/about_ukspa/faqs_about_ukspa/.

Vaidyanathan, G. 2008. "Technology Parks in a Developing Country: The Case of India."*JournalofTechnologyTransfer*33(3):285–99.

Vedovello, C. 1997. "Science Parks and University-Industry Interaction: Geographical Proximity between the Agents as a Driving Force." *Technovation* 17 (9): 491–502.

Wessner, C. 1999. *A Review of the Sandia Science and Technology Park Initiative*. Washington, D. C.: National Academy Press.

Wessner, C. 2001. *A Review of the New Initiatives at the NASA Ames Research Center: Summary of a Workshop*. Washington, D. C.: National Academy Press.

Wessner, C. 2009. *Understanding Research, Science, and Technology Parks: Global Best Practices*. Washington, D. C.: National Academy Press.

Westhead, P. 1995. "New Owner-Managed Businesses in Rural and Urban Areas in Great Britian: A Matched Pairs Comparison."*Regional Studies* 29(4): 367–80.

Westhead, P. 1997. "R&D 'Inputs' and 'Outputs' of Technology-Based firms Located On and Off Science Parks." *R&D Management* 27 (1): 45–61.

Westhead, P., and Batstone, S. 1998. "Independent Technology-Based Firms: The Perceived Benefits of a Science Park Location." *Urban Studies* 35 (12):2197–219.

Westhead, P., and M. Cowling. 1995. "Employment Change in Independent Owner-Managed High-Technology Firms in Great Britain." *Small Business Economics* 7 (2): 111–40.

Westhead, P., and D. Storey. 1994. *An Assessment of Firms Located On and Off Science Parks in the United Kingdom.* London: Her Majesty's Stationery Office (HMSO).

Westhead, P., and D. Storey. 1997. "Financial Constraints on the Growth of High-Technology Small Firms in the U. K." *Applied Financial Economics* 7 (2): 197–201.

Westhead, P., D. J. Storey, and M. Cowling. 1995. "An Exploratory Analysis of the Factors Associated with the Survival of Independent High-Technology Firms in Great Britain."In *Small Firms:Partnerships for Growth*, edited by F. Chittenden, M. Robertson, and I. Marshall. London: Paul Chapman.

Wonglimpiyarat, J. 2010. "Commercialization Strategies of Technology: Lessons from Silicon Valley." *Journal of Technology Transfer* 35 (2): 225–36.

第七章

欧洲的大学专利申请：知识产权的教师所有权是否阻碍了大学技术转移？

戴维·布鲁斯·奥德兹和德夫里姆·戈克特佩–胡尔滕

导言

在过去 30 年里，人们对美国大学新技术商业化的学术兴趣和政策兴趣显著增长（Siegel et al., 2003a）。导致大学技术转移出现这一增长的一个重要原因是 1980 年《拜杜法案》的通过，该法案降低了与联邦资助的研究的商业化相关的不确定性。这项立法鼓励大学更加积极主动地致力于科学发现的商业化（Mowery et al., 2004），将所有权从政府转让给大学和其他承包商，大学和承办商随后可以将知识产权授权给企业。

尽管《拜杜法案》对专利申请增长的影响远非确切的和结论性的，但大学和其他公共研究组织正越来越多地保护自己的发明——从基因发现到软件程序，以期为研究和新企业的成立创造额外资金。例如，1981 年以前，每年向大学颁发的专利不到 250 项。相比之下，十余年后，每年颁发给大学的专利接近 1600 项（Henderson, Jaffe, and Trajtenberg, 1998; Shane, 2004）。1993 年至 2000 年，美国大学被授予了大约 2 万项专利。根据北美大学技术经理人协会的数据，在此期间，其中一些大学专利创造了数百万美元的许可收入，并催生了 3000 多家新企业（OECD, 2003）。《2002 年北美大学技术经理人协会许可调查》（*AUTM Licensing Survey 2002*）报告称，当年上市的新商业产品达 569 种，成立的新公司达 450 家（自《拜杜法案》于 1980 年出台以来，共有 4320 家公司成立，其中 2741 家公司在 2002 年仍在运

第七章　欧洲的大学专利申请：知识产权的教师所有权是否阻碍了大学技术转移？

营），产品销售的特许权使用费为10.005亿美元，2002年执行的新许可证和许可证选项比2001年增加了15.2%。因此，许多观察家得出结论称，大学专利的数量与《拜杜法案》之间可能存在正相关关系。然而，也有人持怀疑态度，认为《拜杜法案》的出台并不是美国大学专利申请量上升的唯一影响因素，在1980年之后的专利申请和许可热潮中，许多其他因素也起到了作用（Mowery et al., 2004）。

就欧洲而言，有人认为，与高水平的科学表现和研究投入相比，欧洲大学的商业活动水平相对较低，这被称为"欧洲学术悖论"。在很大程度上，这种认识反映了政府认识到，在某些情况下，将公共资助的研究的成果置于公共领域不足以从研究中产生社会和经济效益（OECD, 2003）。这种看法在一定程度上因为一种印象得到了加剧，即美国大学在将自身研究成果商业化方面表现更好，原因是《拜杜法案》与欧洲大学知识产权的个人所有权形成的反差。随后，自2000年年初开始，许多欧洲国家（例如奥地利、丹麦、德国和挪威）废除了授予大学教师专利权的所谓教授特权。知识产权的所有权现在已经转移到了大学，作为交换，学术型发明人则获得了一部分特许权使用费收入。瑞典也一直在争论是否要走类似的道路，但迄今为止尚未做出决定，瑞典也是唯一一个仍然保留教授特权的北欧国家。

实际上，这样的改革不仅限于欧洲国家。例如，日本进行了立法改革，允许大学保护和主张知识产权。中国对1993年通过的《中华人民共和国科学技术进步法》进行了修订，修订后的《中华人民共和国科学技术进步法》自2008年7月1日起施行①，这将给研究人员带来更大的激励并推动创新。印度出台了《2008年公共资助知识产权保护和利用法案》(The Protection and Utilization of Publicly Funded Intellectual Property Bill, 2008)(Sampat, 2009)。2010年3月23日，菲律宾颁布了一项法案，为政府资助的研发所产生的知识产权的所有权、管理、使用和商业化以及其他目的提供框架和支持体系。但是，这些改革的实施也面临一些挑战。

一些学者对这些改革进行了批评，并采取一种不同的方法来确定大学发明的专利的所有权（Meyer, Sinilainen, and Utecht, 2003; Meyer et al., 2005）。他们认为，在知识产权的组织所有权（来自《拜杜法案》）中，大学或大学技术转移办公室拥有大学教师创造的几乎所有专利发明。然而，在知识产权的个人所有权制度中更难发现大学与专利发明之间的联系。他们发现，尽管大学拥有的专利数量有限，但大学发明的专利数量相当可观。这些研究得出的结论是，欧洲学术悖论可能并不一定存在，因为大学专利数量的差异可以通过立法的差异加以解释。尽管《拜杜法案》在促进美国的技术转移方面发挥着十分重要的作用，但不同的国家创新体系可能需要不同的解决方案。因此，废除教授特权可以说是不必要和徒劳的。

基于这些研究，我们在本章中调查了教授特权除导致大学拥有或发明的专利数量的差异之外，还可能产生哪些其他影响。

---

① 《中华人民共和国科学技术进步法》于2021年12月24日进一步修订通过，并自2022年1月1日起施行。——译者注

第七章 欧洲的大学专利申请：知识产权的教师所有权是否阻碍了大学技术转移？

我们介绍了一些欧洲国家专利立法以及大学和公共研究组织的最新变化，讨论了教授特权法在多大程度上促进了大学发明被在位企业抢先得到，并降低了大学教师创业的可能性和意愿。根据这些问题，我们接着讨论了教授特权法是否导致了大学中"以解决方案为导向的研究"的趋势，并且只是有助于现有企业的内部研究活动，而不是导致科学驱动型研究趋势。最后，我们将我们的讨论与下述猜测联系起来：对技术转移办公室的批评观点是否基于这样一种论点，即在位公司对大学知识的直接占有的垄断地位将受到挑战。

在总结部分，我们表明，大学专利申请的性质不仅取决于所有权制度，而且取决于非正式和正式的产业关系合作模式。我们讨论了当前体系的优缺点，并为大学管理人员和政策制定者提出了一些启示。

欧洲大学的专利所有权与立法变更

与美国的《拜杜法案》不同，许多欧洲国家拥有或曾经拥有双重知识产权（IPR）制度。虽然非大学部门（即企业和公共研究组织）的知识产权所有权属于组织（雇主），但大学研究人员可以保留专利所有权。一些欧洲国家正在考虑或讨论立法变更，以期从大学获得更多可能产生经济利益的技术转移。我们概述了欧洲各国的立法变化，如表7.1所示。

表 7.1 欧洲公共研究组织和大学的知识产权所有权

国家	现行法律框架
奥地利	自 2002 年以来的大学所有权
比利时	自 20 世纪 90 年代以来的大学所有权（包括弗兰德斯/瓦洛尼亚）
保加利亚	没有明确的法律框架。商业活动不是学术任务的一部分
瑞士	取决于雇主-雇员合同以及研究资助者与研究所之间的协议条款
捷克	没有明确的有关大学专利的立法——大学内部有相关规定
德国	自 2001 年以来的大学所有权
丹麦	自 2001 年起生效的大学所有权
希腊	似乎没有具体的规定
西班牙	1986 年的《西班牙专利法》规定，大学将为本校教授的研究成果申请专利
芬兰	自 2007 年起生效的大学所有权
法国	公共研究组织的组织所有权和大学所有权
英国	公共研究组织的组织所有权和大学所有权
匈牙利	自 2006 年以来的大学所有权
意大利	2001 年 10 月 18 日通过的第 383 号国家法律第 7 条将大学发明的所有权授予研究人员。2005 年实施组织所有权制度
立陶宛	没有针对大学专利申请的专门法律框架——大学的内部规定
拉脱维亚	没有针对大学专利申请的专门法律框架——大学的内部规定
荷兰	立法是一般性的（即大学被视为雇主，有权拥有员工创造的发明）
挪威	自 2003 年以来的大学所有权

第七章 欧洲的大学专利申请：知识产权的教师所有权是否阻碍了大学技术转移？

续表

国家	现行法律框架
葡萄牙	没有明确的法律规定
波兰	没有针对大学专利申请的专门法律框架——大学的内部规定
瑞典	教授特权与技术转移办公室相结合
斯洛伐克	没有专门的法律框架。大学作为发明人的雇主可以拥有其发明的所有权
斯洛文尼亚	自2007年以来的大学所有权

资料来源：改编自 OECD, Turning Science into Business, 2003。

在比利时，大学归地区政府管辖。在佛兰德斯（Flanders），大学研究人员创造的所有知识产权都属于大学。自1998年以来，瓦隆大区（Walloon Region）的大学可以拥有由该大区全额资助的研究产生成果。1999年通过的《教育法令》（Decree on Education）意在建立大学知识产权框架。关于公共实验室研究所产生的知识产权有一项特别法令，该法令授予这些实验室知识产权的所有权，并要求这些实验室事先就与大学合作研究的知识产权的所有权达成一致。

丹麦于2000年1月1日开始实行《公共研究组织（大学、医院）发明法案》（The Act on Inventions at Public Research Institutions）。新法律允许员工的发明归公共研究组织所有（Valentin and Jensen, 2007）。该国于1999年6月实行的关于公共研究领域发明的法律侧重于研究机构和企业之间不断加强的合作，以便丹麦社会能够获得新的知识和能力。该法律的规定之一是允许研究机构接管雇员发明的权利，并要求研究机构尝试将其接管的发明商业化。

德国政府于 2001 年发起了一项名为"知识创造市场"（Knowledge Creates Markets）的知识转移倡议。该倡议的行动之一是对德国《雇员发明法》中涉及大学教师发明创造（所谓的教授特权）的部分进行修改。2002 年，德国决定改变高等教育机构（HEI）的知识产权所有权，取消研究人员的专有所有权，并将这些权利转让给雇用机构，但研究人员保留从自身发明中获得三分之二许可收入或其他收入的权利（OECD, 2003）。通过这一改革，大学获得了本校大学教师创造的知识产权的所有权。一项始于 2002 年的联邦计划旨在通过创建专利营销机构来促进大学研究的商业化。就与产业合作的项目而言，知识产权的所有权取决于大学和产业在项目伊始达成的协议。

奥地利也在 2002 年出台了知识产权的大学所有权制度。因此，在此类大学的联邦雇用或培训过程中产生的发明将受到《专利法案》（Patents Act）的约束，而根据《专利法案》，大学将被视为雇主。这意味着大学可以对职务发明提出所有权要求，而无须大学和大学雇员之间的单独书面协议。奥地利的主要技术转移办公室是奥地利经济服务有限公司（Austria Wirtschaftservice Gesellschaft mbH，缩写为 aws）及其下属部门 Tecma。Tecma 负责专利利用、支持和陪同研究人员、发明家和公司营销有前途的创新。Tecma 还协助奥地利的大学在当地建立部门。这些当地部门的责任是帮助学术型发明人并支持技术转移。

在挪威，一项关于发明商业利用的新法案于 2003 年 1 月生效。在某些条件下，该法案将一项发明的商品化权利从研究人员

第七章　欧洲的大学专利申请：知识产权的教师所有权是否阻碍了大学技术转移？

手中转移到用人单位，试图将大学的研究成果的知识产权归大学所有。尽管新立法在形式上对可申请专利的研究成果做出了规定，但也建议公共研究组织和高等教育机构处理所有甚至无法获得专利的可商业化研究成果。有人建议对商业化产生的收入进行分割，将三分之一收入划归科学家个人、部门和机构所有。挪威的大学也在政府资助的基础上建立了像技术转移办公室这样的组织机构。

在荷兰，各大学、雇主协会和大学医学中心联合会于2004年11月签署的《创新宪章》(Innovation Charter)改善了该国的技术转移活动。在该宪章中，上述三方提出了产业与知识机构合作的标准，并就知识产权、科学诚信和出版策略方面的安排提出了建议。各大学就专利支出和收入做出了各种规定。另有法律规定，通过大学创造的发明归大学所有。专利申请成了大学的责任，专利申请经费亦是如此。一些大学因此设立了专利基金，该基金有时通过早期专利的收益维持。

芬兰也从2007年起实行专利的大学所有权制度。该国对开放研究与合作研究进行了区分。大学有权自发明披露之日起6个月内获得在合作研究中产生的发明的权利。大学取得发明的权利后，发明人有权获得合理补偿。大学还有权与第三方就研究项目可能产生的可申请专利的发明做出合同安排。由公开研究产生的发明的权利将始终归发明人所有。但是，发明人有义务将此类发明告知高等教育机构。

在法国，专利所有权立法相当笼统（即大学和公共研究组织被视为雇主，它们拥有雇员创造的发明的权利）。专利许可产生的收入在大学、资助相关研究的部门以及创造发明的研究人员和教授团队之间平均分配。此外,科学家个人被鼓励为他们的发明申请专利,与此同时,大学本身也在全力寻求专利技术的有效转移。在法国国家科学研究中心,专利要么被授权给外部企业,要么甚至被出售以获得资金(Cesaroni and Piccaluga, 2005)。

与美国的模式类似,在英国,大学通常拥有本校大学教师创造的知识产权。英国政府于1948年成立了国家研究开发公司(National Research Development Corporation,缩写为NRDC),目的是将英国境内公共资助的研究商业化。国家研究开发公司在1975年与英国国家企业联盟(National Enterprise Board,缩写为NEB)合并后更名为英国技术集团(British Technology Group,缩写为BTG),发挥技术转移组织的作用。英国技术集团于1992年被私有化。然而,直到20世纪80年代,英国的大学还必须使用国家研究开发公司的服务为技术申请专利和对技术进行授权。直到20世纪90年代末,技术转移活动才完全由大学资助,尽管英国政府(贸易与工业部)建议大学在利用研究方面发挥更大的直接作用。大多数技术转移单位规模很小,资金不足。如今,大学能够以自己的名义开展全方位的技术商业化活动,而且大多数大学都有自己的技术转移办公室。不同的大学以不同的方式组建自己的技术转移办公室,一些技术转移办公室是大学的部门,另一些则是大学的全资子公司。一两家技术转移办公室甚至已经半私有化,将自己的一部分出售给了第三方投资者。

瑞典保留了教授特权法,允许大学研究人员保留自身研究成果的知识产权。与此同时,瑞典还建立了许多新的技术转移办公室，包括大学控股公司和其他区域性技术转移代理机构。然而，这一做法在更广泛的意义上指的是研究成果与更广泛的社会进行一般互动和交流（Jacob, Lundqvist, and Hellsmark, 2003）。

与欧洲许多国家不同，意大利于2001年首次引入了大学知识产权的个人所有权制度，此举的依据是相反的直觉，即科学家个人可能比雇用他们的大学更有动力申请专利。然而，大学知识产权的个人所有权制度也鼓励在大学建立技术转移基础设施。2005年，规则再次发生改变，所有来自外部资助的研究产生发明和在公共机构内部开发的发明的所有权都被授予该组织，这使得研究人员只有可能获得机构内部资助的研究产生的发明的所有权。

上述各国政策措施的动机不仅在于这些新的机构和组织能够支持和加速学术研究的产业化利用，而且在于专利申请带来的经济回报可能有助于支持大学的研究和教学。戴维·C.莫厄里等人（2004）强调，《拜杜法案》的通过与学术研究、产业和政策方面的一些发展相一致，同时也与分散的大学资助体系、行政自治以及对促进大学申请专利的外部资源的需求相一致。

至于欧洲大学的专利个人所有权或新立法的结果，没有关于大学专利数量或专利所有权分布的可靠数据。基于这些关键方面，许多学者采取了一种不同的研究方法，即通过确定发明人来确定欧洲大学专利的实际数量。在下文中，我们将对这些实证研究进行概述。

欧盟的大学发明人与专利申请

如前文所述，大学教师认为，与对高等教育机构或基础研究相对较高的投入水平相比，欧洲大学在专利申请、许可和衍生公司创建方面的水平较低。这一现象被称为"欧洲学术悖论"，即欧洲各国拥有坚实的科学基础，但不善于将研究成果转化为商业上可行的新技术（Tijssen and van Wijk, 1999）。尽管很久以后学界才尝试对上述问题进行系统测量，但众所周知的是，没有一所欧洲大学拥有像麻省理工学院或斯坦福大学那样庞大的专利组合。人们还认为，许多欧洲大学根本没有任何专利（OECD, 2003; Lissoni et al., 2007）。鉴于人们的印象是美国大学拥有更多的大学专利和衍生企业，许可收入也更高，许多欧洲的政策制定者建议效仿美国的《拜杜法案》。

然而，一些担忧也随之而起，即此类政策建议和变化在很大程度上基于不现实和错误的假设，而这些假设又是基于不充分或错误的信息（Geuna and Nesta, 2006; Verspagen, 2006）。大部分关于大学专利的信息来自提交给大学管理部门和新成立的技术转移办公室的调查，或者对作为专利申请人的大学或大学技术转移办公室的名称进行的粗略搜索。由于欧洲大学的制度和组织设置各不相同，对大学专利申请情况的调查应该是在专利数据库中查找同时被登记为发明人的大学科学家的姓名，而不是搜索作为专利申请人的大学或新成立的大学技术转移办公室的名称。为了估计欧洲的大学专利申请数量并构建可与美国大学专利申请数量进行比较的专利数据集，大学教师对欧洲的大学专利申请情

第七章 欧洲的大学专利申请：知识产权的教师所有权是否阻碍了大学技术转移？

况进行了一系列研究（Meyer, Sinilainen, and Utecht, 2003; Balconi, Breschi, and Lissoni, 2004; Meyer et al., 2005; Iversen, Gulbrandsen, and Klitkou, 2007; Lissoni et al., 2007; Göktepe, 2008; Lissoni et al., 2009）。

这些研究区分了大学拥有的专利和由大学研究人员发明但不属于大学的专利。大学拥有的专利是指大学或大学技术转移办公室被列为专利申请人的专利。这类专利通常由技术转移办公室申请和管理。相反，大学发明的专利是通过专利发明人与大学的附属关系进行定义的。此类专利至少有一名大学雇员是发明人。根据知识产权的个人所有权或组织所有权，科学家可以独立申请专利，大学投资人可以将自己的所有权转让给另一方，从而在技术转移办公室的帮助下申请专利，或者科学家可以通过企业等其他参与者申请专利。

其实证研究依赖于一种独特的方式：将国家专利局、欧洲专利局和／或美国专利和商标局登记册中发明人的姓名和地址与大学研究人员登记册中的姓名和地址结合起来。通过直接联系发明人，以确认发明人与大学雇员之间的匹配是否正确，每项发明的大学研究人员和发明人之间的姓名和地址匹配结果便可得到验证。在通过调查、电子邮件和电话交谈消除同名同姓（发明人可能与学术研究人员／教授拥有相同的姓名）问题后，匹配的身份得到确认（关于大学专利确定方法的详细描述，见 Meyer, Sinilainen, and Utecht, 2003 and Göktepe, 2008）。作为这些方法实践的结果，新的和独特的大学专利数据集得以构建。然而，这些数据集存在一些局限。其中一些数据集未能囊括已经退休或离开大学系统的学术型科学家发明的所有专利，因此并未出现在大学记录中；或者，当实际上两个人的姓名相同时，其中一些数据集无法确认一位大学研究人员是否为发明人。此外，由于时间段或专利数据库不同，直接的跨国比较将受到限制。无论如何，这些大学数据集提供了可靠和有用的信息，包括科学家相对于技术转移办公室的专利申请范围、专利申请人/所有权的分布以及技术分类。

这些研究的共同发现是，在各所欧洲大学中，大学发明的专利多于大学拥有的专利。欧洲大学或大学研究人员的发明产出比之前认为的要高。在这些研究之前，大学专利通常被理解为分配给大学的专利，而大学研究人员的专利申请活动在欧洲大学专利申请研究中通常是没有的（Cesaroni and Piccaluga, 2002; Saragossi and von Pottelsberghe de la Potterie, 2003），如表7.2所示。在接下来的内容中，我们将简要介绍每一项研究的结果。

在许多研究中，马丁·S. 迈耶（Martin S. Meyer）及其合作者们使用的程序是对专利数据库和大学研究人员登记册中发明人的名字和姓氏进行匹配。他们将1986年至2000年至少有一名芬兰发明人的所有美国专利与商标局专利与1997年和2000年间受雇于芬兰大学的大学研究人员的姓名进行了匹配。首先，马丁·S. 迈耶、塔蒂亚娜·西尼莱宁（Tatiana Siniläinen）和扬·蒂姆·乌特希特（Jan Timm Utecht）（2003）报告称，芬兰大学拥有36项至少有一名芬兰发明人的美国专利与商标局专利，而大学发明的专利达530项。其次，在对比利时弗拉芒大区（Flemish Region）和芬兰大学的对比研究中，马丁·S. 迈耶等人（2005）发现，在弗拉芒大区的各所大学，大学发明的专利为379项，

第七章 欧洲的大学专利申请：知识产权的教师所有权是否阻碍了大学技术转移？

表 7.2 欧洲大学专利研究摘要

国家和地区	数据库时间	大学发明的专利数量	大学拥有的专利数量	专利的主要技术类别	被调查的大学类型
芬兰（Meyer et al., 2003a）	1986 至 2000 年，美国专利与商标局	530 项专利 285 位发明者	36	电信、仪器、制药	所有没有社会科学和人文科学的大学
佛兰德斯（Meyer et al., 2003b）	1986 至 2000 年，美国专利与商标局	379	100	有机化学、生命科学	技术大学
法国（Azagra-Caro and Llerena, 2003）	1993 年至 2000 年，法国国家专利局	463	62	遗传学、生物学、物理学	斯特拉斯堡大学 82 个研究实验室
德国（Schmoch, 2000）	1970 年至 2000 年，欧洲专利局	1800（2000 年）和 200（1970 年）	无	生物技术、医学工程、有机化学	所有大学教授；通过对教授头衔进行搜索
意大利（Balcani et al.）	1978 年至 1999 年，欧洲专利局	1475 项专利 919 位发明者	40	生物技术、药物、有机化学	所有在意大利教育和研究部注册的教授
挪威（Gulbrandsen et al., 2005）	1998 年至 2000 年，挪威国内专利	307（全部挪威国内专利的 8%~12%）	无	生命科学、仪器	大学／学院的所有研究人员
瑞典（Wallmark-Survey）	1943 年至 1994 年，瑞典专利局和欧洲专利局	417 项专利 68 位发明者	无	化学工程、电气工程	查尔姆斯理工大学
瑞典（Schild）	1980 年至 1996 年，瑞典《专利合作条约》申请	88 项专利 82 位发明者	无	仪器、电学、健康和娱乐	林雪平大学技术院系

而大学拥有的专利为100项。玛格丽塔·巴尔科尼（Margherita Balconi）、斯特凡诺·布雷斯基和弗朗切斯科·里梭尼（2004）发现，在1978—1999年的1475项意大利大学发明专利中，只有40项欧洲专利局专利的申请人是大学，而在意大利发明人发明的欧洲专利局专利中，意大利大学作为发明人的专利占3.8%。

华金·M.阿萨格拉-卡罗（Joaquín M. Azagra-Caro）、尼古拉·卡拉约尔和帕特里克·列雷纳（Patrick Llerena）（2006）指出，尽管法国大学依法拥有基于科学家研究成果的专利，但由大学发明却非大学所有的专利一直是而且仍然是法国路易斯巴斯德大学（University Louis Pasteur，缩写为ULP）最常见的专利形式。从1993年到2000年，路易巴斯德大学获得了来自法国专利局、欧洲专利局和其他专利局的463项专利。路易巴斯德大学只拥有其中的62项专利。

保拉·朱里（Paola Giuri）等人（2007）表明，在欧洲专利价值问卷调查（PatVal-EU Survey）对六个欧洲国家（意大利、英国、荷兰、法国、德国和西班牙）的发明人进行的调查中，大学专利总数为433项。欧洲专利价值问卷调查的调查对象是在（已授予的）欧洲专利中列出的欧洲六国（德国、法国、意大利、荷兰、西班牙和英国）发明人，优先日期为1993年至1997年。该项调查获得了与9017项专利相关的回复，这些专利占所有优先日期在考察期内的已授权欧洲专利局专利的18%。在这9017项专利中，被认定为大学专利的有433项，这433项专利至少有一名发明人受雇于大学。古斯塔沃·A.克雷斯皮（Gustavo A. Crespi）、阿尔多·杰乌纳和莱昂内尔·J.J.内斯塔（2007）在进

第七章 欧洲的大学专利申请：知识产权的教师所有权是否阻碍了大学技术转移？

一步调查了这433项大学专利后发现，在欧洲，许多最终成为专利的大学研究并未出现在统计数据中，因为申请专利的是私人企业，而非大学本身。约80%至少有一名学术型发明人的欧洲专利局专利不属于大学。

埃里克·J.艾弗森、芒努斯·居尔布兰森和安特耶·克里特库（2007：405）发现，1998年至2003年，共计569名来自挪威公共研究组织的研究人员参与了至少一项专利申请。这些研究人员在这几年里参与了10%到11%的挪威国内专利申请。高等院校研究人员对化学和医药专利申请的贡献率较高，占比近18%。德夫里姆·戈克特佩-胡尔滕的研究（2008）表明，共有458项专利被认定为瑞典隆德大学所有，250名大学研究人员在欧洲专利局专利数据库（1990年至2004年）中被认定为发明人。1990年9月至2004年9月，大学专利约占瑞典国家专利总数的2%。

基于KEINS数据库①（KEINS Database），弗朗切斯科·里梭尼等人（2007）发现，2004年活跃在瑞典和意大利以及2005年活跃在法国的大学教授在1978年至2002年提交了大量专利申请。1978年至2002年，法国有2800项专利申请，意大利有2200项专利申请，瑞典有1400项专利申请。为了能够比较美国和欧洲

---

① KEINS 是 Knowledge-Based Entrepreneurship:Innovation,Networks and Systems（基于知识的创业：创新、网络和系统）的单词首字母缩写。KEINS数据库包含法国、意大利和瑞典三国大学教授的详细信息，这些教授以指定发明人的身份出现在1978年至2004年在欧洲专利局登记的一项或多项专利申请中。——译者注

的情况，弗朗切斯科·里梭尼等人（2007）将这三个国家（1994年至2001年）的专利申请水平与美国大学（1993年至2000年）的专利数据进行了比较。他们发现，法国、意大利和瑞典的大学拥有的专利不到国内专利总数的1%。在法国，大学发明的专利约占国内专利总数的3%，在意大利为4%，在瑞典超过6%。据估计，美国大学发明的专利约占国内专利总数的6%（Thursby, Fuller, and Thursby, 2009）。与古斯塔沃·A. 克雷斯皮、阿尔多·杰乌纳和莱昂内尔·J. J. 内斯塔（2007）的发现类似，弗朗切斯科·里梭尼等人（2007）还表明，美国和欧洲在大学专利申请方面的所谓差距在美国、法国和意大利之间非常有限，在美国和瑞典之间根本不存在差距。

在他们对丹麦的后续研究中，弗朗切斯科·里梭尼等人（2009）在活跃于2001年、2004年和2005年的7395名教授中确定了306名丹麦学术型发明人。他们发现，在495项专利中，至少有一名教授是该专利的发明人。

尽管美国大学实行知识产权的组织所有权制度，但美国也存在上述现象，只是程度较轻。泰勒·阿尔德里奇和戴维·布鲁斯·奥德兹（2010）还发现，70%的教师选择将所有专利转让给所在大学的技术转移办公室，以此将自己的研究商业化，而30%的教师选择了商业化的"秘密路径"，至少没有将自己的部分专利转让给大学技术转移办公室。那些没有通过将专利转让给所在大学进行研究商业化的科学家往往依赖于创办新企业这一商业化模式。同样，玛丽·C. 瑟斯比、安妮·W. 富勒和杰里·G. 瑟斯比（2007）发现，26%的专利被单独分配给企业，而不是按照美

第七章　欧洲的大学专利申请：知识产权的教师所有权是否阻碍了大学技术转移？

国大学雇用政策或《拜杜法案》的规定分配给教师所在的大学。分配给企业的专利（无论是老牌企业还是以发明人为法人的初创企业）没有分配给大学的专利那么重要，这表明这些专利是教师咨询的结果。

欧洲大学各不相同的技术转移基础设施和专利立法需要大学教师采取不同的研究方法。通过将大学发明人的姓名与专利数据库中发明人的姓名进行匹配，从而找到大学发明人的姓名，而不是对作为专利申请人的大学或技术转移办公室的名称进行粗略调查，可以更好地了解欧洲大学专利申请的程度。欧洲缺少大学专利实际上是缺少大学拥有的专利，而不一定是缺少大学发明的专利。一旦对数据进行修正，将欧洲和美国不同的专利所有权结构考虑在内而对，简单的计算将表明，欧洲学术体系的表现似乎比此前人们一直认为的要好得多。相对而言，欧洲大学的专利产出仅略微落后于美国大学（Crespi, Geuna, and Nesta, 2007）。这些实证调查表明，大学专利申请对欧洲大学来说并不是一个新现象。这些调查提供了清晰的经验证据，表明大学发明的专利数量远远高于大学拥有的专利数量。因此，学者们认为，欧洲的大学不一定要效仿《拜杜法案》来增加大学的专利申请。然而，我们对欧洲大学专利申请的认识仍然是不完整的，接下来我们将进一步进行探讨。

科学家和大产业之间的无缝网络

我们调查了大学发明专利的所有人和申请人，以探讨教授特权（或大学知识产权的传统欧洲模式）在多大程度上促进了大学专利被在位企业抢先得到，同时降低了大学教师创业的可能性和意愿。大多数欧洲大学中的发明人可能会选择不同的路径将自己的研究成果商业化。例如，他们可以独自申请专利，通过技术转移办公室申请专利，或通过产业企业申请专利。

根据 KEINS 数据库，在上文探讨的三个欧洲国家中，大学管理部门对教授知识产权的控制力度均远低于美国。在瑞典，教授特权依然存在，学术型科学家经常以自己的名义申请专利，这一点从分配给科学家个人的 14% 的专利份额中可见一斑。在法国，60% 的学术专利由商业公司所有。意大利 74% 的学术专利和瑞典 82% 的学术专利为企业所有，相比之下，只有 24% 的美国学术专利为企业所有。相反，上述欧洲三国的大学拥有的学术专利份额很小：法国和意大利约为 8%，瑞典不到 4%，远低于美国大学拥有的 69%（Lissoni et al., 2007）。同样，欧洲专利局近 70% 的丹麦大学专利为企业所有，其次是专利发明人申请的专利（12%）和大学申请的专利（12%），政府机构拥有的大学专利占比不到 3%。

根据 KEINS 数据库，在意大利和法国，大型国有控股公司（如意法半导体、意大利埃尼集团[①]、法国电信以及泰雷兹[②]）持有

[①] 埃尼集团全称国家碳化氢公司（Ente Nazionale Idrocarburi，缩写为 ENI），是意大利政府为保证国内石油和天然气供应于 1953 年 2 月 10 日成立的国家控股公司。——译者注

[②] 泰雷兹是法国一家业务遍及各大洲的国际企业，该公司提供的航空、航天、地面交通、防务与安全以及数字安全五大业务对各国至关重要。泰雷兹的 80000 名员工遍布 68 个国家和地区，2018 年的销售收入达 190 亿欧元，每年投入自筹研发资金超过 10 亿欧元。——译者注

第七章　欧洲的大学专利申请：知识产权的教师所有权是否阻碍了大学技术转移？

的学术专利数量非常庞大。像爱立信和 ABB[①] 这样的大型跨国公司也是瑞典学术专利的重要持有者。弗朗切斯科·里梭尼等人（2009）发现，在丹麦，持有最多学术专利的是最重要的制药公司诺和诺德[②]（Nova Nordisk）——包括诺维信公司（Novozymes）。在这些国家中，只有一所大学位居顶尖的专利持有者之列，即一国规模最大的大学：意大利的罗马大学、法国的巴黎第六大学[③]、瑞典的卡罗林斯卡学院以及丹麦的哥本哈根大学。

与上述发现一致，相对于隆德大学或各家技术转移办公室，企业才是 1990 年和 2004 年间申请的隆德大学专利的主要所有者。共计有 117 家企业申请了 363 项专利，占专利总数的 79.3%。发明人申请了所有专利中的 12.9%，或 458 项专利中的 59 项。这些专利在申请之时未被转让给任何公司。发明人最有可能在日后将自己的专利转让（许可、出售或赠送）给企业。11 家位于隆德大学所在地内或瑞典境外的不同技术转移办公室共计申请了 458 项专利中的 36 项。技术转移办公室专利占隆德大学所有专利的 7.9%。根据教授特权法，任何产生于大学-产业合作的知识产权都将自动

---

① ABB 公司由两家拥有 100 多年历史的国际企业（瑞典的阿西亚公司和瑞士的布朗勃法瑞公司）于 1988 年合并而成，总部位于瑞士苏黎世。——译者注
② 丹麦诺维信公司是生物解决方案领域的全球先导，其产品共计 700 多种，市场遍及全球 130 个国家和地区，在 30 余个工业领域中均有广泛应用。——译者注
③ 巴黎第六大学亦称皮埃尔和玛丽·居里大学（Université Pierre et Marie Curie，缩写为 UPMC），是巴黎大学科学学院（Faculty of Sciences of the Sorbonne）的主要继承者，也是现在法国最大的科学和医学集合体，在许多领域都处于顶尖水平。——译者注

转让给伙伴公司，以换取进一步的研究资助与合作。然而，这些结果并没有被记录为向大学披露的发明或大学提交的专利申请。

在隆德大学，57.6%的专利申请是由大型企业提交的；在企业申请的363项专利中，大型企业申请了209项。27家中小型企业申请了51项专利，而58家衍生企业申请了103项专利。这些衍生企业是由以前或现在的大学教师创办的，它们与自己从中衍生出来的部门或研究团队保持着密切的关系。例如，一些衍生企业雇用了这些研究团队中的学生。虽然大学衍生企业的绝对数量（58家）几乎是大型老牌企业（32家）的两倍，但大型企业申请的专利是"衍生企业"拥有的专利的两倍。信息通信技术和电信相关领域共有105项专利。在这些与信息通信技术和电信相关的专利中，有80项是由瑞典最大的电信公司（爱立信）申请的。与信息通信技术专利一样，制药领域的大多数专利也是由大型企业申请的。在机械、材料、生物技术等部门，作为专利申请人的中小型企业和衍生企业数量更多。在生物技术及相关领域，19家衍生企业申请了39项专利，14家中小型企业申请了24项专利。在材料及相关领域，4家衍生企业申请了17项专利。

爱立信、ABB、阿斯利康[①]（Astra-Zeneca）和金宝公司[②]（Gambro AB）是隆德大学相关专利的重要申请人。少数初创企

[①] 阿斯利康是全球领先的制药公司，由瑞典阿斯特拉公司（Astra AB）和英国捷利康公司（Zeneca Group PLC）于1999年合并而成。——译者注
[②] 瑞典金宝公司是全球血液净化技术领域的先行者之一，在国际肾脏病学科享有盛誉。——译者注

第七章　欧洲的大学专利申请：知识产权的教师所有权是否阻碍了大学技术转移?

业，如 Obducat 公司[①](Obducat AB)、Amersham 公司（Amersham AB）、Bioinvent 公司（Bioinvent AB），是隆德大学专利的申请人。这些数字反映了大型企业在瑞典经济中的主导地位以及它们相对更容易获取大学知识。大学和科学家经常试图与公司保持良好的关系，以获得稳定的研究合同、资金和材料，并为他们的学生提供就业选择。鉴于这种情况，产业界通常会支持大学的研究，支付专利申请和维护费用，并拥有专利所有权，但新颖想法背后的科学家被记录为发明人。然而，这些企业没有开发和利用专利的义务，它们通常不会向大学或科学家支付特许权使用费，除非他们可以借此进一步与想法背后的科学家合作，从而赞助大学的研究。

随着产业界资助的大学研究多于过去，确定与公司的合作研究协议或产业研究合同的知识产权条款变得十分重要。许多公共研究资助机构、大学和公共研究实验室都有这方面的标准合同。合同法在界定来自大学或授予大学的知识产权许可条款方面尤为重要。这是产业融资的常见做法。例如，瑞典的私营部门在很大程度上由大型企业主导，产业研发同样高度集中于少数几家规模极大的企业。1994 年，四家瑞典跨国公司的研发活动占该国跨国公司总研发的 70% 以上（Braunerhjelm, 1998）。此处的研究结果表明，大多数大学技术转移活动都是非正式的，由大型企业开展，大学未对这些专利提出任何权利要求。

大学发明的专利也可以通过考察专利在科学和技术领域的分

[①] Obducat 公司拥有先进的微纳米尺度结构生产和压印复制成套解决方案。——译者注

布情况进行分析。玛丽·C. 瑟斯比、安妮·W. 富勒和杰里·G. 瑟斯比（2009）发现，来自美国大学的生物技术专利更有可能由大学所有，相较而言，电子专利则更有可能由商业公司所有。根据 KEINS 数据库，在上述三个欧洲国家（法国、意大利和瑞典），四项学术密集度最高的技术的情况也是如此。商业公司拥有电子和电气工程领域近 80% 的学术专利，但在制药和生物技术领域，商业公司持有的学术专利份额仅略高于 58%，而大学和政府持有的份额分别为创纪录的 14% 和 20%。值得注意的是，在仪器领域，学术专利的企业所有权份额也低于平均水平，而个人所有权份额则创下了纪录（超过 9%）。

每个国家最强大的技术部门也往往是那些大学专利高度集中的部门。例如，在芬兰，电信领域的专利占大学发明专利的 12%，而制药和生物技术领域的专利各占大学发明专利的 9% 左右（Meyer, Sinilainen, and Utecht, 2003）。在许多国家，生物技术和制药这一广义的研究领域往往是大学专利申请活动极度活跃的领域。这些研究发现，美国也几乎相同的趋势。1998 年，41% 的美国专利与商标局学术专利集中在生物医学的三个领域，表明美国高度关注生命科学和生物技术的发展。就收入而言，在特许权使用费总额中，大约有一半与包括生物技术在内的生命科学有关（NSF, 2002）。欧洲的大学专利在这一领域是否存在相同程度的集中不那么明确，但现有证据与这一假设并不矛盾（Geuna and Nesta, 2006）。国家创新体系的技术专业化和少数大型企业在这些特定部门的主导地位部分解释了为什么大量大学专利会集中在少数大型企业手中。

第七章　欧洲的大学专利申请：知识产权的教师所有权是否阻碍了大学技术转移？

与其他欧洲国家一样，在德国，大学拥有的专利相对较少，但大学发明的专利却在持续增长，从20世纪70年代初的不到200项增加到了2000年的近1800项（Meyer-Krahmer and Schmoch, 1998）。德克·查尼茨基（Dirk Czarnitzki）、贝恩德·埃伯斯贝格尔（Bernd Ebersberger）和安德烈亚斯·菲耶尔（Andreas Fier）（2007）以及德克查·尼茨基、沃尔夫冈·格兰泽（Wolfgang Glänzel）和卡特琳·胡辛格（Katrin Hussinger）（2009）发现，德国的大学专利数量相对较少。克里斯托夫·格林佩（Christoph Grimpe）和卡特琳·胡辛格（2008）还认为，大学许可在关于产业-科学联系的文献中受到了大量关注，但使用大学许可的德国企业相对较少。相反，咨询和非正式合作却被证明大量存在。因此，作者们认为，德国的大学科学家，特别是具有高资历的教师，应该比他们的美国同行更有可能从事非正式的技术转移活动。尽管德国废除教授特权已有几年时间，但克里斯托夫·格林佩和安德烈亚斯·菲耶尔（2010）认为，德国在工程领域追求卓越的特定取向对非正式技术转移行为起到了有效作用。工程研究在大型研究团队中组织开展，拥有数百万欧元的研究资金，并与产业界密切合作。此外，德国的工程师通常是德国工程师协会[①]的成员。因此，通过工程师的母校建立的纽带和工

[①] 德国工程师协会是德国最大的工程师与自然科学家协会，成立于1856年5月12日。协会会员覆盖工业界、学术界、教育界等领域。培养后继人才，提供学习机会，拓展新人的视野，是德国工程师协会的良性社会效应，也是德国延续自身强大工业生命力的有力支持。——译者注

程师协会提供的网络都将促进非正式的技术转移活动。

与探讨瑞典的情况时一样，我们将专利申请与科学专业化的领域联系起来。在所探讨的三个学院的专利总数中，有63%的专利来自工程学院，32%与医学院有关，5%来自自然和基础科学领域。对专利在科学领域分布的一个基本解释可能是，在某些领域（基础理论物理学和地质学），专利申请并不是保护和利用研究成果的首选途径。在生物技术、化学或工程等领域申请专利也更为常见。自然科学学院拥有36项专利，该学院的专利申请率较低，部分原因在于，与工程学院和医学院的应用研究和产业相关研究相比，自然科学学院进行的是更加基础的研究。专利申请活动的强度不仅在这三个学院之间存在差异，而且同一学院内的各个系的专利申请活动也存在很大差异。每一项大学专利都是根据发明人的系别附属身份分配给大学各系的。

医学院的研究人员还参与了一些中心的工作，例如临床癌症战略中心（Strategic Centre for Clinical Cancer）和隆德干细胞生物学和细胞治疗中心①（Lund Centre for Stem Cell Biology and Cell Therapy），两者均由瑞典战略研究基金会（Swedish Foundation for Strategic Research，缩写为SSF）提供资助。这些平台旨在通过整合大学医院的临床医生和研究人员以及来自医学院、自然科学学院和工程学院的研究人员，将不同的研究团队和资源聚集在一起，进行转化研究或跨学科研究。这些研究平台，连同产业伙伴，可能诱发研究人员的专利申请活动。在

---

① 现已更名为隆德干细胞中心（Lund Stem Cell Center）。——译者注

第七章 欧洲的大学专利申请：知识产权的教师所有权是否阻碍了大学技术转移？

后文中，我们将更多地反思产业资助的作用与可获得性、科学家与行产业伙伴共同参与合作项目以及瑞典国家能力中心（Swedish National Competence Centers），以解释同一学院内不同系别之间的差异。

来自工程学院的研究人员参与了由瑞典国家创新机构VINNOVA、区域参与者和产业伙伴共同支持的各类研究中心和研究计划。电气测量和产业电气工程及自动化系拥有77项专利，1999年至2004年，平均每年约有70名研究人员在该系工作。该系的研究也与产业相关，一些研究人员参与了产业网络。工程物理系拥有44项专利。该系的研究人员还参与了纳米结构联盟或燃烧科学技术中心等中心的工作，或者通过人际网络与产业互动，这可能会影响该系的专利申请活动。

数学科学中心是隆德大学工学院的一个联合系，涵盖数学科学的所有领域。该中心拥有大约100名员工和41项专利。大部分研究都是在应用数学领域进行的，特别是图像分析和计算机视觉。研究人员还参与了从图像中自动生成元数据的联合研究项目、一个由瑞典战略研究基金会（SSF）资助的计算机和生物视觉项目以及其他项目。这些项目也可能增加数学科学中心申请专利的概率。建筑与环境技术系拥有20项专利，在1999年至2004年拥有约100名员工。该系的研究涵盖了建筑技术领域广泛的基础和应用问题，研究活动得到该国林业领域的大力支持。

大学专利的所有权模式似乎取决于发明人所属的学科（因此也取决于专利的技术含量）。由于瑞典产业的专业化，医学、化学和工程领域的互动和咨询十分普遍。许多瑞典大型企业与瑞典的顶尖大学长期保持着密切的联系（Stankiewicz, 1986; Etzkowitz et al., 2000）。大部分研究结果很可能是通过这样的渠道转移给企业。像许多其他欧洲国家一样，瑞典大型跨国企业往往直接或间接地主导着大学研究活动的性质和路径。

此外，瑞典目前关于与产业伙伴建立大学–产业能力中心或项目的政策加强了这种关系。这些科学家主要与瑞典大型产业公司（例如爱立信、ABB 和沃尔沃公司）建立了长期关系。大量资助直接来自这些产业伙伴，作为回报，这些伙伴拥有项目产生的任何知识产权。我们采访的一位与汽车产业密切合作的工程学院发明人评论道：

> 他和他的同事对被列为发明人不感兴趣，因为这没有任何价值。这些科学家主要是希望在伙伴公司内获得更多的研究资金并创造就业机会。他们不希望破坏自己或自己的主管努力维护和巩固的微妙纽带，这严重削弱了他们期望从产业伙伴那里获取更多利益的机会。他们中的大多数人还认为，他们不太可能在自己的领域内创办一家企业。

一些学术型发明人还通过能力中心与一批企业合作。伙伴企业对在这些能力中心内产生的发明具有优先购买权。研究成果被披露给伙伴企业，感兴趣的合作企业可以申请专利。正如参与企业合作安排的科学家强调的那样，教授特权法促进了科学家与产业伙伴之间的关系，因为科学家可以轻松地将自身知识产权的所有权转让给伙伴企业，而无需技术转移办公室的干预。与上述讨

第七章 欧洲的大学专利申请：知识产权的教师所有权是否阻碍了大学技术转移？

论一致，教授特权法和科学家与现有企业密切的非正式关系以及能力中心的契约结构共同导致了一种逆向线性创新模式的趋势，这种创新模式中，研究问题由产业需求产生。这类研究有助于现有企业的内部研究活动，而不像科学推动的研究那样，新想法的出现会导致新企业的诞生。

技术转移办公室的作用

本部分分析并解释了技术转移办公室的作用。就上文关于教授特权的讨论而言，重要的是要理解发明人对技术转移办公室的看法。大多数成功的发明人都独自或通过自己与产业的联系了解专利申请和商业化过程。这些学术型发明人很难接受技术转移办公室的作用和参与。他们认为技术转移办公室是不切实际和不必要的，因为与他们合作的企业是专利申请的实体。与此同时，这些企业不太可能允许技术转移办公室出售其合作项目产生的专利。虽然一些发明人承认高效的技术转移办公室是有帮助的，但他们对技术转移办公室在选择发明进行专利申请过程中的组织能力持怀疑态度。他们的担忧是，技术转移办公室可能不堪重负，可能无法满足科学家的需求。在这种情况下，科学家、大学和所有各方都会蒙受损失。同样，一些发明人暗示，如果专利所有权发生变化，也就是说，如果科学家不再拥有他们的专利，科学家可能会避免披露发明。他们可能会绕过技术转移办公室，或者向技术转移办公室透露较少的二流想法。

此外，一些发明人及其研究团队已经创立了自己的技术转移办公室，他们试图在这些技术转移办公室自己进行商业化。这些内部技术转移办公室已经成为更广泛、更通用的大学技术转移办公室的替代品。这些组织提供的激励措施不太正式，发明人的专利申请活动主要依赖个人联系或基于他们本身的技能和经验。许多发明人认为，他们的私人或个人联系优于代表每一位科学家处理技术转移的大学集中单位。

科学家普遍对技术转移办公室和法律可能激励科学家申请专利这种假设持批评态度。尽管他们确实承认技术转移办公室可以使科学家的专利申请成为可能并促进这一活动，但技术转移办公室并不是决定是否申请专利的主要驱动力。如果是这样的话，科学家原本会向技术转移办公室披露尽可能多的发明，而技术转移办公室原本会面临申请尽可能多的专利的压力。很明显，任何鼓励科学家将他们的研究商业化的努力都很难产生成效，反而会催生投机主义者。例如，如果规章制度迫使科学家参与商业活动，他们就会试图申请专利，甚至在初创企业上浪费资源。由于他们必须为了学术晋升报告自己申请的专利数量和从事的商业活动数量，因此会出现创业热潮。除非这些专利得到利用，否则它们将成为"履历专利"或"强制专利"。这些因素基本上削弱了技术转移办公室可以发挥的作用，使人们产生了一种批判性的观点，即技术转移办公室并未促进欧洲大学的技术转移。

总结

在本章中，我们旨在调查所谓的教授特权和其他组织因素可能在多大程度上促进现有企业优先获得大学发明。我们提出的问

第七章　欧洲的大学专利申请：知识产权的教师所有权是否阻碍了大学技术转移？

题是：科学家是否更愿意将他们的知识产权授予产业伙伴？科学家受到的激励和他们的期望如何影响他们的商业实践？根据这些发现，我们认为有几个因素阻碍了大学建立新企业。

大学的知识产权制度、传统和非正式的关系、能力中心的建立、技术转移办公室结构的弱化以及科学家创业动机的缺乏都可能导致大学发明被在位企业优先获得，并可能阻碍新企业的创立。这些关于教授特权法影响的发现可以从两个角度加以解释：

（1）这些发现不一定是负面的。研究资助方面的限制正迫使许多科学家寻求外部合作。与此同时，许多工业企业更加依赖和大学的合作研究，而不是在自己的实验室开展基础研究或要求大学解决企业的问题。因此，人们可以认为，知识是共同开发的，大学研究的成果直接转移到了现有的企业。专利将直接转让给产业伙伴，而无需等待技术转移办公室或私人专利律师对专利进行评估并与企业就许可和其他合同进行谈判。与此同时，人们可以期待，与产业界的密切互动将更快地促成更深层次的科学理解和突破。伙伴公司将进一步投资于产品开发和营销，这对大学资源和科学家自身的商业化技能和兴趣而言是困难的。研究团队和科学家经常与来自相同产业或互补产业的几家公司一起参与能力中心或联合项目。因此，知识和研究成果的不同方面可以被不同的企业利用，而不是被单一的企业独占。研究人员和企业之间多年来巩固的稳定关系将继续下去。此外，科学家还通过展示他们与产业相关的研究来显示自己的知识和技能，从而从中受益，并吸引更多资金。由于没有了大学和技术转移办公室与企业的谈判，所以节约了时间，还可以预期的是，在教授特权制度中，研究的发表和传播将变得更快。在经济和其他个人奖励方面，通过奖励个人的努力和网络，教授特权还可能为薪酬结构和职业道路可能相当僵化的欧洲大学体系带来一些弹性。教授特权为大学发明人提供了（或曾经提供过）不同的商业化路径，例如通过技术转移办公室单独商业化，或者将技术直接转让给工业企业。

（2）教授特权以及教授与现有企业的密切关系并非总能产生积极影响。合作研究的形成，特别是在教授特权制度下签署的合作研究，可能会引发人们对大学将重点从基础研究转向应用研究的质疑。美国的合同和协议也可能比欧洲的同类合同和协议基于更加基础的研究，从而产生更为广泛的专利。广泛的专利对大学来说可能更有价值，因为这些专利可以通过以特许权使用费为目的的许可而不是通过以生产为目的的交叉许可而得到利用（Lissoni et al., 2007）。然而，在欧洲大学的联合项目中，大型老牌企业可能会决定研究的性质，并可能导致解决现有产业问题的更狭窄专利。因此，由于大型伙伴公司在研究领域和研究问题上比小型企业和科学家拥有更大的影响力，它们的收获可能胜过它们实际资助的资金。另一个担忧是，与一家企业单独合作的教授也可以将所有研究成果和知识产权独家转让给一家公司。是否会有太多才华横溢的研究人员太容易养成这样的习惯——过于重视应用研究，同时忽视了那些对下一代新产品至关重要的基本问题（见上文所述的积极影响）呢？

此外，"教授特权以及教授与企业形成合作研究"的盛行，在帮助老牌企业在自己的领域或新领域发展能力的同时，可能会降低学术型企业家创办企业的可能性。同样，最有吸引力和商业

第七章 欧洲的大学专利申请：知识产权的教师所有权是否阻碍了大学技术转移？

上可行的研究成果很可能会被老牌企业获得，而更为平庸或初步的研究成果将留给大学的技术转移办公室或研究团队。因此，技术转移办公室或科学家在开发此类研究成果并将其商业化方面几乎无能为力。这些可能是欧洲大学的高科技初创企业羸弱和稀少的部分原因。此外，一些研究人员可能对商业化不感兴趣，也可能没有实现商业化所需的必要技能和人脉。此外，由于知识产权保护的成本对单个科学家或研究团队来说可能相当高，许多科学家和研究团队可能会干脆放弃寻求知识产权保护。因此，新的商机可能会受这些因素影响而丧失。

最后，在教授特权制度下，可以预期的是，研究人员之间以及研究人员与企业之间会出现更多关于发明权确认的争议。这可能会严重破坏安全披露，知识流动可能会严重受阻，因为被许可人和投资人根本不会与涉及不情愿、不信任或完全不合作的发明人的知识产权合作。

总体而言，我们的印象是，欧洲大学–产业技术转移体系的优势和劣势存在诸多未知之处。一方面，一批学者和政策制定者支持将《拜杜法案》作为"欧洲学术悖论"解决方案。另一方面，另一批大学教师批评称，采取这种政策基于一种错误的假设，即欧洲大学对可申请专利的技术的产出贡献不足。

我们认为，政策讨论不应仅仅基于一种制度是否产生专利。尽管若干研究发现，在教授特权制度下，大学发明的专利远远多于大学拥有的专利，但教授特权以及教授与产业界密切的非正式或正式合作关系产生的影响不能用可量化的专利数量来衡量。关于欧洲大学为何不应保留对本校科学家的发明的知识产权以及技术转移办公室作用较弱的争论,可以部分解释为这些大学依赖与产业界以及与本校的学术人员的关系。

欧洲及亚洲一些国家的政府纷纷推行了一系列政策,目的是将资金专门用于大学专利申请和一般的创业活动。这些政策的有效性在很大程度上受到大学研究人员将自身想法商业化的激励措施的影响。如果不关注大学提供的研究生活,特别是这样的研究生活在多大程度上吸引研究人员留在大学,政界人士制定的将是不完整的政策解决方案。这些政策工具可能会忽视甚至威胁到大多数研究人员从自身的研究环境中获得的满足和个人发展的主要来源。

因此,尽管政界人士和大学管理者关注学术创业的立法和组织结构,作为创业主要组成部分的研究却没有得到所需的关注和投入。如今,与孵化器和科学园区相比,大学研究得到的关注和投入较少。虽然科学园区和孵化器是大学知识极为重要的培育者,但它们需要不断注入新知识。当激励措施分散,而不是由一个行为者试图引导学术型科学家朝某一特定方向发展时,技术转移体系将发挥最佳效果。尽管对政策工具的影响进行先验评估较为困难,但有一点是清楚的,即仅凭这些问题显然无法证明制定和维持一刀切的政策工具的做法是不合理的。

为了更好地回答大学知识产权管理问题,人们应该研究产生我们发现的专利的那些研究活动:这些活动是否源自大学更愿意将这些研究项目的成果留给商业伙伴的研究项目——可能是为了换取一次性奖励?或者,它们是否源于学术型科学家为商业企业提供的不受大学管理部门的咨询控制?这些合作安排在多大程度上促进了技术转移?它们在经济上对于大学是否可行?各个科学

第七章 欧洲的大学专利申请：知识产权的教师所有权是否阻碍了大学技术转移？

领域的合作研究的普遍性如何？大学-产业合作是否只发生在生物技术、纳米技术和电子等系，而基础科学系别则被边缘化了？大型企业与小型企业在合作研究项目（如能力中心）中的参与率是多少？参与者是如何分享和利用知识产权的？教授特权对初级研究人员和学生有哪些具体好处？

我们越是研究欧洲的案例，就越是不得不承认，在欧洲观察到的大学专利申请模式更多地受学术研究和职业的制度特点、大学与产业界的传统关系，甚至是大学-产业能力中心的影响，而不是受知识产权改革和技术转移政策的影响。

参考文献

Aldridge, T., and D. B. Audretsch. 2010. "Does policy influence the commercialization route? Evidence from National Institutes of Health funded scientists." *Research Policy* 39 (5): 583–88.

Azagra-Caro, J. M., N. Carayol, and P. Llerena. 2006. "Patent protection at a European research university: Exploratory evidence at the laboratory level." *Journal of Technology Transfer* 31 (2): 257–68.

Balconi, M., S. Breschi, and F. Lissoni. 2004. "Networks of inventors and the role of academia: An exploration of Italian patent data." *Research Policy* 33 (1): 127–45.

Braunerhjelm, P. 1998. "Is there a relation between R&D-investments and high-technology exports? The Swedish export-paradox." *Ekonomiska Samfundets Tidskrift* 51 (2): 113–36.

Cesaroni, F. and A. Piccalugag. 2002. "Patenting activity of European universities: Relevant? Growing? Useful?" Paper presented in SPRU, NPRnet

Conference, University of Sussex, March 21–23.

Cesaroni, F., and A. Piccaluga. 2005. "Universities and intellectual property rights in Southern European countries." *Technology Analysis and Strategic Management* 17 (4): 497–518.

Crespi, G. A., A. Geuna, and L. Nesta. 2007. "The mobility of university inventors in Europe." *Journal of Technology Transfer* 32: 195–215.

Czarnitzki, D., B. Ebersberger, and A. Fier. 2007. "The relationship between R&D collaboration, subsidies and R&D performance: Empirical evidence from Finland and Germany." *Journal of Applied Econometrics* 22 (7): 1347–66.

Czarnitzki, D., W. Glanzel, and K. Hussinger. 2009. "Heterogeneity of patenting activity and implications for scientific research." *Research Policy* 38 (1): 26–34.

Etzkowitz, H., et al. 2000. "The future of the university and the university of the future: Evolution of ivory tower to entrepreneurial paradigm." *Research Policy* 29 (2): 313–30.

Geuna, A., and L. Nesta. 2006. "University patenting and its effects on academic research: The emerging European evidence." *Research Policy* 35: 790–807.

Giuri, Paola, et al. 2007. "Inventors and invention processes in Europe: Results from the PatVal-EU survey." *Research Policy* 36 (8): 1107–27.

Göktepe, D. 2008. "Inside the ivory tower: Inventors and patents at Lund University." PhD diss. Lund, Sweden: Lund University.

Grimpe, C., and A. Fier. 2010. "Informal university technology transfer: A comparison between the United States and Germany." *Journal of Technology Transfer* 35 (6): 637–50.

Henderson, R., A. B. Jaffe, and M. Trajtenberg. 1998. "Universities as a source of commercial technology: A detailed analysis of university patenting 1965–1988." *Review of Economics and Statistics* 80 (1): 119–27.

Iversen, E. J., M. Gulbrandsen, and A. Klitkou. 2007. "A baseline for the impact of academic patenting legislation in Norway." *Scientometrics* 70 (2): 393–414. Jacob, M., M. Lundqvist, and H. Hellsmark. 2003. "Entrepreneurial transformations in the Swedish university system: The case of Chalmers University

第七章 欧洲的大学专利申请：知识产权的教师所有权是否阻碍了大学技术转移？

of Technology." *Research Policy* 32 (9): 1555–68.

Lissoni, F., et al. 2007. "Academic patenting in Europe: New evidence from the KEINS database." Cespri Working Paper No. 202. Milan: Bocconi Uni- versity.

Lissoni, F., et al. 2009. "Academic patenting in Europe: Evidence on France, Italy, and Sweden from the KEINS database." In *Learning to Compete in European Universities: Social Institution to Knowledge Business*, ed. M. McKelvey and M. Holmen, 187–218. Northampton, MA: Edward Elgar.

Meyer, M., T. Sinilainen, T., J. T. Utecht. 2003. "Towards hybrid Triple Helix indicators: A study of university-related patents and a survey of academic inventors." *Scientometrics* 58 (2): 321–50.

Meyer, M., et al. 2005. "Inventive output of academic research: A comparison of two science systems." *Scientometrics* 63 (1): 145–61.

Meyer-Krahmer, F., and U. Schmoch. 1998. "Science-based technologies: University–industry interactions in four fields." *Research Policy* 27 (8): 835–51.

Mowery, D. C., and B. N. Sampat. 2001. "Patenting and Licensing University Inventions: Lessons from the History of the Research Corporation." Oxford: Oxford University Press.

Mowery, D. C., et al. 2001. "The growth of patenting and licensing by US universities: An assessment of the effects of the Bayh-Dole act of 1980." *Research Policy* 30 (1): 99–119.

Mowery, D.C., et al. 2004. *Ivory Tower and Industrial Innovation: University- Industry Technology Transfer Before and After the Bayh-Dole Act*. Stanford, CA: Stanford University Press.

National Science Foundation (NSF). 2002. *Science and Engineering Indicators*. Arlington, VA: National Science Board.

Organisation for Economic Co-operation and Development (OECD). 2003. *Turning Science into Business. Patenting and Licensing at Public Research Organizations*. Paris: OECD Publications.

Sampat, B. N. 2009. "Academic Patents and Access to Medicines in Developing Countries." *American Journal of Public Health* 99 (1): 9–17.

Saragossi S., and B. van Pottelsberghe de la Potterie. 2003. "What Patent Data Reveal about Universities: The Case of Belgium." *Journal of Technology Transfer* 28 (1): 47–51.

Shane, S. 2004. "Encouraging university entrepreneurship? The effect of the Bayh-Dole Act on university patenting in the United States." *Journal of Business Venturing* 19 (1): 127–51.

Siegel, D. S., D. Waldman, and A. Link. 2003. "Assessing the impact of organizational practices on the relative productivity of university technology transfer offices: An exploratory study." *Research Policy* 32 (1): 27–48.

Siegel, D. S., et al. 2003a. "Commercial knowledge transfers from universities to firms: Improving the effectiveness of university-industry collaboration." *Journal of High Technology Management Research* 14 (1): 111–33.

Siegel, D. S., et al. 2003b. "Policies Promoting Innovation in Small Firms: Evidence from the U.S. and U.K." *Small Business Economics* 20 (2): 121–27.

Stankiewicz, R., 1986. *Academics and Entrepreneurs: Developing University- Industry Relations.* Pinter.

Thursby, J., A. W. Fuller, and M. Thursby. 2009. "US faculty patenting: Inside and outside the university." *Research Policy* 38 (1) 14–25.

Thursby, J. G., and S. Kemp. 2002. "Growth and productive efficiency of university intellectual property licensing." *Research Policy* 31 (1): 109–24.

Tijssen, R. J., and E. van Wijk. 1999. "In search of the European Paradox: An international comparison of Europe's scientific performance and knowledge flows in information and communication technologies research." *Research Policy* 28 (5): 519–43.

Valentin, F., and R. L. Jensen. 2007. "Effects on academia-industry collaboration of extending university property rights." *Journal of Technology Transfer* 32 (3): 251–76.

Verspagen, B. 2006. "University research, intellectual property rights and European innovation systems." *Journal of Economic Surveys* 20 (4): 607–32.

第八章

向创业型大学转型：意大利学术创业评估

尼古拉·巴尔迪尼、里卡尔多·菲尼和罗莎·格里马尔迪

导言

许多大学都在积极推动学术创业。根据罗莎·格里马尔迪等人（2011）的观点，我们将学术创业定义为大学将研究成果商业化的过程，包括正式机制，如学术型初创企业、大学专利、产业-大学合作及许可（Baldini, Grimaldi, and Sobrero, 2006; Fini, Lacetera, and Shane, 2010; Phan and Siegel, 2006; Lockett and Wright, 2005; Siegel, Veugelers, and Wright, 2007），以及非正式机制，如咨询和其他网络构建以及与产业伙伴相关的活动（Perkmann et al., 2011; D'Este and Patel, 2007; Perkmann and Walsh, 2008）。

尽管若干研究（例如 Grimaldi et al., 2011; Wright et al., 2008）提高了我们对这一现象的理解，但我们远不清楚立法和组织变化如何与地方的特定环境相互作用，以及根植于不同文化或经济背景的大学是否可能呈现出相同的创业活动模式。为了更好地理解学术创业，我们应该采取全面的视角，将环境趋势、立法框架、政府政策、大学层面的特点和政策包括在内，关注这些因素之间的相互关系和演变如何影响大学成功地参与研究成果商业化的能力。为此，基于国家的案例研究是最合适的，只要这些研究能够让我们收集详细的信息，并最终根据各国的具体情况——包括立法背景、公共研究系统的组织结构以及更一般的历史背景——对这些信息进行解释。

基于这些前提，本章对意大利的学术创业进行了评估。与许

第八章　向创业型大学转型：意大利学术创业评估

多其他国家的情况一样，意大利的大学向研究成果商业化的转变也伴随着立法的变化。在本研究中，我们描述了自上而下的意大利知识产权制度修正案的特点，同时比照其他欧洲国家同期发生的改革，并全面描述了意大利大学支持研究成果商业化的内部政策和机制的应对方式。

我们还提供了关于意大利 64 所科学、技术、工程和数学教育大学自 21 世纪初以来开展的学术创业活动数量的描述性证据（根据专利数量、建立的衍生企业数量和咨询数量进行评估）。

大学向学术创业转型的理论依据

大学参与学术创业有几个原因。首先，这涉及大学在各自国家的技术和经济发展方面（在研究和教学之外）能够而且应该发挥的额外作用。以新的学术型初创企业、大学专利和许可以及大学-产业合作的形式自然流向市场的大学知识可能因市场失灵而受到抑制。信息不对称会导致市场失灵。第三方——包括与初创企业建立合作关系的金融投资者、银行和公司——可能缺乏评估投资初创企业所产生的积极结果或与大学教师建立合作关系所需的专业知识，因此高估了投资/努力的风险（Black and Gilson, 1998）。此外，愿意从事技术转移的大学教师可能没有能力向第三方传达自身技术知识中嵌入的价值，或者可能不愿意分享自身技术的太多细节，原因仅仅是他们害怕泄漏/传播他们认为对自身知识的成功商业化至关重要的信息（Nerkar and Shane, 2003）。出现逆向选择的原因是外部第三方很难区分技术和值得追求的宝贵机会。

因此，寻求通过制度干预缓解这种低效表现的呼声顺势而起。通过制定最佳的专利、创业和咨询政策以及其他表明更正式流程的内部规定/机制，大学可以在缓解这些低效表现方面发挥重要作用（例如通过建立技术转移办公室）。虽然这些内部政策和机制不是大学研究成果成功商业化的充分条件，但对外部各方和利益相关者而言，它们是重要的信号机制。

除了克服可能的市场低效以造福社会外，大学支持学术创业还有更加自私的动机——鉴于这些活动可能为大学及其教师带来额外的收入（Etzkowitz et al., 2000）。这种态度反映了联邦/公共研究经费来源减少的普遍趋势，这是20世纪90年代所有主要工业化国家的特点（Geuna, 1998; Calderini, Garrone, and Sobrero, 2003）。因此，技术转移活动被系统地认为是通过建立资助研究活动的新机制以捍卫大学竞争地位的必要手段。对于大学来说，参与学术创业可带来不同形式的回报。从纯粹的财务角度看，新的收入来源与授权技术的特许权使用费、在各轮融资或首次公开募股期间可能出售的学术衍生企业股份以及与公司签署的研究合同有关。这些收入之后可以集中在中央行政一级，以支持更多的研究活动，雇用研究助理，组织（和参与）活动，建设和改造实验室，获得新的基础设施，或者直接流向特定的单位，如各个系或研究中心。

另一种形式的回报是这些活动有助于提高在大学学习的吸引力，从而增加吸引对自身研究成果商业化感兴趣的聪明人的机会（Florida, 1999）。这同样适用于有才华的研究人员，除了研究活动的传统成果（出版物和/或参加会议）外，他们还有可能获得不断增加的收入，以获取他们稀有和宝贵的知识产权的租金（Zucker, Darby, and Brewer, 1998）。杰出的学者可能会有机会以新的和不同的方式发挥自己的能力，在新的——但相关的——活动中证明自己，从而满足他们的个人需要（Rod, 2006）。最后，学术创业也可能间接有助于加强一系列与产业界互动的更普遍机会（Guy and Quintas, 1995; Friedman and Silberman, 2003）。就业机会得以增加，从而对就业服务产生积极影响。更多地参与和源自研究活动的新产品的开发和工程直接相关的项目，有助于推广更多的产业应用经验和建立与公司的直接联系。两者都可以在教学、设备获取、产业诀窍和技术建议方面对大学产生积极的溢出效应（Owen-Smith and Powell, 2001），更一般地说，对机构声誉（Moutinho, Fontes, and Godinho, 2007）产生积极的溢出效应。

欧洲的知识产权制度

欧洲各国的知识产权制度情况

欧洲的知识产权法律差异很大，人们担心，关于知识产权所有权与利用的不同国家立法可能会对国际合作研究造成障碍（Schmiemann and Durvy, 2003）。在很多欧洲国家，直到21世纪初，大学都无需遵守标准的知识产权法。标准的知识产权法将雇员的发明的知识产权授予雇主。这就是所谓的教授特权或教师豁免条款（OECD, 2003; Geuna and Rossi, 2011）。这一称谓源自只适用于在大学工作的研究人员的规则，而不适用于在公共研究组织工作的研究人员，相反，公共研究组织保留专利权。许多欧洲国家改变了雇用或知识产权法（使得大学教授不再免于遵守将雇员产生的知识产权授予雇主的法律），并将知识产权的所有权从个人发明人转移到大学。

根据马里奥·卡尔代里尼、保拉·加罗内和毛里齐奥·索布雷罗（2003），阿尔多·杰乌纳（2001）以及戴维·C.莫厄里和巴文·N.桑帕特（2005）的研究，这些改革的原因包括：美国《拜杜法案》对欧洲大学–产业技术转移起到了催化作用；可以更好地利用借助公共基金产生的研究成果，避免造成浪费；通过学术衍生企业或初创企业创造就业机会，在预算缩减时期增加公共研究基金；消除不同国家关于知识产权所有权与利用的法律对国际合作研究造成的障碍。表8.1列举了一些欧洲国家的"大学专利申请活动：知识产权所有权"的情况。

表8.1 大学专利申请活动：知识产权所有权

国家	大学	发明人
奥地利	自2002年10月1日起	（*）
比利时（佛兰德斯）	自1998年1月1日起	
丹麦	自2000年1月1日起	
芬兰	自2007年1月1日起	
法国	1982年	
德国	自2002年2月7日起	
希腊	1995年	

续表

国家	大学	发明人
意大利	2001年10月25日之前和2005年3月4日之后	2001年10月25日至2005年3月4日
荷兰	1995年	
挪威	2003年1月1日	
西班牙	1986年	
瑞典	1949年	
英国	1977年	

(*) 2002年9月30日之前，欧洲各国科技部一直都是大学教授的雇主，因此有权获得大学教授的发明的知识产权。

尽管教授特权已被废除，但就员工发明的知识产权而言，欧洲远没有一个共同的制度：该制度至少有两大类别。当合同对发明任务做出明确规定时，所谓的职务发明最初通过默示让与归属雇主（存在于法国、希腊、荷兰、葡萄牙、英国等国），发明人可能有权获得补偿，也可能无权获得补偿（例如，如果发明对雇主而言特别有利可图或发明人的个人贡献超出了雇佣合同的内容）。当发明与雇主的活动存在某种联系时（例如，在公司的活动范围之内，或者发明是委托给雇员的发明任务的产物），就会产生优先购买权。在这种情况下，雇主有可能（但没有义务）在一段时间内主张对专利的权利，在此之后，知识产权将回到发明人手中，因此，这被称为拥有"优先购买权"（存在于丹麦、德国、芬兰和挪威等国）；雇员不能拒绝雇主对专利权的要求，但应当获得额外补偿。附加条款使问题进一步复杂化。最后不能不提的是，在奥地利、爱尔兰、意大利、瑞典和英国等国家，书面协议甚至可能与关于知识产权的国家立法相违背，而关于知识产权所有权的立场最终取决于每个个案的具体情况。

欧洲和美国在大学专利申请方面的差异

关于欧洲大学专利申请的论文不胜枚举。其中一些研究指出了欧洲和美国在大学专利申请方面的差异（例如 Jacob, Lundqvist, and Hellsmark, 2003; Geoghegan and Pontikakis, 2008; Wright et al., 2008）。

首先，在大多数欧洲国家，企业与大学之间的合作仍然不够成熟（de Juan, 2002; Viale and Campodall' Orto, 2002）。其次，欧洲和美国的专利制度不同。例如，由于成本较高、缺乏宽限期（Geuna and Nesta, 2006）以及在为早期技术筹集资金并将其推向市场方面存在困难（Henrekson and Rosenberg, 2001），欧洲的专利制度并不十分活跃。此外，与软件相关的发明无法申请专利，这正在扭曲欧盟、日本和美国之间的竞争（de Juan, 2002）。

埃里克·J. 艾弗森（Eric J. Iversen）、芒努斯·居尔布兰森和安特耶·克里特库（Antje Klitkou）（2007）对挪威的研究，马丁·S. 迈耶（2003）对芬兰的研究，萨里娜·萨拉戈西（Sarina Saragossi）和布鲁诺·范波特斯伯格·德拉波特利（2003）对比利时的研究，曼弗雷德·史米曼和让-诺埃尔·迪尔维（2003）以及德克·查尼茨基（Dirk Czarnitzki）、沃尔夫冈·格兰泽和卡特琳·胡辛格（2007）对德国的研究，J. 托克尔·瓦尔马克（J.

Torkel Wallmark，1997）和弗朗切斯科·里梭尼等人（2008）对瑞典的研究表明，许多发明都是在大学里开发的，但由于知识产权的规则不同（所谓的"教授特权"），这些发明却被其他机构申请。此外，玛格丽塔·巴尔科尼、斯特凡诺·布雷斯基和弗朗切斯科·里梭尼（2003）对意大利的研究，弗朗切斯科·里梭尼等人（2008）对法国和意大利的研究以及古斯塔沃·A.克雷斯皮、阿尔多·杰乌纳和莱昂内尔·J.J.内斯塔（2007）对六个欧洲国家的研究强调，违反现有规则和法律，不向大学转让知识产权的现象非常普遍（在所分析的案例中占比高达85%），这表明，与美国大学相比，欧洲大学的产业议价能力可能更低。与此同时，玛丽·C.瑟斯比、安妮·W.富勒和杰里·G.瑟斯比（2009）发现，在美国教师被列为发明人的专利中，有四分之一被单独分配给了企业，而不是被分配给大学政策或《拜杜法案》规定的大学。芬恩·瓦伦丁和拉斯马斯·伦德·詹森（2007）提供了一个吸引人的准对照实验，他们系统地比较了丹麦和瑞典两国在丹麦于2000年废除教授特权（瑞典并未废除）之前和之后与专利相关的大学-产业合作情况。丹麦新的知识产权法降低了丹麦学术型发明人对丹麦生物技术企业专利的贡献，同时提高了非丹麦学术型发明人的替代性贡献。作者注意到，转化为大学拥有的专利的学术发明适度增长，但他们强调，由于改革，学术界的大部分发明潜力似乎已经变得不活跃，原因可能是所考察的研究领域（即生物技术）具有高度的不确定性和探索性。

只有少数研究比较了不同国家的专利申请表现（例如 Meyer et al., 2005; Hehrer, 2006; Rasmussen, Moel, and Gulbrandsen, 2006; Decter,

Bennett, and Leseure, 2007; Wright et al., 2008），使用计量经济学模型考察对比表现的研究则更少（例如 Crespi, Geuna, and Nesta, 2007; Valentin and Jensen, 2007）。更一般地说，使用计量经济学模型的研究在北美以外的地方很少见，但此类研究的数量正在增长（例如 Breschi, Lissoni, and Montobbio, 2008; Chapple et al., 2005; Azagra-Caro et al., 2006 and 2007; Calderini, Franzoni, and Vezzulli, 2007）。这种缺乏也可能是由于北美以外的地方很少对专利和收入数据进行全面和定期调查。相比之下，美国和加拿大学术界技术转移官员专业协会（即北美大学技术经理人协会）所作的调查是一个被广泛使用的工具（例如 Thursby and Thursby, 2002; Friedman and Silberman, 2003; Siegel, Waldman, and Link, 2003; Sine, Shane, and Di Gregorio, 2003; Chukumba and Jensen, 2005）。这项调查正在其他选定的国家重复进行，例如丹麦的内部咨询公司（Inside Consulting）和随后的国家技术转移网络（National Network for Technology Transfer）从 2000 年开始的调查（例如 Baldini, 2006）、英国的大学公司协会（University Companies Association）从 2001 年起进行的调查（例如 Chapple et al., 2005; Hehrer, 2006）以及意大利的大学研究成果评估网络从 2002 年起进行的调查（例如 Baldini, 2010）。然而，并不存在跨国调查。经济合作与发展组织的专利和许可调查（2003）值得赞许，却是一次性的。还需要指出的是，这些样本和回复偏差可能会严重限制有效的跨国比较。需要对专利申请和许可活动进行定期调查，以便为政策制定者提供信息输入，同时还有助于大学评估绩效并相互学习（OECD, 2003）。

第八章 向创业型大学转型：意大利学术创业评估

经济合作与发展组织（2003）警告称，尽管存在有利于知识产权所有权的规则，但大学专利申请活动可能仍然处于低水平，因为除了法律要求之外，促进知识产权利用的激励措施不足，此外还有与知识产权立法无关的障碍。我们将大学改革和其他改革与意大利的知识产权立法改革联系起来。

意大利的学术创业

意大利的大学系统拥有94所公立大学，其中64所大学从事科学、技术、工程和数学领域的研究（即为科学、技术、工程和数学教育大学）。科学、技术、工程和数学教育大学遍布意大利20个大区中的19个大区，2007年平均每所大学雇用了890位大学教师。直到20世纪80年代末，由于意大利大学系统完全公开和高度集中的特点，这些大学的自治程度很低，所有的战略决策都由位于罗马的中央政府做出。

特别是，国家政府在决定财政资源的分配方面拥有巨大的权力，不仅决定大学之间的资源分配（现在仍然如此），而且在各所大学内部决定各学科领域之间的资源分配（例如，应该在文具上花多少钱，应该在建筑的日常维护上花多少钱）。此外，教学和非教学人员的招聘和晋升也由中央政府决定。

意大利最早的《知识产权法》可以追溯到1939年，该法并未将大学或公共研究组织的工作人员和其他工作人员区分开来。如果一项发明是在雇用合同或劳动合同期内完成的，则该发明归属雇主。在发明活动没有具体报酬的情况下（大学和公共研究组织的员工即是如此），如果雇主被授予专利，那么发明人有权根据发明的重要性、发明人的职责和收入以及雇主公司提供的帮助获得公平的报酬。尽管大学拥有知识产权的所有权，但大学缺乏投资知识产权管理的财务自主权。

大学改革

所有意大利大学均向意大利教育、大学和研究部报告，这是随着第400/1988号法令（即自律原则）和第168/1989号法令（首次建立了与教育部分离的大学和研究部）的实施而于20世纪80年代末开始的自主收购过程而确立的部门（以大学和科学技术研究部的名义）。从20世纪90年代初开始，新的教育、大学和研究部赋予学术机构更大的自主权，允许它们自行管理预算，设计教学计划，并在当地实行管理组织和科学活动的法规和条例。因此，大学建立了支持学术创业的内部机制，即利用大学拥有的知识产权建立学术衍生企业并推出大学教师咨询活动。意大利大多数科学、技术、工程和数学教育大学都制定了旨在有效监管这些活动的政策。

技术转移方面最重要的变化是一项为通过学术型初创企业实现研究成果有效商业化创造必要条件的国家法律——第297/1999号法令。通过使公共研究人员正式参与衍生企业的创建或大学/公共研究组合与企业之间的其他技术转移项目成为可能，同时保持他们的职位和工资（最长8年），第297/1999号法令专门促进了研究型衍生企业的创立。然而，这并不是休假，因为大学教师们的教学职责并未消失。为了促进创业转变，这项法令还为研型衍生企业带来了经济利益。随着大学自治政策出台，新法令的实际实施已经留给各所大学，由它们制定自己的规范和单位来管理衍生企业事宜。

在各所大学层面，与专利、衍生企业和咨询相关的政策旨在规范大学教师的商业化活动，有两个主要目标。首先，这些政策明确界定了交易各方在学术和产业方面的权利以及他们的报酬（如果适用）。具体而言，专利政策规定必须向谁披露发明以及谁有权获得专利，而衍生企业则规定了大学教师可以如何以及在多大程度上参与公司的角色，咨询政策描述了源自合作的知识产权的可占用性制度。其次，所有这些政策都制约着大学对技术转移活动的参与和支持，从而为参与这一过程的个人提供法律、财务和营销支持。

直到上一个十年开始，除了上述努力之外，意大利还没有像美国的北美大学技术经理人协会和英国的大学研究与产业联系协会这样的正式协会在全国范围内支持和推进学术技术转移。直到2002年，在米兰理工大学的倡议下，大学研究价值化网络（NetVal）才得以建立。大学研究价值化网络的成立是为了支持和传播学术机构的技术商业化活动。2001年，29所意大利大学签署了一项协议，到2009年，签署该协议的意大利大学增加到了46所。自建立伊始，大学研究价值化网络已经提供了34门课程，并就知识产权相关事宜培训了约1000人（主要是大学行政和技术雇员）。

知识产权改革

2001年，第383号法律对《知识产权法》进行了修订，并实行教授特权，从而将知识产权转向了与千禧年以来在其他欧洲国家进行的立法改革相反的方向。另一个不同之处在于，教授特权适用于大学的所有工作人员以及那些将研究作为自身部分使命的公共机构工作人员。研究机构可以获得一大笔金钱补偿，并且可以自由选择金钱补偿的数额，但不超过许可活动产生的净收入的一半（如果不选择补偿数额，研究机构将自动获得净收入的30%）；此外，研究机构在专利生效后五年内还被授予强制性非排他许可，以防止无法发挥作用或无法充分发挥作用。

自2001年的法律施行以来，包括产业协会、大学、公共研究组织和政界在内的各界人士展开了激烈的争论。尽管他们的任务不同，但他们一致呼吁废除这一法律，声称它区别对待私营部门雇员和公共部门雇员，增加了公私合作项目知识产权谈判的复杂性和不确定性，并且没有激励大学和公共研究组织对其实验室开发的发明进行战略性管理。出于这种制度压力，意大利政府认识到公共研究人员很少为他们的发明申请专利并从经济上加以利用，并且颁布了新的《知识产权法》（D.Lgs. n. 10/2005 of February 10, 2005）。随着新立法的出台，2001年出台的条款不适用于至少部分由私人资助的研究或由与发明人所属机构不同的公共机构资助的特定研究项目。必须强调的是，在意大利，这种情况是惯例，而不是例外。

总体而言，意大利的知识产权立法在过去15年里一直非常

第八章 向创业型大学转型：意大利学术创业评估

不确定。例如，意大利参议院早在 2002 年 1 月 29 日就通过了一项废除 2001 年法律的提案，但该提案在 2002 年 9 月依然在该国众议院悬而未决。新的《知识产权法》（D. Lgs. n. 131/2010）第一修正案草案原本打算完全废除教授特权（当时依然存在）并将其转变为发明人的优先购买权。然而，这项新规定却从最终于 2010 年 8 月 13 日获得批准的法律中消失了。

意大利大学学术创业的实证证据

为了评估意大利科学、技术、工程和数学教育大学的学术创业水平，我们调查了被授予学术机构的专利家族（年度）数量、建立的学术衍生企业数量以及大学教师开展的咨询活动的经济价值。专利信息是使用 PATUNIT 数据库（Baldini, Grimaldi, and Sobrero, 2006）和 ORBIT 数据库收集的。至于衍生公司的数量，我们依赖 IRIS 数据库（Fini et al., 2011）中存储的信息，而咨询活动的货币价值量则是从意大利教育、大学和研究部网站下载的。图 8.1 报告了所选变量的趋势，显示专利申请和咨询活动随着时间的推移均出现了大幅增长，而成立的衍生企业数目较为稳定。

为了估算意大利科学、技术、工程和数学教育大学学术创业的总体指标，我们对上述三个变量进行了主成分分析（Principal Component Analysis，缩写为 PCA）。具体而言，我们首先汇集了我们的分析涵盖的时期内的所有观察结果。其次，鉴于所选变量的不同性质，我们对分析中包含的所有三项指标进行了标准化

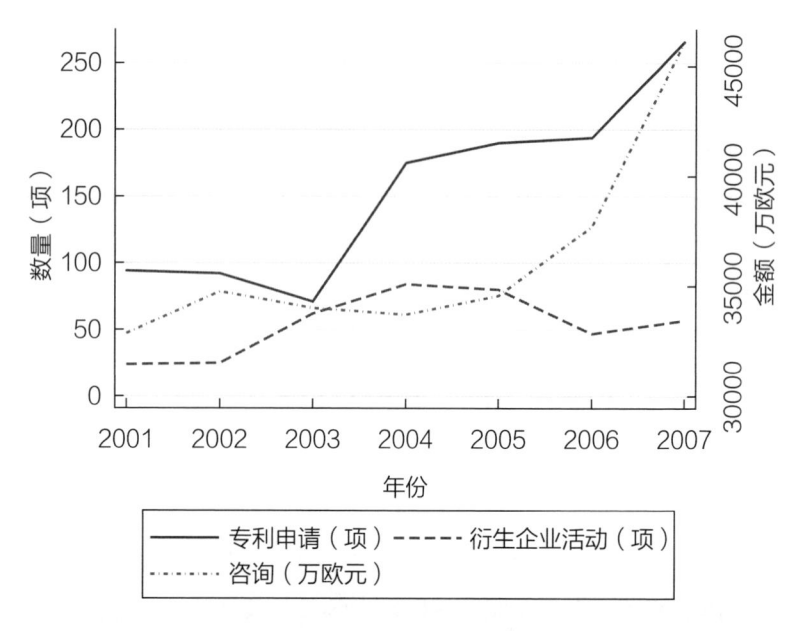

图 8.1　意大利科学、技术、工程和数学教育大学的学术创业

资料来源：专利申请，PATUNIT（Baldini et al., 2006）和 ORBIT 数据库；衍生企业行为，IRIS 数据库（Fini et al., 2011）；咨询，MIUR 网站。

说明：如果受让人中有一所以上的大学，我们将专利转让给每一所大学。货币价值均以 2001 年的货币进行报告。

处理。我们将成分识别的加载阈值设定为 0.5（Hair et al., 1995），并采用 Kaiser–Meyer–Olkin（KMO）抽样充分性测度水平 0.6（Tabachnik and Fidell, 2001）。如表 8.2 所示，所有变量均加载在一个因子载荷（Factor Loadings）高于 0.50 的单一主成分上。可解释方差（explained variance）的比例接近 55%，抽样充分性测度水平为 0.61。表 8.3 展示了意大利的学术创业的三个变量以及主成分的描述性统计数据。

表8.2 主成分分析

变量	学术创业（主成分）
衍生企业行为	0.61
专利申请	0.60
咨询	0.52
可解释方差比例（%）	54.55
Kaiser Meyer-Olkin 抽样充分性测度水平	0.61

表8.3 意大利的学术创业（2001—2007年）

变量	观察结果	平均值	标准差	最小值	最大值
衍生企业行为（数量）	448	0.85	1.60	0	10
专利申请（数量）	448	2.42	4.19	0	26
咨询（欧元）	370	6857199	8526326	846	39100100
学术创业（主成分）	370	0.00	1.27	-3.17	5.72

说明：在78个案例中，关于咨询活动的信息缺失。

图8.2展示了2001年至2007年采用专利政策、衍生企业政策或咨询政策的科学、技术、工程和数学教育大学的百分比。2000年，没有一所大学拥有一项衍生企业政策，只有少数大学（约30%的大学）拥有一项专利规定或一项咨询规定（约45%的大学）。相反，在2007年，近60%的大学拥有专利政策、衍生企业政策或咨询政策（然而，只有30%的大学同时拥有三种

政策；详细信息见图8.3）。

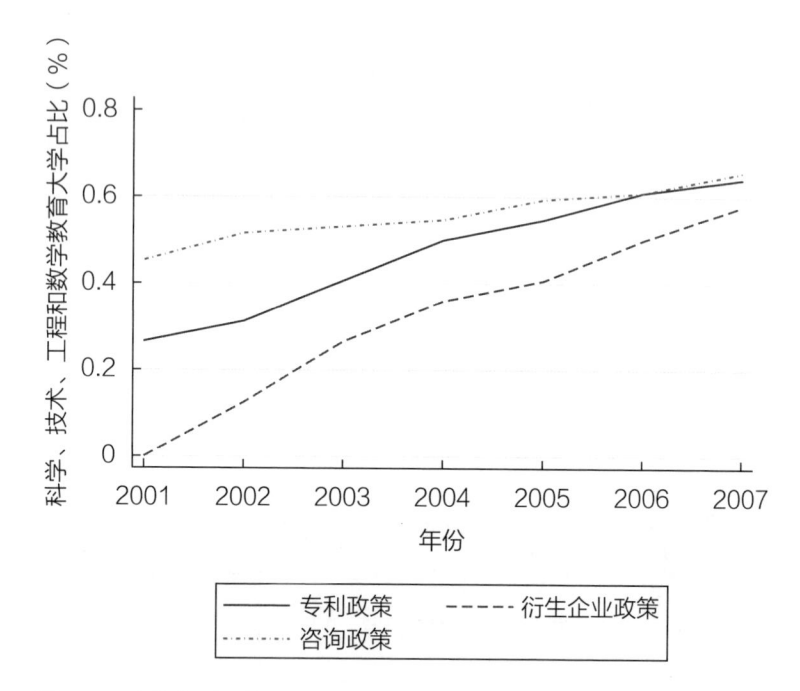

图8.2 实行专利政策、衍生企业政策和咨询政策的科学、技术、工程和数学教育大学占比

之后，我们评估了意大利科学、技术、工程和数学教育大学2001年至2007年的学术创业趋势。此外，我们还寻找了由特定支持机制的存在而导致的学术创业的不同趋势。具体而言，在图8.3中，我们比较了大学是否实行全部三种政策，是否隶属于大学研究价值化网络，是否拥有运营中的技术转移办公室并对其人员的专业化进行了投资。

如图8.3（a）中的实线所示，学术创业水平在2001年至2004年显著增长，并在随后几年趋于平稳。对实行全部三项政

第八章 向创业型大学转型：意大利学术创业评估

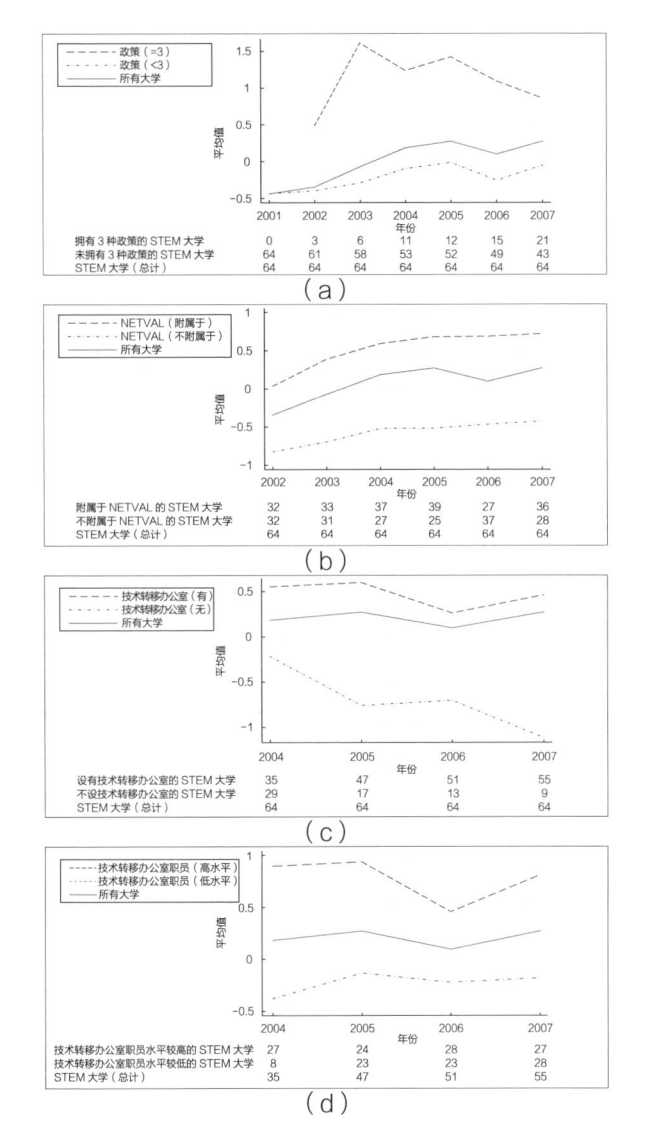

图 8.3 意大利学术创业的发展趋势

注：2006 年附属于 NETVAL 的大学数量降低是由组织架构调整造成的。NETVAL 从一个非正式联盟变成了一个正式的协会。

资料来源：IRIS 数据库（Fini et al., 2011）。

策的大学与未实行这三项政策的大学加以比较后，我们得出的结果表明，前者呈现的学术创业水平明显高于后者。然而，数据还显示，2005年之后，实行全部三项政策的大学的学术创业数量随着时间的推移而减少，这是因为实行全部三项政策的十所大学随后在2004年至2007年的表现较差。数据还显示，2007年，不到33%的意大利科学、技术、工程和数学教育大学同时实行了全部三项政策。因此，没有实行这三项政策的大学在很大程度上体现了意大利学术创业的平均趋势。

我们通过比较大学研究价值化网络附属大学和非大学研究价值化网络附属大学的表现继续我们的分析。进一步的差异也出现了，大学研究价值化网络附属大学在整个时期的表现优于其他大学，如图8.3（b）所示。尽管在2006年加入大学研究价值化网络的大学数量有所下降，但大学研究价值化网络附属大学的学术创业活动随着时间的推移而增加，并在2007年达到顶峰。

同样，我们还寻找了拥有和没有技术转移办公室的大学之间的差异。图8.3（c）表明，随着时间的推移，越来越多的大学建立了技术转移办公室。2004年，只有35所大学拥有技术转移办公室（略高于大学总数的50%），而在2007年，这一数字上升到55所（高于大学总数的85%）。由于学术创业的平均水平在整个时期内保持不变，这一趋势表明，少数没有技术转移办公室的科学、技术、工程和数学教育大学2007年的表现大幅下降。

最后，我们比较了拥有至少一名参加大学研究价值化网络课程的技术转移办公室员工的大学。图8.3(d)中展示的证据显示，大约40%的科学、技术、工程和数学教育大学对本校技术转移办公室员工的专业化进行了投资,而其余60%的大学没有这方面投资。前者的表现优于后者。

之后,我们评估了每一所科学、技术、工程和数学教育大学的学术创业价值,并按大区进行汇总。意大利分为20个大区,均由中央政府统治。大区是意大利的一级行政区划。如表8.4所示,科学、技术、工程和数学教育大学均匀分布在意大利各地。平均每个大区约有3所科学、技术、工程和数学教育大学,其中米兰所在的伦巴第大区分布密度最高,有十所大学。就学术创业而言,艾米利亚-罗马涅在总价值(33.9)和平均价值(1.26)方面表现最好,在总价值方面紧随其后的是皮埃蒙特(17.34)和托斯卡纳(16.76),在平均价值方面紧随其后的是皮埃蒙特(0.91)和维尼托(0.51)。坎帕尼亚(5)和莫里斯(12)在学术创业的总价值(-20.43)和平均价值(-1.26)方面落在最后。

表8.4 意大利按大区划分的学术创业情况

大区(名称)	大区(编码)	科学、技术、工程和数学教育大学	观察结果的数量(2001—2007)	缺失值的数量	学术创业(主成分)(平均价值)	学术创业(主成分)(总价值)
阿布鲁佐	1	3	21	5	-1.14	-18.19
阿普利亚	2	4	28	1	-0.23	-6.33
巴斯利卡塔	3	1	7	0	-0.66	-4.63
卡拉布里亚	4	3	21	0	-0.62	-12.99
卡帕尼亚	5	5	35	2	-0.62	-20.43

续表

大区（名称）	大区（编码）	科学、技术、工程和数学教育大学	观察结果的数量（2001—2007）	缺失值的数量	学术创业（主成分）（平均价值）	学术创业（主成分）（总价值）
艾米利亚-罗马涅	6	4	28	1	1.26	33.90
弗留利-威尼斯-朱利亚	7	3	21	5	−0.45	−7.24
拉齐奥	8	6	42	12	−0.22	−6.70
利古里亚	9	1	7	0	0.11	0.74
伦巴第	10	10	70	27	0.38	16.40
马尔凯	11	3	21	6	−0.22	−3.34
莫利塞	12	1	7	0	1.26	−8.84
皮埃蒙特	13	3	21	2	0.91	17.34
萨丁岛	14	2	14	2	−0.01	−0.15
西西里岛	15	4	28	8	−0.58	−11.58
托斯卡纳	16	5	35	0	0.48	16.76
特伦蒂诺-上阿迪杰	17	2	14	7	0.29	2.02
翁布里亚	18	1	7	0	0.38	2.66
威尼托	20	3	21	0	0.51	10.62
合计		64	448	78		

注：瓦莱塔奥斯塔大区（19）没有科学、技术、工程和数学教育大学。

最后，为了提供更多关于2001年至2007年学术创业变化的信息，图8.4绘制了2001年学术创业的平均水平与该变量在随

第八章　向创业型大学转型：意大利学术创业评估

后 6 年（2001 年至 2007 年）的变化情况。每个点代表任何给定大区的科学、技术、工程和数学教育大学产生的学术创业平均价值。两条虚线显示了绘制的变量的平均值。

图 8.4 显示，所有大区的学术创业水平都有所增加，变化率介于 0.8（特伦蒂诺–上阿迪杰）和 2.35（阿普利亚）。左上象限包括最初在 2001 年至 2007 年增长缓慢的先进大区。例如，该组大学包括位于艾米利亚–罗马涅和托斯卡纳的大学，它们位居首批实行规范的基础设施机制以支持学术创业的大学之列。更具体地说，在 20 世纪 90 年代末，博洛尼亚大学和比萨圣安娜高等学校（Sant'Anna School of Advanced Studies–Pisa）以及位于伦巴第的米兰理工大学是正式规范大学专利申请活动的先行者（Baldini

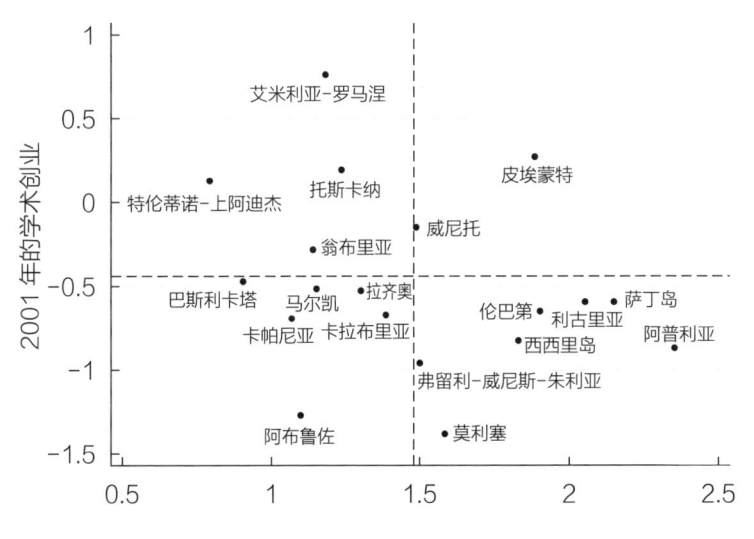

图 8.4　各大区学术创业的平均值变化

资料来源：IRIS 数据库（Fini et al., 2011）。

et al.)。

相反，右下角的区域中是那些最初落后、正迎头赶上的大区。在这一象限中，我们发现了位于阿普利亚和萨尔德尼亚的大学，它们在创造有利的创业环境方面投入了大量精力。位于伦巴第的 10 所科学、技术、工程和数学教育大学也被包括在这一区域。事实上，它们的表现相当参差不齐，米兰理工大学等大学的表现胜过绝大多数意大利大学，但也有一些大学落后于其他大学。

尽管平均而言，20 个大区的所有大学的创业努力都在增长，但左下象限显示了一些落后的大区，这些大区都位于意大利南部和中部，表现低于平均水平。

最后，右上象限中只有两个（实际上是一个）大区，该象限中的大学是正在继续领先的大学——在 2001 年已经领先。事实上，在都灵理工大学的带领下，位于皮埃蒙特的大学的学术创业水平在 2001 年的价值（0.26）和 2001 年至 2007 年的变化（1.88）方面都高于意大利平均水平。事实上，位于皮埃蒙特的大学在 2001 年跻身前三，在增长率方面位居前五。

总结

我们的研究显示了意大利大学在促进学术创业方面发挥的积极作用。我们考察了学术创业的总体指标与意大利科学、技术、工程和数学教育大学实施的一系列支持机制之间的关系，这些机制包括专利法规、衍生企业法规、合作法规、技术转移办公室以及大学研究价值化网络隶属关系——大学研究价值化网络是一个

第八章 向创业型大学转型：意大利学术创业评估

支持和传播技术商业化活动的大学网络。证据表明，学术创业活动的三项指标之间存在显著的正相关关系。

在内部监管方面，我们的数据显示，拥有与专利、衍生企业和合作相关的三项内部规定的大学在学术创业方面表现更好。这一结果一直持续到2005年。2005年之后，虽然采用这三项规定的大学数量在增加，但这些大学的学术创业平均生产率却在下降。然而，它们的生产率明显高于没有实行全部三项政策的大学。一种可能的解释是，采用这三项规定仅仅反映了一个同构的过程，而不是反应积极从事创业活动的意愿。这可能促使大学采取内部机制，以便大学技术转移活动在符合社会需要的情况下合法化。在这方面，尼古拉·巴尔迪尼等人（2010）在分析意大利大学专利法规的扩散和采用时发现，当意大利大学在包括知识产权管理在内的几个领域被授予更大的自主权时，许多大学不确定该做什么，它们更愿意等待三所最负盛名的大学采取行动，效仿它们的做法，并将它们作为榜样。这一证据支持了这样一种观点，即为了应对规范的变化，学术机构会效仿最合法的组织的行为。

技术转移办公室的可获得性对学术创业水平略有影响，但技术转移办公室内部专门接受过技术转移培训的人员对学术创业具有积极影响。内部技术转移办公室的设立和法规的通过可能反映了一些大学遵循一种普遍趋势的意图，大学根据这一普遍趋势参与研究成果的商业化是社会所希望的。然而，受过专门培训的技术转移办公室员工的可获得性反映了技术转移办公室发展特定能力以成功支持技术转移活动的意愿。

在其他条件相同的情况下，意大利北部的大学表现优于意大利南部的大学。这表明了外部环境在促进大学研究成果商业化方面的重要性。在一篇论文中，里卡尔多·菲尼等人（2011）分析了意大利的学术衍生企业，作者报告称，大学层面的支持机制补充了大区层面为高科技创业提供的立法支持。他们的发现支持这样一种观点，即为了让大学制定有效的衍生企业支持政策，应该考虑到地区环境的特殊性。

我们的分析还显示，一些"后发"大学正在努力追赶其他在技术转移方面更加积极主动的大学。大多数20世纪90年代在学术创业方面实现快速增长的先行大学在2001年至2006年放慢了速度。都灵理工大学是个例外。如果不考虑环境因素、立法变化和地区特殊性，很难解释为什么会发生这种情况。我们的推测是，许多先行大学面临比其他大学更多的不确定性，在大多数情况下，这些大学在试图找到最佳内部配置的过程中消耗了内部精力（随着时间的推移，这些大学也一直在采用不同版本的专利和衍生企业法规）。

最后，由于IRIS数据集的存在，我们有可能详细阐述一项反映意大利学术创业情况的综合指标。该文件包含关于大学专利、衍生公司以及大学-产业合作的详细数据。这是一个内容非常丰富的数据集，在本章中用于描述性研究。未来，我们打算考察这些数据，将其作为更详细的学术创业分析的一部分，以确定个人因素、组织因素和制度因素如何影响学术环境中的成功创业。

参考文献

Azagra-Caro, J. M., et al. 2006. "Faculty support for the objectives of university- industry relations versus degree of R&D cooperation: The importance of regional absorptive capacity." *Research Policy* 35: 37–55.

Azagra-Caro, J. M., F. Archontakis, and A. Yegros-Yegros. 2007. "In which re- gions do universities patent and publish more?" *Scientometrics* 70: 251–66.

Balconi, M., S. Breschi, and F. Lissoni. 2003. "Il trasferimento di conoscenze tecnologiche dall'università all'industria in Italia: Nuova evidenza sui brevetti di paternità dei docenti." In *Il sistema della ricerca pubblica in Italia*, edited by A. Bonaccorsi, 58–100. Milan: Franco Angeli.

Baldini, N. 2006. "The act on inventions at public research institutions: Danish universities' patenting activity." *Scientometrics* 69: 387–407.

Baldini, N. 2010. "University spin-offs and their environment." *Technology Analysis and Strategic Management* 22: 859–76.

Baldini N., R. Grimaldi, and M. Sobrero. 2006. "Institutional changes and the commercialization of academic knowledge: A study of Italian universities' patenting activities between 1965 and 2002." *Research Policy* 35: 518–32.

Baldini, N., et al. 2014. "Organizational change and the institutionalisation of university patenting activity in Italy." *Minerva* 52 (1): 27–53.

Black, B., and R. Gilson. 1998. "Venture capital and the structure of capital markets: Banks versus stock markets." *Journal of Financial Economics* 47: 243–77.

Breschi, S., F. Lissoni, and F. Montobbio. 2008. "University patenting and scientific productivity: A quantitative study of Italian academic inventors." *European Management Review* 5: 91–109.

Calderini, M., C. Franzoni, and A. Vezzulli. 2007. "If star scientists do not patent: The effect of productivity, basicness and impact on the decision to patent in the academic world." *Research Policy* 36: 303–19.

Calderini, M., P. Garrone, and M. Sobrero. 2003. *Corporate Governance, Market Structure and Innovation*. Cheltenham, U.K.: Edward Elgar.

Chapple, W., et al. 2005. "Assessing the relative performance of U.K. university technology transfer offices: Parametric and non-parametric evidence." *Research Policy* 34: 369–84.

Chukumba, C., and R. Jensen. 2005. "University invention, entrepreneurship, and start-ups." Working paper no. 11475. Cambridge, MA: National Bureau of Economic Research.

Crespi, G. A., A. Geuna, and L. Nesta. 2007. "The mobility of university inventors in Europe." *Journal of Technology Transfer* 32: 195–215.

Czarnitzki, D., W. Glänzel, and K. Hussinger. 2007. "Patent and publication activities of German professors: An empirical assessment of their co-activity." *Research Evaluation* 16: 311–19.

Decter, M., D. Bennett, and M. Leseure. 2007. "University to business technology transfer: UK and USA comparisons." *Technovation* 27: 145–55.

de Juan, V. 2002. "Comparative study of technology transfer practices in Europe and the United States." *Journal of the Association of University Technology Managers* 14: 31–58.

D'Este P., and P. Patel. 2007. "University–industry linkages in the UK: What are the factors determining the variety of interactions with industry?" *Research Policy* 36 (9): 1295–1313.

Etzkowitz, H., et al. 2000. "The future of the university and the university of the future: Evolution of ivory tower to entrepreneurial paradigm." *Research Policy* 29: 313–30.

Fini, R., et al. 2011. "Complements or Substitutes? The Role Of Universities and Local Context in Supporting the Growth of Academic Spin-Offs." *Research Policy* 40: 1113–27.

Fini R., N. Lacetera, and S. Shane. 2010. "Inside or outside the IP-system: Business creation in Academia." *Research Policy* 39: 1060–69.

Florida, R. 1999. "The role of the university: Leveraging talent, not technology." *Issues in Science and Technology* 15 (4): 67–73.

Friedman, J., and J. Silberman. 2003. "University technology transfer: Do incentives, management, and location matter?" *Journal of Technology Transfer* 28: 17–30.

Geoghegan, W., and D. Pontikakis. 2008. "From ivory tower to factory floor? How universities are changing to meet the needs of industry." *Science and Public Policy* 35: 462–74.

Geuna, A. 1998. "The internationalization of European universities: A return to medieval roots." *Minerva* 36: 253–70.

Geuna, A. 2001. "The changing rationale for university research funding: Are there negative unintended consequences?" *Journal of Economic Issues* 35: 607–32.

Geuna, A., and L. Nesta. 2006. "University patenting and its effects on academic research: The emerging European evidence." *Research Policy* 35: 790–807.

Geuna, A., and F. Rossi. 2011. Changes to University IPR regulations in Europe and the impact on academic patenting. Research Policy 40(8), 1068–1076.

Grimaldi, R., et al. 2011. "Special Issue: 30 Years after Bayh-Dole: Reassessing Academic Entrepreneurship." *Research Policy* 40 (8): 1045–44.

Guy, K., and P. Quintas. 1995. "Collaborative, pre-competitive R&D and the firm." *Research Policy* 24: 325–48.

Hair, J., et al., eds. 1995. *Multivariate Data Analysis with Readings*. 4th ed. Upper Saddle River, NJ: Prentice-Hall.

Heher, A. D. 2006. "Return on investment in innovation: Implications for institutions and national agencies." *Journal of Technology Transfer* 31: 403–14.

Henrekson, M., and N. Rosenberg. 2001. "Designing efficient institutions for science-based entrepreneurship: Lesson from US and Sweden." *Journal of Technology Transfer* 26: 207–31.

Iversen, E. J., M. Gulbrandsen, and A. Klitkou. 2007. "A baseline for the impact of academic patenting legislation in Norway." *Scientometrics* 70: 393–414.

Jacob, M., M. Lundqvist, and H. Hellsmark. 2003. "Entrepreneurial transformations in the Swedish university system: The case of Chalmers University of Technology." *Research Policy* 32: 1555–68.

Lissoni F., et al. 2008. "Academic patenting in Europe: New evidence from the KEINS database." *Research Evaluation* 17: 87–102.

Lockett, A., and M. Wright. 2005. "Resources, capabilities, risk capital and the creation of university spin-out companies." *Research Policy* 34: 1043–57.

Meyer, M. S. 2003. "Academic patents as an indicator of useful research? A new approach to measure academic inventiveness." *Research Evaluation* 12: 17–27.

Meyer, M. S., et al. 2005. "Inventive output of academic research: A comparison of two science systems." *Scientometrics* 63: 145–61.

Moutinho, P. S. F., M. Fontes, and M. M. Godinho. 2007. "Do individual factors matter? A survey of scientists' patenting in Portuguese public research organizations." *Scientometrics* 70: 355–77.

Mowery, D. C., and B. N. Sampat. 2005. "The Bayh-Dole Act of 1980 and university-industry technology transfer: A model for other OECD governments?" *Journal of Technology Transfer* 30: 115–27.

Nerkar, A., and S. Shane. 2003. "When do start-ups that exploit patented academic knowledge survive?" *International Journal of Industrial Organization* 21: 1391–1411.

Organisation for Economic Co-operation and Development (OECD). 2003. *Turning Science into Business. Patenting and Licensing at Public Research Organizations*. Paris: OECD Publications.

Owen-Smith, J., and W. W. Powell. 2001 "To patent or not: Faculty decisions and institutional success at technology transfer." *Journal of Technology Transfer* 26: 99–114.

Perkmann, M., and K. Walsh. 2008. "Engaging the scholar: Three forms of academic consulting and their impact on universities and industry." *Research Policy* 37 (10): 1884–91.

Perkmann, M., et al. 2011. "Universities and the third mission: A systematic review of research on external engagement by academic researchers." Imperial College Working Paper.

Phan, P., and D. S. Siegel. 2006. "The effectiveness of university technology transfer: Lessons learned, managerial and policy implications, and the road forward." *Foundations and Trends in Entrepreneurship* 2 (2): 77–144.

Rasmussen, E., Ø. Moen, and M. Gulbrandsen. 2006. "Initiatives to promote commercialization of university knowledge." *Technovation* 26: 518–33.

Rod, M. 2006. "The sealing of university intellectual property boundaries and the ceiling of academic entrepreneurial tolerance." *Science and Public Policy* 33: 3–4.

Saragossi, S., and B. van Pottelsberghe de la Potterie. 2003. "What patent data reveal about universities: The case of Belgium." *Journal of Technology Transfer* 28: 47–51.

Schmiemann, M., and J.-N. Durvy. 2003. "New approaches to technology transfer from publicly funded research." *Journal of Technology Transfer* 28: 9–15.

Siegel, D. S., D. A. Waldman, and A. N. Link. 2003. "Assessing the impact of organizational practices on the productivity of university technology transfer offices: An exploratory study." *Research Policy* 32: 27–48.

Siegel, D., D. Veugelers, and M. Wright. 2007. "University commercialization of intellectual property: Policy implications." *Oxford Review of Economic Policy* 23 (4): 640–60.

Sine, W. D., S. Shane, and D. Di Gregorio. 2003. "The halo effect and technology licensing: The influence of institutional prestige on the licensing of university inventions." *Management Science* 49: 478–96.

Tabachnik, B. G., and L. S. Fidell, eds. 2001. *Using multivariate statistics (4th ed.)*. Needham Heights, MA: Allyn and Bacon.

Thursby, J. G., A. Fuller, and M. C. Thursby. 2009. "US faculty patenting: Inside and outside the university." *Research Policy* 38 (1): 14–25.

Thursby, J. G., and M. C. Thursby. 2002. "Who is selling to the ivory tower? Sources of growth in university licensing." *Management Science* 48: 90–104.

Valentin, F., and R. L. Jensen. 2007. "Effects on academia-industry collaboration of extending university property rights." *Journal of Technology Transfer* 32: 251–76.

Viale, R., and S. Campodall'Orto. 2002. "An evolutionary Triple Helix to strengthen academy-industry relations: Suggestions from European regions." *Science and Public Policy* 29: 154–68.

Wallmark, J. T. 1997. "Inventions and patents at universities: The case of Chalmers University of Technology." *Technovation* 17: 127–39.

Wright, M., et al. 2008. "Mid-range universities' linkages with industry: Knowledge types and the role of intermediaries." *Research Policy* 37: 1205–23.

Zucker, L. G., M. R. Darby, and M. B. Brewer. 1998. "Intellectual human capital and the birth of U.S. biotechnology enterprises." *American Economic Review* 88: 290–306.

第九章

美国东北大学：技术转移与学术型企业家研究

★ 本篇论文是下述论文早期手稿的更新和扩展版本：T.Marion, D.Dunlap and J.Friar, "The university entrepreneur: A census and survey of attributes and outcomes," *R&D Management*, 2012, 42 (5): 401–419.

塔克·J. 马里昂、丹尼丝·邓拉普和约翰·H. 弗里亚尔

导言

自 20 世纪 80 年代以来，研究型大学越来越多地被政策制定者视为经济增长的引擎，途径是向私营部门转移技术以实现知识产权的商业化（Markman et al., 2005; Markman, Siegel, and Wright, 2008; Siegel and Phan, 2004）——直接从初级研究走向商业化创新。1980 年，《拜杜法案》获得通过，自那以后，大约有 5700 家以大学为基础的初创企业成立。

将技术转化为高速成长的独立新企业或业务部门对维持美国的经济增长和生活水平至关重要。然而，研究表明，在分配给大学的发明中，只有 12%~16% 被转移到了私人新企业（Di Gregorio and Shane, 2003; AUTM, 2001 and 2002）。目前关于技术知识转移效能的文献主要关注专利的产生和许可（Siegel and Phan, 2004），而不是关注促进可持续的新企业发展所需的关键组成部分——学术型企业家。本研究关注的是大学创业以及在大学从事科学工作和作为见证技术商业化的核心人物的个人。

西蒙·莫西和迈克·赖特（2007）指出，关于学术型企业家的研究寥寥无几。根据吉迪恩·D. 马尔克曼、唐纳德·S. 西格尔和迈克·赖特（2008）的研究，学术发明被转移或溢出为外部利益（如大学之外的新初创企业）的过程在文献中仍是一个不成熟的研究分支。许多关于学术创业的研究也与产业研究形成了对比，在产业研究中，对早期企业互动的研究是在启动资本、环境

第九章 美国东北大学：技术转移与学术型企业家研究

和创业导向的背景下进行的（Wiklund and Shepherd, 2005）。研究表明，创业者的经验可能各不相同，这指出了一个事实，即可能有一些成功的创业者是老手创业者，即不是第一次创建和发展公司的个人（Westhead, Ucbasaran, and Wright, 2005）。我们在本研究中的目的是关注学术型企业家的特征，以确定产业观察结果和大学校园里的观察结果之间是否存在联系。此外，我们还试图确定与成功创建新企业有关的特征。

本研究的目的是将商业化成功的程度与学术型企业家的特征联系起来。为了更好地理解大学如何从学术研究中培育新企业，我们认为，应该注意那些使成功创建新的创业企业这一学术创业追求成为可能的机制和属性。正如西蒙·莫西和迈克·赖特（2007）指出的那样，"试图理解创业者的行为属性和认知属性的研究数量有限，更具体地说，这些创业者是致力于不懈追求商业化的大学科学家"（Baron, 2007; Markman, Siegel, and Wright, 2008; Jain, George, and Maltarich, 2009）。考虑到这一点，我们的研究首先提出了一个重要的问题，即明星学术型企业家是否具有特殊的特征（Zucker, Darby, and Brewer, 1998）。具体而言，我们的研究调查了更加细微的问题，涉及学术研究人员的经验水平、动机以及培养人际网络和积极计划以实现技术商业化的能力等。我们从定量和定性两个角度探讨这些大学教师的创业倾向，以期洞悉他们的内在特征和动机。在此过程中，我们采取了一种多步骤的方法。我们首先统计了美国东北大学 10 年间的所有发明披露。接着，我们调查了同一所大学的学术型发明人的创业行为。最后，我们对最成功的创业者进行了深度访谈，以获得关于他们在学术研究框架内的创业方式的第一手见解。

文献综述与概念基础

大学环境中的创业研究正变得愈发重要。在最基本的层面上，学术创业涉及研究知识溢出到商业化的商品和服务之中。拉基什瑞·阿加瓦尔（Rajshree Agarwal）及其同事（2007）指出："研究机构中的科学家和现有企业在参与创立新企业时促进了知识溢出。"（267）在过去30年间，研究型大学是新知识的创造者和消费者，它们在价值创造中的社会角色已经成为一个重要的政策问题（Markman et al., 2005）。

2011财年，美国研究型大学在研究上花费了637亿美元，产生了23741项发明披露、22759项专利申请、40007个未到期的许可证和许可证选项以及有限数量的创收许可协议和以大学为基础的初创企业或衍生企业（AUTM, 2013）。就技术转移的创业维度而言，新企业的创建已被证明是创新活动、竞争、经济增长和创造就业的最有力贡献因素之一（Carree and Thurik, 2003）。根据2004年的一项风险企业影响研究（Venture Impact Study），10%的美国国内生产总值（GDP）与新风险企业的成立直接相关（Global Insight, 2004）。本研究的一个关键贡献是，尽管我们研究了所有这些类型的商业化成功，但我们主要关注后者，即由学术型企业家领导的以大学为基础的初创企业的发展。

尽管研究表明，在分配给大学的发明中，只有12%~16%被转移到私人新企业（Di Gregorio and Shane, 2003; AUTM, 2001 and

2002），但以大学为基础的初创企业最有可能影响规模更大的经济，并实现政府研发政策制定者的希望。新企业和创业活动已被证明有助于竞争、经济增长和创造就业机会，并创造了很大一部分国内生产总值（Carree and Thurik, 2003; Global Insight, 2004）。丹特·迪格雷戈里奥和斯科特·沙恩（2002）发现，只有很小一部分分配给大学的发明实际上被转移或溢出到了私人新企业。在这种情况下，我们同意其他学者的观点，即如果政府资助的研发旨在通过缩短商业化周期来提高研究资产创造的收益，那么对这个问题的研究应该有更高层次的考虑（Markman et al., 2005）。斯科特·沙恩和托比·E.斯图尔特（2002）认为，像基因泰克（Genentech）、凌云逻辑（Cirrus Logic）和来科思（Lycos）等基于大学技术的初创企业往往生存得更久，更有可能实现首次公开募股。这些例子指出了在大学环境中孵化企业的持续重要性（Clarysse et al., 2005）。

丹特·迪格雷戈里奥和斯科特·沙恩（2002）发现，有大量证据表明，大学的知识知名度和许可政策对创业活动具有显著影响。他们声称，这是因为两个原因：（1）来自更知名大学的研究人员更擅长研究，因此更有可能创立企业，以此获取他们稀有和宝贵的知识产权产生的租金（Zucker, Darby, and Brewer, 1998）；（2）来自更知名大学的发明人可能更有能力获得创办自己的企业所需的资金。这两点原因是有理有据的，尚待研究的是大学的组织特征（O'Shea et al., 2005）、资助水平、技术转移办公室的年限以及内部/外部资源因素（Powers and McDougall, 2005），更重要的是学术型发明人本身的属性。此外，我们愈发认识到，企业、大学和个人往往只达到他们被要求衡量的业绩指标。因此，要取得真正的进展，就需要对更加难以衡量的要素做出准确评估，包括学术型企业家的创业技能，不论他们的学术环境、大学激励措施或技术类型如何。

对于学术研究如何成功地转化为不同类型的商业化成功，如授予的专利、获得的许可证/许可证选项和以大学为基础的初创企业的形成，大学教师和学者仍然缺乏"了解"（West, 2008）。因此，我们的目标是确定学术型发明人的一些特征，这些特征会影响他们的技术或发明的商业化成功。我们在表9.1中总结了一些关于大学技术转移、创业和商业化的重要论文。我们已经指出了重要的研究变量、研究方法和关键发现。

之前在大学技术转移领域的大部分研究都集中于大学特征的影响（例如Agrawal and Henderson, 2002; Sherwood and Covin, 2008）。同样，马里奥·卡尔代里尼、罗莎·格里马尔迪和毛里齐奥·索布雷罗（2006）强调了大学规模、位置和医学院的存在对意大利大学专利申请活动程度的重要性。乔舒亚·B.鲍尔斯和帕特里夏·P.麦克杜格尔（2005）研究了特定的内部和外部大学资源（如教师素质和产业研发资助水平）对大学许可技术形成的初创企业数量和新首次公开募股数量的影响。卡伦·S.路易斯及其同事（2001）发现，临床和非临床的教师类型对提交专利申请或成立初创企业的可能性存在影响。

巴里·博兹曼（2000）报告称，对作为技术转移有效性标准的科技人力资本的研究常常遭到低估或忽视。少数几篇研究学术型发明人（个人层面）特征的文章主要关注他们对专利形成和生产率的影响。詹姆斯·S.迪茨（James S. Dietz）和巴里·博兹曼（2005）发现，学术型发明人的产业经验水平对专利生产率具有积极影响。卡特琳·瑟尔·雷诺（Catherine Searle Renault, 2006）发现，教师自身对大学在技术转移过程中扮演的角色的看法对他们披露研究和/或为研究申请专利的选择具有显著影响。然而，有研究指出了从实证研究的视角考察学术型企业家的重要性。西蒙·莫西和迈克·赖特（2007）对理解人力资本和学术型企业家进行了初步尝试。他们完成了一项针对学术型企业家的人力资本和社会资本的纵向研究，发现企业所有权经验以及网络和关系的发展对成功建立大学衍生企业都很重要。在这一初步研究的基础上，我们试图填补这一空白，确定相较于传统非学术型企业家研究的学术型企业家的特征。我们的理论认为，商业化成功和学术型企业家的属性之间存在直接联系。我们在现有文献的基础上划分了两个主要领域，重点关注学术型企业家和商业化成功。这两个问题是学术型企业家的生产率和学术研究人员的创业特征。在下一小节中，我们将生成我们的假设。

学术型企业家与生产率

很少有关于研究转化为商业化成功的实证研究，商业化成功被定义为发明披露、专利申请、授予的专利、获得的许可证以及通过许可证或以大学为基础的初创企业产生的收入。我们的计划是确定一些因素，这些因素决定了学术型发明人在大学以外将他们的技术或发明转化的许可或初创企业的能力。有许多因素可

表9.1 技术转移、创业和商业化的相关文献

自变量	因变量	文献中的参考文献	研究方法	结果
学术型发明人的特征	专利	Allen, Link, Rosenbaum, 2007	调查,1335名学术型科学家和工程师	终身任职、年长、经验更丰富的男性更有可能获得专利
大学层面的特征	专利	Baldini, Grimaldi, Sobrero, 2006	1965年至2002年意大利大学内部的活动	截至1996年,专利数量呈上升趋势。专利持有者大多是单一发明人。在有知识产权规定的大学,专利活动增加了两倍
资源影响	衍生企业	Clarysse et. al, 2005	对大学衍生企业的深入分析	考察了衍生企业选择模型(低、支持性和孵化器)以及每种模型所需的资源(组织、人力、技术、物质、财务和网络方面的资源)
职业模式(多样性、同质性、教育和培训)	专利	Dietz and Bozeman, 2005	1200名大学研究科学家和工程师的辅助数据	专利生产率基于产业和领域的总工作年限以及队列差异(Cohort Differences)和中心附属关系差异
风险资本、知识资本、知名度、商业导向和许可政策	初创企业	Di Gregorio and Shane, 2003	调查了101所大学,457个观察结果	大学的知识知名度以及对股权投资和保持技术许可办公室初创企业进行在许可权使用费中较低份额的政策增加了成立新企业的活动

续表

自变量	因变量	文献中的参考文献	研究方法	结果
角色确认	学术创业	Jain, George, and Maltarich, 2009	对20名教师、6名管理者和2名技术转移经理进行的个人和历史半结构化访谈	由于科学家的角色身份，人们对"创业"的含义有多种理解（发明披露、专利、初创企业）
合作关系	科研生产力	Landry, Traore, and Godin, 1996	对所有科学领域的学术研究人员进行的调查	无论是在大学、产业或机构内部，合作都能提高研究人员的生产率
保密性	适销的知识或产品	Louis et al., 2001	49所美国研究型大学的4000名临床和非临床生命科学教师	更具创业精神的教师（非临床）更有可能对他们的研究守口如瓶
大学技术转移办公室在确定被许可人、发明人合作方面的资源和能力	创新速度（许可收入和新企业）	Markman et al., 2005	对来自138所美国大学的91名大学技术转移办公室主任进行的结构化电话访谈	商业化的时间与许可收入以及新企业创建之间存在正向联系。商业化过程的不同阶段需要不同的资源。大学技术转移办公室在商业化早期至关重要。在商业化后期，教师的作用对创新速度很重要

续表

自变量	因变量	文献中的参考文献	研究方法	结果
资源和能力，制度，金融、商业和人力方面的资本	衍生企业	O'Shea et al., 2005	1980年至2001年的面板数据	教师素质、大学规模、科学和工程资助的导向以及商业能力都会影响大学的衍生企业活动
大学在财务、人力资本和组织方面的资源	获得大学技术许可的初创企业和首次公开募股	Powers and McDougall, 2005	120所大学的数据	大学获得的产业研发收入、大学教师素质、技术转移办公室的年限和风险资本水平可以预测初创企业和首次公开募股的情况
制度性政策	创业行为（产业合作、专利申请和衍生企业）	Renault, 2006	对12所大学的98名教授进行的访谈	对创业行为最重要的影响是大学在知识传播方面的作用
外部合作	许可	Thursby and Thursby, 2002	考察了64所大学的三阶段许可要素生产率	来自大学的商业许可的增长是由于商业在教师研究方向对外部研发的依赖增加

能会潜在地影响一位学术型发明人的研究向产业的成功转移。罗里·P.奥谢等人（2005）发现，政府资助的数额对大学创立的新衍生公司的数量具有积极影响。詹姆斯·S.迪茨和巴里·博兹曼（2005）发现，学术研究人员的产业经验对专利生产率具有积极影响。另一方面，乔舒亚·B.鲍尔斯和帕特里夏·P.麦克杜格尔（2005）证实，教师素质（通过引用的数量进行衡量）对成立的初创企业的数量和新上市公司的数量具有积极影响。我们已经确定了五个不同的创业因素，我们认为这些因素会影响研究成果转化为许可和衍生企业：①学术地位（是否为终身教职）；②参与产业赞助研究协议；③研究资助来源（美国国家科学基金会等）；④学院隶属关系（工程学院与健康科学学院等）；⑤研究团队规模。这些因素中的每一个都具有可能影响最终商业化成功的生产率因素。

以前的研究人员提出，素质更高的教师对自身研究成果的商业化更感兴趣（Renault, 2006）。事实上，卡特琳·瑟尔·雷诺（2006）发现，教师素质是技术转移参与度最重要的预测物。积极发表文章、撰写研究资助提案并披露研究的大学教师可以被认为是高产的。在以研究为基础的科学学院和工程学院，上述的每一个方面都是晋升和终身教职的关键标准。一名没有生产力的教师很可能不会被授予终身教职。同样，罗里·P.奥谢等人（2005）发现，人力资本，特别是以博士后教师数量来衡量教师素质，对一所大学产生的新衍生公司的数量具有积极影响。这是因为素质更高的教师有更大的机会获得专业知识、技能和人才，从而在尖端技术开发（O'Shea et al., 2005）和技术转移工作

(Powers and McDougall, 2005）中取得更大的成功。高产的教师会寻求资助，撰写和修改提案，获得资金，并围绕他/她的研究想法组建一个团队。

有许多因素可以激励学术型发明人的研究，包括渴望发表论文、获得终身教位、获得知名度（声誉）以及为自己的工作获得经济补偿。我们认为，研究更多地受到经济动机驱动的学术型发明人会更加积极地追求商业化。该领域之前的许多研究都集中在大学层面的创业动机，而不是学术型发明人个人层面的创业动机。例如，尼古拉·巴尔迪尼、罗莎·格里马尔迪和毛里齐奥·索布雷罗（2006）发现，在大学层面采用专利法规几乎使意大利大学的专利申请活动率增加了两倍。杰里·G.瑟斯比和玛丽·C.瑟斯比（2002）发现，教师的创业程度既增加了他们披露发明的意愿，也增加了大学收到的发明披露的数量。同样，一个高产的学术型企业家会寻求披露发明，并反复这样做。

在将产业创业研究与大学环境联系起来的过程中，卡尔·H.维斯珀、特伦斯·R.米切尔（Terence R. Mitchell）和威廉·B.加特纳（1989）在一项对27家企业进行的为期数年的深入研究中发现，那些投入更多精力与老牌供应商或分包商合作，分析潜在的新竞争者，以及对改变企业身份持更开放态度的创业者，创办的新企业更有可能存活下去。与产业合作的大学教师能够获得一系列宝贵的资源和内部知识，他们可以在技术开发和转移过程中利用这些资源和内部知识。我们认为，这种想法与创业研究中发现的情况非常相似。有关技术转移的文献指出，大学-产业联系和伙伴关系的提升导致了更高水平的商业化（O'Shea et al., 2005）。同样，戴维·布卢门撒尔等人（1996）发现，获得产业资助的教师比没有产业资助的教师更具商业生产力。长期以来，人们一直认为，财务资源（例如来自美国国家科学基金会或美国国立卫生研究院的拨款）是技术转移取得成功的必要组成部分之一。雷让·朗德里、纳马提埃·特拉奥雷和伯努瓦·戈丹（1996）发现，大学和政府之间的合作提高了科研生产力。

更多的资源，包括财务资源和人力资本资源，将使学术型发明人能够采取必要的步骤，寻求许可或成立新的企业。在创业研究中，团队规模已被证明会影响新企业的业绩。宋熊熊（Michael Song）、波多伊尼茨娜，克谢尼娅（Ksenia Podoynitsyna）、汉斯·范德比（Hans van der Bij）和约翰内斯·I. M. 哈尔曼（Johannes I. M. Halman）（2008）发现，规模更大的团队可能会提高新企业的绩效。包括吉·D. 马尔克曼等人（2005）在内的众多大学教师都曾在大学环境中探讨过这一观点，他们考察了源自多位科学家合作工作的研究及其与创新速度的联系。他们假设，合作工作将产生积极的溢出效应，从而提高商业化程度。与宋熊熊、波多伊尼茨娜，克谢尼娅、汉斯·范德比和约翰内斯·I. M. 哈尔曼（2008）在创业方面的研究一样，詹姆斯·S. 迪茨和巴里·博兹曼（2005）发现，规模更大的研究团队可以获得更多的人力资本，这反过来会影响科研生产力和成功。

总而言之，一名在满足或超过终身教职的必要标准、开展独特研究、获得财务和人力资本以利用想法以及披露想法和为想法申请专利方面卓有成效的学术型企业家可以更成功地把大学开发的技术商业化。因此，我们提出如下假设：

假设 1：学术型企业家的生产率与商业化成功呈正相关。

学术型企业家的重要特征

技术转移方面的人力资本、知识、经验和培训正得到更加广泛的承认。我们认为，人力资本由正规教育、技能、技术专长和经验构成。因此，一些研究人员考察了创业或产业经验对商业化的影响（例如 Bozeman, 2000; Dietz and Bozeman, 2005; Louis et al., 2001）。卡伦·S. 路易斯及其同事（2001）研究了生命科学教师的创业活动对他们在出版、教学和服务方面的生产率的影响。虽然存在关于明星研究和学术型创业者的争议（Van Looy et al., 2004），但有证据表明，老手学术型企业家可以对大学环境中的新企业创建产生重大影响（Mosey and Wright, 2007）。在本研究中，我们考察了四个领域，这些领域根据学术型发明人的创业倾向对学术型发明人作了定义。我们考察的四个特征是：①学术型发明人的创业经验；②他们的创业动机；③他们建立网络的倾向；④他们对商业化活动和规划的关注。

我们推测，创业经验更丰富的学术型发明人能够更好地理解商业化过程的内部运作。本质上，通过这些经验，学术型企业家积累了宝贵的隐性知识储备，随着时间的推移，他们能够从多年"边做边学"的专业知识和经验中受益（Arrow, 1962）。此外，他们在私营部门的经验可能使他们得以发展一套独特的技能，这些技能将增加他们的发明或技术成功取得商业成果的概率（获得专利、许可或许可买卖选择权，或促使一家以大学为基础的初创企

第九章 美国东北大学：技术转移与学术型企业家研究

业的形成）。

西蒙·莫西和迈克·赖特（2007）指出了发展商业网络和工业伙伴关系的重要性。因此，老手学术型企业家往往寻求与学术界以外的个人发展关系，以获取他们潜在的知识"溢出"潜力（Mosey and Wright, 2007）。与外部成员（产业、政府和其他机构）合作的大学教师可以实现内包或知识"溢出"、生产率和商业成功水平的增长。这一想法并不新颖，它是知识管理文献中一个被广泛接受的概念，用于降低"核心刚度"①（core rigidities）（Leonard-Barton, 1992; Markman, Siegel, and Wright, 2008）。例如，雷让·朗德里及其同事（1996）发现，合作研究提高了学术研究人员的生产力。同样，戴维·布卢门撒尔及其同事（1996）发现，拥有产业资助的教师比那些没有产业资助的教师更具商业生产力。最后，乔舒亚·B.鲍尔斯和帕特里夏·P.麦克杜格尔（2005）发现，研发资助和风险资本投资水平提高了由大学技术许可产生的初创企业和新 IPO 的数量。基于这一理论基础，我们认为，如果学术发明家更加积极地从与产业成员的关系网络中获取外部知识"溢入"（knowledge spill-ins），并在私营部门建立联系，他们更有可能将自己的发明或技术成功商业化。

我们推测，商业动机或倾向更强的学术型发明人更有可能将

---

① 核心刚度，又称核心刚性，是指阻碍企业核心能力作为企业持续竞争优势源泉的惯性系统。当一家企业经过多年的积累逐渐形成自身独特的核心能力时，这种能力就会有意无意地排斥其他能力，从而形成核心刚度。——译者注

他们的发明或技术成功商业化。这些人往往会更多地参与应用研究，拥有更加积极的商业化计划和商业化成功的记录。杰里·G.瑟斯比和玛丽·C.瑟斯比（2002）发现，当教师研究更多地面向商业需求时，教师研究方向的变化增加了学术研究披露和后续商业化的可能性。这一发现支持了我们的论点。卡特琳·瑟尔·雷诺（2006）发现，教师实际行为（决定披露研究、申请专利和/或基于他们的研究成立一家初创企业）的最重要预测物之一是个人对大学在技术商业化过程中扮演的角色的看法。

综上所述，我们推测，大学教师的创业特征对以大学为基础的研究的成功商业化起着关键作用。成功的关键包括创业经验、动机、学术型企业家积极寻求大学外部联系的能力以及为了将技术商业化所做的积极规划。具体而言，我们假设如下：

> 假设2：学术型发明人的商业化成功程度与其创业倾向呈正相关。

在下一小节中，我们将回顾包括样本、变量和统计模型在内的研究方法。

研究方法

我们将本研究作为一项全面的探索性举措，对来自数据库和受控调查的定性和定量数据进行三角化处理，从而给出对学术型企业家的简要描述（Patton, 2002）。我们的数据收集和分析技巧遵循标准的假说演绎法，该方法包括七个步骤，分别是：①观察、②初步信息收集、③理论公式化、④假设、⑤进一步的科学数据收集、⑥数据分析、⑦推理（Sekaren, 1992）。乌玛·塞克拉（1992）指出了这种方法在商业和管理实践研究中的重要性。唐纳德·S.西格尔、戴维·A.瓦尔德曼和艾伯特·N.林克（2003）在他们对大学技术转移办公室的管理实践所做的影响深远的定性分析中使用了这些方法。

为了完成这项任务，我们分析了美国东北大学 10 年间的 400 项大学专利披露。接着，我们制定、测试并实施了一项针对这些学术型企业家的调查。最后，我们对参与普查和调查的 8 位最成功的（按总收入计算）学术型企业家进行了深入访谈。这 8 次访谈被视为不同的案例，遵循多种案例研究方法和逻辑（Yin, 1994）。样本和数据收集的细节将在下一小节详细说明。

样本 / 数据

技术转移办公室披露普查。我们的分析使用的数据汇总自对美国东北大学 10 年间所有发明披露的结构化分析（自技术转移办公室成立之初提交的所有发明披露——1999 财年至 2008 财年）。美国东北大学是马萨诸塞州波士顿市的一所大型研究型大学，拥有 37 个跨学科研究中心和研究所，包括一个由美国国家科学基金会资助的工程研究中心和一个由美国国家科学基金会资助的纳米技术中心。在本研究所涉时段内提交的发明披露大约有400份,每一份发明披露都对应一项独特的技术或发明。在提交发明披露表时,发现或发明被分配给一位主要发明人。这些披露由121位不同的主要学术型发明人提交。因此,在我们的样本中,有些发明人在研究所涉时段内提交了不止一份发明披露(在不止一份发明披露表格中被确定为主要发明人)。在剔除含有缺失或不完整数据的发明披露表后,我们的样本包含400个观察结果;每一个观察结果都对应一位学术型企业家在一份独一无二的披露表中提交的一项不同技术或发明。样本中提交日期的完整细目见表9.2a和表9.2b,其中载有样本的所有描述性统计数据。需要指出的是,样本中的所有收益都是由以技术为基础的新企业创造的。

表9.2a 样本的描述性统计数据

变量名称	频数	在样本中的占比(%)
教授	269	67.25
助理教授/副教授	76	19.00
学生	15	3.75
其他	40	10.00
赞助研究协议	22	5.5
政府资助	103	25.75
大学资助	21	5.25
无资助	114	28.50
文理学院	122	30.50
健康科学学院	16	16.50

续表

变量名称	频数	在样本中的占比（%）
计算机与信息科学学院	4	1.00
工程学院	204	51.00
旧发明披露（1999—2003 财年）	137	34.25
1999 财年	20	5.00
2000 财年	26	6.50
2001 财年	39	9.75
2002 财年	29	7.25
2003 财年	23	5.75
新发明披露（2004—2008 财年）	263	65.75
2004 财年	47	11.75
2005 财年	43	10.75
2006 财年	52	13.00
2007 财年	56	14.00
2008 财年	65	16.25

表 9.2b 样本的描述性统计

变量名称	平均数	标准差	中数位	最小值	最大值
结果	1.46	0.949	1	1	5
团队规模	2.69	1.496	2	1	9

本研究的初始阶段是以多步骤的方式进行的。第一步是在相关技术转移办公室收集所有发明披露。我们调查了所有发明披

露的纸质文件和电子数据库记录。关于披露历史和现状的所有相关信息都被输入分析使用的一个新建数据库。我们的因变量被分解为五个新的技术成果：①发明或技术被披露给大学的技术转移办公室（即提交一份发明披露表）；②提交发明或技术的正式专利申请；③发明或技术获得专利；④发明或技术获得许可协议或选项；⑤发明或技术通过许可买卖选择权或成立大学衍生企业或新的初创企业产生收入。第一类自变量适用于学术型发明人目前的职位或职称。通过这种方式，学术型发明人/创业者根据他们的学术经验程度被分为四组：教授、助理教授或副教授、学生（该指标包括本科生和研究生、讲师和博士后研究人员）以及其他（该指标包括院长、技术或研究专家以及非学术专业人员）。在我们的样本中，大约67%的学术型发明人职位是教授。

第二类自变量涉及学术型发明人是否在参与产业赞助研究协议时发现了他们的发明或技术。学术型发明人发现了我们样本中包含的大约6%的基础发明或技术，这些基础发明或技术是产业赞助研究协议的一部分。第三类自变量涉及学术型发明人用于发现自身发明或技术的基础研究的资助来源。按照这种方式，学术型发明人根据自身研究的资助来源被分成三组：政府资助、大学或私人资助和无资助。对于我们样本中包括的大约26%的学术型发明人来说，他们的基础研究或技术是利用某种类型的政府资助创造的。第四类自变量侧重于学术型发明人在大学中的学院隶属关系。按照这样的方法，学术型发明人根据他们在大学中所属的学院进行划分：文理学院、健康科学学院、计算机和信息科学学院以及工程学院。在我们的样本中，将近51%的发明或技术

第九章 美国东北大学：技术转移与学术型企业家研究

是由学术型发明人申请的，并且与工程学院有关。调查的下一个步骤是运用计量经济学模型对数据库进行分析。

我们采用了几种类型的计量经济学模型，原因是它们在估计方面的稳健性以及它们的预测能力。有许多不同的计量经济学模型可以用来估计含序数因变量的回归。在许多情况下，研究人员会使用一种简单的线性回归模型。然而，除非因变量具有足够数量的类别（通常假设多于5个），否则这种类型的回归会产生有偏或不可靠的结果。一些研究人员认为，如果因变量只有少量的类别（3~5个），就必须估计有序Logit模型或有序Probit模型，以确保结果的准确性（Agresti, 2002）。在我们的研究中，我们估计了所有三种模型：简单线性回归，也被称为普通最小二乘模型（模型1——OLS模型）；有序Logit模型（模型2）；以及有序Probit模型（模型3）。普查数据被用来评估假设1。

探索性实证调查。该调查包括的问题涉及：学术型发明人在大学的职位、系别和学院隶属关系；他们开展的研究的类型（基础研究还是应用研究）；他们作为发明人的角色；研究团队的规模；资助来源；潜在的商业应用；研究目标和动机；以前的创业经验和教育；与大学技术转移办公室打交道的经验；科研生产力水平或成功水平。38位学术型发明人参与了我们的调查，他们是普查数据的一部分。在剔除两个含有缺失或不完整数据的调查回复之后，样本由36个观察结果组成——每个观察结果对应一位唯一的学术型发明人。调查结束后，我们联系几位最成功的学术型发明人进行了深入访谈。这些访谈为我们的结果增加了重要的定性见解。

变量：因变量与自变量。在我们的研究中，因变量是学术型发明人商业化成功的衡量指标,其中商业化成功是衡量学术型发明人的技术或发明在多大程度上转化成了商业上可行的产品或知识。在商业化的道路上有许多不同的步骤,包括获得专利、获得许可或许可证选项以及成立一家初创企业。因此,在我们的分析中有四个不同的因变量,每个因变量都代表一个不同类型或标准的商业化结果。我们的分析使用的四个不同因变量包括:①是否获得了专利(获得的专利);②是否获得了许可或许可证选项(获得的许可/许可证选项);③研究/技术是否导致了一家不涉及学术型企业家的以大学为基础的初创企业的成立(成立的初创企业);④学术型发明人是否成立了一家与她/他的研究有关的公司(成立的公司)。这四个因变量均为二元变量,仅取值 0 和 1,值为 0 表示未能实现此类商业成功,值为 1 表示成功取得了商业成果。表 9.3a 和表 9.3b 列出了样本的描述性统计数据。

表 9.3a 调查的描述性统计数据

变量名称	频数	在样本中的占比(%)
获得的专利	22	61.11
获得的许可/许可证选项	9	25.00
成立的初创企业	10	27.78
成立的公司	11	30.56
提交的发明披露数量		
1	16	44.44
2	8	22.22
3~5	7	19.44

续表

变量名称	频数	在样本中的占比（%）
5~10	2	5.56
大于10	3	8.33
教授	14	38.89

表9.3b 调查的描述性统计数据

变量名称	平均数	标准差	中位数	最小值	最大值
创业经验	1.43	0.677	1.33	0.67	3.00
创业动机	2.34	0.703	2.25	1.00	3.81
建立网络	2.68	0.719	2.50	1.00	4.00
商业化	1.65	0.561	1.67	0.67	2.67

在我们的分析中，有四个目标自变量聚类被用来评估假设2。第一个自变量聚类是对学术型发明人的创业经验进行的测量。学术型发明人的创业经验水平基于他们对三个调查问题的回答，这些问题涉及他们的创业经验水平、他们是否曾经创办过公司以及他们如何看待自己的创业精神。之后，我们对这三个项目的回答/得分进行平均，得出一个最终得分。该量表的克朗巴哈系数[①]（Cronbach alpha）值为0.72。在我们的样本中，创业经验的

---

① 克朗巴哈系数（Cronbach's alpha 或 Cronbach's α）是一个统计量，是指量表所有可能的项目划分方法得到的折半信度系数的平均值，是最常用的信度测量方法，由美国教育学家李·克朗巴哈（Lee Cronbach）于1951年提出。——译者注

得分在 0.67 和 3 之间，平均得分为 1.43。

第二个自变量聚类是对学术型发明人创业动机进行的测量。学术型发明人的创业动机程度基于他们对四个调查问题的回答，这些问题涉及财务收益对他们的激励程度、他们获得许可收入的愿望、他们基于自身研究创办一家公司的愿望以及他们销售和许可证选项的积极追求。之后，我们将这四个项目的回答/得分进行平均，得出一个最终得分。该量表的克朗巴哈系数值为 0.58。虽然在非探索性大样本研究中，克朗巴哈系数的标准高于 0.70，但在许多统计文本中，探索性研究的克朗巴哈系数大约为 0.60 是可以接受的（David, 1964; Nunnally, 1967）。在我们的样本中，创业动机的得分在 1.00 到 3.81 之间，平均得分为 2.34。

第三个自变量聚类是对学术型发明人建立网络的努力进行的测量。学术型发明人的网络建立程度基于他们对两个调查问题的回答，这两个问题涉及他们在披露研究之后对建立网络的贡献，以及产业成员对他们决定申请专利/专利努力的影响。之后，我们对这两个项目的回答/得分进行平均，得出一个最终得分。该量表的克朗巴哈系数值为 0.70。在我们的样本中，建立网络的努力的得分在 1.00 到 4.00，平均得分为 2.68。

第四个自变量聚类是对学术型发明人的商业化倾向和努力进行的测量。学术型发明人的商业化程度基于他们对四个调查问题的回答，这些问题涉及他们是否为自己的研究制订了一个积极的商业计划、他们开展的研究的类型、他们作为研究人员的感知角色以及他们的研究的最初预期产出。之后，我们对这四个项目的回答/得分进行平均，得出一个最终得分。该量表的克朗巴哈系数值为 0.57。在我们的样本中，商业化努力的得分在 0.67 到 2.67 之间，平均得分为 1.65。四个自变量的量表测量标准均可在附录中找到。

控制变量。由于我们调查的一些学术型发明人在 1999 至 2008 财年向大学的技术转移办公室提交了不止一份发明披露，我们在调查中包含了一个问题，涉及每名受访者提交的披露数量。提交一份以上披露的学术型发明人不仅拥有能够实现商业化成功的更广泛的研究材料，还可能拥有更多的商业化过程经验（即更熟悉专利申请过程、许可过程和初创企业形成过程）。因此，由于拥有更多发明或技术的学术型发明人可能具有更大/更高的概率使他们的研究获得专利、获得许可或许可证选项，或导致一家初创企业的成立，我们控制了每名受访者提交的发明披露数量。我们根据受访者提交的发明披露数量将他们分为五类。在我们的样本中，大约 56% 的学术型发明人在 1999 至 2008 财年向大学的技术转移办公室提交了不止一份的发明披露表。

数据局限

虽然我们认识到，由于样本大小有限，我们的研究存在一些数据局限，但我们也认为，我们的定性研究结果揭示了我们对在后续分析中观察到的创业行为复杂性的更深入理解。通常情况下，小样本也可能导致不准确的方差和标准误，从而使我们难以就目标自变量的统计显著性进行推断并得出结论。一种用于校正小样本的常用技术是 Bootstrap 重抽样方法[①]（通常简称"bootstrap"），该方法用于估计评估器的属性。因此，为了校正我们的小样本，我们将使用 Bootstrap 重抽样方法以及我们在下一小节概述的（不同）模型。

结果

表 9.4 显示了 400 份披露的普查结果。作为预防措施，我们计算了线性回归模型（OLS 模型）的稳健标准误。因此，表 9.3a 和表 9.3b 所列的 OLS 结果是保守的。

表 9.4　OLS 模型、有序 Logit 模型和有序 Probit 模型普查结果

变量	OLS 模型 （模型 1） （R2= 0.1105） （N=400）	有序 Logit 模型 （模型 2） （Pseudo R2= 0.0751） （LR Stat= −314.114） （LR Chi-Sq = 50.98） （N=400）	有序 Probit 模型 （模型 3） （Pseudo R2= 0.067） （LR Stat= −316.735） （LR Chi-Sq = 45.74） （N=400）
教授	0.286*** （0.094）	0.921*** （0.312）	0.517*** （0.167）
产业赞助研究协议	0.714*** （0.249）	1.514*** （0.406）	0.804*** （0.246）

[①]　一种统计推断方法，通过从原始样本中有放回地抽取大量的自助样本来估计统计量的分布。——编者注

续表

变量	OLS 模型 （模型 1） （R2= 0.1105） （N=400）	有序 Logit 模型 （模型 2） （Pseudo R2= 0.0751） （LR Stat= -314.114） （LR Chi-Sq = 50.98） （N=400）	有序 Probit 模型 （模型 3） （Pseudo R2= 0.067） （LR Stat= -316.735） （LR Chi-Sq = 45.74） （N=400）
政府资助	0.400*** （0.117）	0.969*** （0.250）	0.511*** （0.145）
工程学院	0.045 （0.102）	0.027 （0.255）	0.055 （0.143）
团队规模	0.023 （0.033）	0.077 （0.082）	0.040 （0.046）
旧发明披露	0.170* （0.099）	0.483* （0.249）	0.218 （0.141）
阈值			
$\delta 1$		2.568	1.460
$\delta 2$		3.711	2.087
$\delta 3$		4.141	2.305
$\delta 4$		5.643	2.978

注：

括号内为标准误差。

* = 10% 的显著性水平（$P<0.10$），** = 5% 的显著性水平（$P<0.05$），*** = 1% 的显著性水平（$P<0.01$）。

在控制了披露年龄后，我们发现，一位学术型发明人的研究商业化成功与许多不同的因素显著相关。三个模型的结果表明，学术型发明人在大学中的职位确实会影响他们的技术知识溢出成功与否。与职称较低的学术型发明人相比，职称被列为教授的学术型发明人在向校外转移技术或知识方面更加成功。在全部三个模型中，这一影响在1%水平上具有统计显著性。这一结果与斯图尔特·D.艾伦、艾伯特·N.林克和丹·T.罗森鲍姆（2007）的发现一致，他们发现，拥有终身教职的年长男性更有可能申请专利。同样，三个模型的结果还表明，学术型发明人参与产业赞助研究协议会影响他们的技术知识溢出成功的程度。与未参与产业赞助的研究项目的学术型发明人相比，拥有作为产业赞助研究协议部分发现的发明或技术的学术型发明人更有可能将他们的发明或技术转化为适销的产品、许可或创收许可或衍生企业。在全部三个模型中，参与产业赞助研究协议的影响在1%的水平上具有统计显著性。这一结果与乔舒亚·B.鲍尔斯和帕特里夏·P.麦克杜格尔（2005）的发现一致，他们的发现指出了产业研发收入与预测初创企业和首次公开募股之间的联系。

三个模型的结果表明，基础发明或技术的资助来源影响基础发明或技术成功向大学外部转移的能力。与没有政府资助的学术型发明人相比，使用某种政府资助开发出发明或技术的学术型发明人获得了更高程度的科研产出成果。在全部三个模型中，政府资助的影响在1%的水平上具有统计显著性。

研究结果表明，无论是学术型发明人在大学中的学院隶属关系，还是负责开发发明或技术的研究团队的规模，似乎都不会影响科研生产力的成功程度。与学院隶属关系相关的结果可能是附属于一所大学的学术型发明人所独有的，因此可能不适用于其他大学的学术型发明人。此外，我们仅使用数据集的一个子集——只使用提交时间距今 5 年以上的发明披露表上的发明或技术（仅限旧发明披露）——进行了一个替代版本的分析。我们这样做的目的是解决任何基于发明披露年限的审查或截断问题的潜在问题。如前所述，由于专利申请和许可过程漫长，提交时间距今 5 年以上的发明披露表中所包含的发明或技术更有可能成功地转移到大学之外。这些分析的结果与使用完整样本得出的结果一致，因此，因为发明披露的年限而进行审查似乎不是一个问题。因此，我们在下面的讨论中通过使用完整的样本来运用我们的回归分析结果。

最后，我们研究了有序 Logit 模型中的预测概率，以调查获得不同程度商业化成功的可能性，见表 9.5。

表 9.5 有序 Logit 模型中的预测概率

变量组合	提交的发明披露 $P(Y=1)$	提交的专利申请 $P(Y=2)$	获得的专利 $P(Y=3)$	获得的许可证或许可证选项 $P(Y=4)$	产生的收入 $P(Y=5)$
基础观察*	0.914	0.057	0.010	0.015	0.004
教授	0.809	0.121	0.023	0.036	0.011
赞助研究协议（SRA）	0.700	0.180	0.039	0.062	0.019
政府资助	0.801	0.126	0.024	0.038	0.011
工程学院	0.912	0.058	0.010	0.015	0.005

续表

变量组合	提交的发明披露 $P(Y=1)$	提交的专利申请 $P(Y=2)$	获得的专利 $P(Y=3)$	获得的许可证或许可证选项 $P(Y=4)$	产生的收入 $P(Y=5)$
全部4种影响（教授、赞助研究协议、政府资助和工程）**	0.255	0.263	0.105	0.258	0.119

* 基础观察是一名非教授，没有参加过赞助研究协议，没有得到政府资助，不隶属于工程学院，并且拥有一个平均规模的研究团队。

** 4种影响的观察指的是教授，参加过赞助研究协议，得到政府资助，隶属于工程学院，并且拥有一个平均规模的研究团队。

虽然每个自变量单独的影响不会大大增加学术型发明人获得更高程度商业化成功的概率，但当它们结合在一起时，确实会对成功将技术转移到市场的能力产生非常大的影响。根据我们的研究结果，一位学术型发明人如果是一个中等规模研究团队中的非教授，在过去5年中披露了他们的发明或技术，不隶属于工程学院，没有研究资助，也没有参与赞助研究协议，那么他们的发明或技术获得专利、许可或许可证选项或让他们的研究产生收入的概率几乎为0（0.4%）。这类学术型发明人的研究被披露的概率最多只有91%，而他们的发明或技术申请专利的概率只有6%。因此，具有这些特征的学术型发明人不太可能通过许可或以大学为基础的衍生企业将他们的发明或技术转化为适销产品。

同时，如果一位学术型发明人是中等规模研究团队中的资深教授，在不到 5 年前披露了自己的发明或技术，隶属于工程学院，拥有政府资助，并且参与了一项赞助研究协议，他有 26% 的概率根据自己的研究提出专利申请，11% 的概率使自己的发明或技术获得专利，26% 的概率使自己的发明或技术获得许可或许可证选项，12% 的概率通过许可证选项或成立初创企业产生收入。获得终身教职、积极寻求外部资助并积极披露发明的富有生产力的学术型企业家的想法商业化的概率要高得多。如果考虑资助类型、教师经验、团队规模等其他因素，商业化成功的概率会提高。因此，我们找到了支持假设 1 的证据，即学术型企业家的生产力和商业化成功之间存在相关性。下一小节将讨论单一自变量和组合概率的详细解释。在下一小节中，我们将详细讨论研究结果和潜在的政策影响。

针对学术型发明人的探索性实证调查，表 9.6（版本 A——单自变量）、表 9.7（版本 B——双自变量）和表 9.8（版本 B——双自变量）总结了四个结果模型。呈现的结果针对的是 Logit 模型。Probit 模型的结果证实了 Logit 模型的结果。如前所述，我们计算了所有模型的 Bootstrap 标准误。因此，表 9.6 至表 9.8 所列的结果是保守的。用于评估离散选择模型（discrete choice model）有效性的常用标准之一是正确预测百分数（percent correctly predicted）。这种"拟合优度"（goodness of fit）测量用于测试模型与其所估计的数据的拟合程度。正确预测百分数包括表 9.6、表 9.7 和表 9.8 中列出的每个模型。

表 9.6　单一自变量，Logit 模型结果

变量	模型一（获得的专利）	模型二（获得的许可/选项）	模型三（成立的初创企业）	模型四（创立一家公司）
创业经验（假设1）	−0.187（0.763）	0.827（0.584）	1.724**（0.849）	
发明披露的数量	1.552**（0.667）	0.601（0.373）	0.265（0.415）	
教授	0.704（0.956）	1.383（1.132）	1.450（1.368）	
正确预测百分数	78.38%	78.38%	75.68%	
创业动机（假设2）	0.300（0.744）	0.830（0.965）	0.316（0.796）	0.066（0.667）
发明披露的数量	1.587**（0.758）	0.639（0.495）	0.232（0.487）	−0.062（0.472）
教授	0.719（1.162）	1.272（1.073）	0.921（0.955）	0.778（0.828）
正确预测百分数	81.08%	78.38%	70.27%	67.57%
建立网络（假设3）	−0.25（0.717）	0.685（0.765）	0.081（0.748）	−0.781（0.647）
发明披露的数量	1.572**（0.774）	0.573*（0.348）	0.231（0.481）	−0.008（0.350）
教授	0.709（0.955）	1.250（1.027）	0.922（1.185）	0.807（0.916）
正确预测百分数	78.38%	75.68%	70.27%	70.27%

第九章 美国东北大学：技术转移与学术型企业家研究

续表

变量	模型一（获得的专利）	模型二（获得的许可/选项）	模型三（成立的初创企业）	模型四（创立一家公司）
商业化（假设4）	−0.514（0.664）	0.300（0.763）	0.940（0.945）	1.425*（0.730）
发明披露的数量	1.606**（0.734）	0.445（0.411）	0.076（0.383）	−0.310（0.491）
教授	0.839（1.000）	1.377（0.992）	1.131（1.156）	1.022（0.863）
正确预测百分数	75.00%	83.33%	72.22%	72.22%

在分析的第一步，即版本 A 中，我们只包括了一个目标自变量和两个控制变量。表9.6 中所列的结果表明，学术型发明人的创业经验程度对他们的研究导致成立一家以大学为基础的新公司的概率具有积极影响。与创业经验较少的学术型发明人相比，创业经验程度更高的学术型发明人更有可能获得此类商业成功。这一影响在 5% 的水平上具有统计显著性。因此，在分析的第一阶段，假设 2 得到了支持（在模型 3 中，研究将导致初创企业的形成）。我们发现，与创业经验较少的学术型发明人相比，创业经验程度更高的学术型发明人更有可能获得此类商业成功。

同样，表9.6 中所列的结果表明，学术型发明人的商业化倾向程度对他们基于自己的研究创办公司的可能性具有积极影响。这一影响在 10% 的水平上具有统计显著性。因此，在分析的第一阶段，假设 2 得到了支持（在模型 4 中，学术型发明人将成立一家公司）。我们发现，与商业化倾向和活动水平较低的学术型发明人相比，具有较高商业化倾向的学术型发明人更有可能获得此类的商业成功。

在模型 1 中，授予的专利是因变量。在控制了披露的数量和教师职位后，我们的任何假设和学术型发明人获得此类商业成功的可能性都得不到支持。然而，模型 1 中的结果确实证实了我们的假设，即披露的数量对学术型发明人的发明或技术获得专利的概率具有积极影响。另外，在模型 2 中，获得的许可证或选项是因变量，尽管所有自变量系数均具有预测符号，但它们对这类商业成功的影响均无统计显著性。

同样，在模型 3 中，初创企业的成立是因变量，所有自变量系数均具有正确的 / 预测的符号。然而，除创业经验外，其他自变量均无统计显著性。在控制了发明披露的数量和教师职位后，学术型发明人的发明或技术将导致学术型发明人创办公司的可能性得不到支持。最后，在模型 4 中，"学术型企业家创办公司"是因变量，在控制了披露的数量和师资素质后，假设 2 得不到支持。虽然创业动机系数有预测符号，但它对此类商业成功的影响不具统计显著性。另外，建立网络的系数没有正确的符号，也不具备统计显著性。

在分析的第二步，我们包括了两个目标自变量和两个控制变量中的一个组成的变量组合，如表 9.7 所示。

表 9.7 两个自变量，Logit 模型的结果——成立的初创企业

变量	模型 3（成立的初创企业）
创业经验	1.613[**] （0.816）

续表

变量	模型3（成立的初创企业）
建立网络	0.203 （0.796）
发明披露的数量	0.352 （0.455）
正确预测百分数	72.97%
创业经验	1.736* （1.030）
建立网络	0.286 （1.194）
教授	1.598 （1.661）
正确预测百分数	75.68%
创业经验	1.421* （0.769）
商业化	0.413 （1.435）
发明披露的数量	0.326 （0.486）
正确预测百分数	69.44%
创业经验	1.494* （0.903）
商业化	0.238 （1.290）
教授	1.577 （1.045）
正确预测百分数	75.00%

在控制了发明披露的数量或教师素质／在大学的职位后，我们发现假设 2 得到的支持有限。表 9.7 中的结果表明，在控制了建立网络或商业化程度后，学术型发明人的创业经验程度对他们的研究将导致建立一个以大学为基础的初创企业的概率具有积极影响。同样，无论我们是否控制了发明披露的数量或教师职位，这种影响在 10% 的水平上具有统计显著性。因此，在分析的第二阶段，假设 2 得到了支持（在模型 3 中，研究将导致初创企业的形成）：具有较高创业经验的学术型发明人比创业经验较少的学术型发明人更有可能获得此类商业成功。

表 9.8　两个自变量，Logit 模型结果——创办一家公司

变量	模型 4（创办一家公司）
创业动机	0.566 （0.689）
商业化	1.453* （0.778）
编码数量	−0.242 （0.466）
正确预测百分数	69.44%
创业动机	0.031 （0.800）
商业化	1.393* （0.831）
教授	0.831 （0.953）
正确预测百分数	72.22%

第九章 美国东北大学：技术转移与学术型企业家研究

同样，表9.8中所列的结果表明，即使在控制了创业动机的程度之后，学术型发明人的商业化动机或倾向程度也会对他们——学术型企业家——创办一家公司的可能性产生积极影响。

无论我们是否控制披露的数量或教师职位，这一影响都在10%的水平上具有统计显著性。因此，在分析的第二阶段，假设2得到了支持（在模型4中，学术型发明人将创办一家公司）。在下一小节中，我们将讨论结果。

讨论

作为我们研究学术创业的前因与后果的基点，与唐纳德·S.西格尔、戴维·A.和艾伯特·N.林克（2003）以及罗里·P.奥谢等人（2005）等之前的研究一致，我们调查了披露和专利。我们的实证结果表明，在大学拥有更高的终身职位（即职称为教授）的学术型发明人，其发明或技术被转化为适销产品、许可证或初创企业的概率更高。我们还发现，终身教授为其发明或技术提交专利申请、为其发明或技术获得专利、为其发明或技术获得许可证或许可证选项并通过许可证选项或成立一家以大学为基础的初创企业让他们的研究产生收入的概率是非终身教授的两倍以上（有序Logit模型预测概率的详细列表，见表9.4）。简单地说，想要成功实现商业化，学术型企业家需要具有生产力，这是任何技术转移最终成功的基础。这一结果与其他研究一致，如罗里·P.奥谢等人的研究（2005和2007）。我们发现，这些学术型企业家需要获得终身教职，拥有可以（由产业和政府）获得资助的有趣研究想法，需要进行具有足够吸引力的研究，以便披露研究和申请专利。

我们的研究得出的一个重要结果是，以披露和由此产生的专利数量衡量的学术生产率与研究得以商业化的概率无关。这一结果表明，向技术转移办公室披露研究并获得专利的富有生产力的大学教师对商业化成功的影响不具统计显著性。这一点很重要，因为技术转移办公室有效性的主要衡量标准之一是披露和专利的产生（Dietz and Bozeman, 2005; Allen, Link, and Rosenbaum, 2007）。在本研究中，我们发现，这些衡量标准并不能反映研究是否会产生收入，而是指向经验和网络等其他可能具有意义的因素（Mosey and Wright, 2007）。我们目前的研究没有评估研究的质量，但我们确实发现，就披露而言，研究数量并不能保证商业化成功。总而言之，我们发现，学术型企业家需要有生产力，但这只是商业化成功的要求之一。接下来，我们将关注创业倾向。

根据罗伯特·A.巴伦（2007）的研究，很少有研究关注于理解创业者的行为属性和认知属性。西蒙·莫西和迈克·赖特（2007）最早对学术型企业家进行了研究，在对这一研究的一般延伸中，我们的研究结果揭示了学术型发明人的一些重要创业特征，这些特征导致了新技术创新的产生和成功商业化。我们发现，即使在控制了一些其他特征和环境条件之后，最显著的两个特征依然是学术型发明人的创业经验和他/她的商业化活动或将他/她的研究商业化的倾向。仅这两个特征就足以解释为什么一些学术型发明人比其他学术型发明人更成功地通过一家新的初创企业将他们的研究从大学转移到大学之外的私营部门。

第九章　美国东北大学：技术转移与学术型企业家研究

本研究的一个主要贡献是将创业素质与新企业的形成联系起来。在我们的样本中，创办公司的学术型企业家的比例很高。在接受调查的美国东北大学教授中，大约有30%基于自己的研究创办了一家公司，这一比例是其他研究发现的两倍多（Di Gregorio and Shane, 2003）。因此，这一群体可以支持探索我们关于（特别是）创业倾向的假设。对那些有兴趣将基础研究和应用研究转化为创造收入的衍生企业的大学来说，我们的发现很能说明问题。我们发现了对假设2的支持，即具有创业经验的学术研究人员更有可能通过初创企业实现自身研究的商业化。这些成功的学术型企业家的特征包括：有创办公司的经验，受过创业教育，认为自己是创业者，而不仅仅是大学教师。这些学术型企业家将商业化视为自身研究走向成熟的过程中不可或缺的一个阶段。在我们随后进行的一次的深入访谈中，一位资深的学术型企业家表示："我以前创办过几家公司。我认为，在我的研究走向成熟的过程中，创办一家新公司是顺理成章的下一步。"

我们的研究结果表明，在美国东北大学，更倾向于将自己的研究商业化的大学教师更有可能创办自己的公司。我们的研究结果还表明，学术型发明人参与产业赞助研究协议对他/她的商业化成功具有积极影响，这与他们更强的商业化倾向有关。具体而言，我们发现，参与赞助研究协议的学术型发明人为自身发明或技术提交专利申请并获得专利的可能性是不参与赞助研究协议的学术型发明人的3倍以上。同样，参与赞助研究协议的学术型发明人为自己的发明获得许可并通过许可证选项或成立新企业使自身研究创造收入的可能性是未参与赞助研究协议的学术型发明人的 4 倍以上。这一发现与之前关于利用外部产业领导者的知识溢入所产生的积极影响的研究结果一致（Agarwal, Audretsch, and Sarkar, 2007; Dietz and Bozeman, 2005; O'Shea et al., 2005; and Powers and McDougall, 2005）。

这些创业者从研究伊始就对商业路径进行了战略规划，并倾向于寻找具有明确应用前景的针对性（应用型）项目。他们还将商业化视为研究过程中的一个关键阶段。从我们的一次定性访谈中，我们能够更好地理解这些现象。我们的受访者之一是一位高度专注、受经济因素驱使的生物技术教授。他解释说，他的衍生企业之所以高度成功，是因为他"完全控制了这个项目，以确保它的商业化，并且具有强大的经济动机，希望自己的研究取得成功"。

这些发现暗示了一些有趣的实际含意。首先，我们的研究结果表明，学术型企业家需要在他们所处的环境中保持生产力，才能成功实现商业化。其次，我们表明，创业者身份是商业化成功的关键属性。我们发现，创业经历更加丰富的教师更有可能将他们的发明或技术转化为以大学为基础的初创企业。有趣的是，这些后续的实证和定性发现表明，如果大学有兴趣支持以研究为基础的新企业，大学应该积极招聘创业经验更为丰富的教师。我们将创业经验定义为个人创办了自己的公司或在初创企业工作过，并将自己视为传统意义上的创业者，而不仅仅是具有创业精神。桑贾伊·贾殷及其同事（2009 年）发现，学术型科学家对创业的定义往往不同（披露发明、申请专利等）。为了寻找学术型企业家——那些具有创业经验并倾向于将新企业视为自身

第九章　美国东北大学：技术转移与学术型企业家研究

研究的顶点的人——大学可能需要将活动范围从招聘要求扩大到奖励和晋升。

为了增强对学术创业的积极强化、责任和奖励，大学还应该考虑将发明创造、专利申请、许可和成立衍生企业等创业成就纳入它们的晋升和终身教职政策。从本质上说，和所有企业一样，大学需要认识到，很多时候，"你得到的正是你所强化的"（Luthans and Stajkovic, 1999）。因此，大学在校园里创造和促进创业文化是明智之举，这有助于防止具有创业经验的教师流失到私营部门。同样，大学可能需要采取促进创业思维和学习的政策。这可以包括关于近期创业问题和关切的系列讲座和讨论会、培养创业思维的实际培训和教育活动。珍妮特·E.L. 伯科维茨和玛丽安·P. 费尔德曼（2008）指出，可能的首先之举是采取一种自下而上的方法来改变大学组织，以营造一种更有利于学术型企业家和相关技术转移举措的氛围。

麻省理工学院是促成这种教师友好型创业政策的成功例子。A123Systems（一家成功的大学衍生企业）的联合创始人被鼓励在麻省理工学院请假，以领导一个致力于新电池技术开发的校外研究团队（Bowen, Morse, and Cannon, 2006）。在这个案例中，这位来自麻省理工学院的首席研究员不仅拥有创造这样一个成功故事所需的创业经验，而且他还在一所培养创业精神和产业合作的大学工作。总体而言，我们的发现表明，运用源自这类成功经历的经验教训的学术型发明人在面临类似机遇时能够提高他们的速度和创新能力。从本质上说，创新建立在现有的知识领域之上（例如 Nerkar, 2003）。

最后，需要指出的是，大学可以而且应该推行这些战略和其他一些战略，以促进教师创业经验的增长和商业化，但并非只有大学在努力进行更加出色的学术创业。美国联邦政府和其他私人资助机构也需要寻找具有显著学术创业特征的教师，这些教师在以成功的新初创企业的形式将知识转移到大学之外方面有着成功的记录。为更加应用型的研究提供赞助可以是完成这一任务的一种策略（例如来自美国国立卫生研究院、美国国防高级研究计划局和美国国家科学基金会等机构的资助）。正如一位成功的学术型企业家在我们的深度访谈中简明扼要地指出的那样，"我们的研究由美国国防高级研究计划局资助。我们有一条明确的商业化路径。"总而言之，大学科学家必须具备具体的"知道原理"的特征（West, 2008），例如生产力、创业经验和创业倾向，以及大学内部和外部的支持与资助。这种结合将有助于提高他们的商业化活动的成功概率。这些领先的创新活动的重要性是深远的，因为它们具有连锁效应，可以进一步充当美国经济增长和创造就业的引擎中的活塞（Agarwal, Audretsch, and Sarkar, 2007）。

局限、未来研究以及结论

一所大学的学术声望、在该校初创企业中的股权参与以及给予教师的特许权使用费奖励能够解释技术转移结果的一些差异（Di Gregorio and Shane, 2003）。我们的研究存在的一个局限是，我们无法调查多所大学的学术创业特征（Markman et al., 2005）。鉴于考察创业者行为属性的研究数量有限（Baron, 2007），特别

第九章 美国东北大学：技术转移与学术型企业家研究

是大学科学家的创业行为属性的研究数量有限（Jain, George, and Maltarich, 2009），我们的建议是，未来的研究人员可以用更大的样本检验我们的探索性模型。尽管存在这些局限，但我们的发现是新颖的，表明创业生产率、创业经验和商业化倾向对学术机构之外的研究计划能否取得商业上的成功起着关键作用。

结语

在我们完成这项研究之后，美国东北大学用研究创新中心（Center for Research Innovation，缩写为CRI）取代了该校传统的技术转移办公室。为了弥合实验室研究和基于需求的解决方案之间的差距，研究创新中心应运而生。研究创新中心是整所大学范围内的门户，连接着产业和美国东北大学以运用为灵感的研究组合中的前沿创新。新的研究创新中心倡议的一个主要重点是促进研究型教师、学生和产业之间的校园创业。研究创新中心的大多数员工都拥有创业经验，他们创建了一个敏捷且反应迅速的团队，专注于通过许可证、衍生企业与合作将大学创新转化为有形的解决方案。在运作上，研究创新中心赞助"全球创业周"[①]和年度研究展览会，这些活动突出学生和教师的研究。这种针对技

[①] "全球创业周"是一个全球性的创业庆祝活动，时间为每年11月的第二周。在这一周里，世界各国的人们通过地方、国家和全球活动为世界经济增长创造解决方案。美国政府通过庆祝"全球创业周"来表彰美国的海外创业精神。在这一周里，美国大使馆和领事馆将组织许多活动，激励不同背景的人追随几代美国创业者的脚步。——译者注

术转移、许可和衍生企业的方式更加积极主动、更具创业精神。

附录

表 9A.1　量表测量标准

创业经验
问题1：李克特五分量表
请评价你之前的创业经验：
1. 之前没有创业经验
5. 拥有丰富的创业经验
问题2：二选一
你创办过公司吗？
0. 是
1. 不是
问题3：李克特五分量表
你如何看待自己的创业精神？
1. 我是学术研究人员，不是创业者
2. 主要是研究，鲜有创业技能
3. 学术技能和创业技能的良好平衡
4. 具有很强的创业精神
5. 极具创业精神，这是我的首要目标
克朗巴哈系数 = 0.72

续表

创业动机
问题1：李克特五分量表
请评价与你的研究相关的财务动机水平：
1. 没有动力
5. 非常想看到我的研究带来的财务回报
问题2：李克特五分量表
请评价你从自己的研究中获得许可收入的动机：
1. 没有动机看到我的研究获得许可
5. 非常想看到我的研究获得许可
问题3：李克特五分量表
请评价你基于自己的研究创办一家公司的动机：
1. 没有动力基于我的研究创办一家公司
5. 非常想基于我的研究创办一家公司
问题4：李克特五分量表
请评价你在寻求销售和许可机会方面的积极程度：
1. 不努力寻求销售和许可机会
5. 积极寻求销售和许可机会
克朗巴哈系数 = 0.58
网络构建特点
问题1：李克特五分量表
1. 请评价你在披露后将研究连接成网络方面所做的贡献：
2. 披露后未进行网络构建

续表

5. 披露后网络构建无处不在
问题 2：李克特五分量表
请评价外部产业联系对你追求商业化的影响：
1. 不影响我追求自身研究的商业化
5. 对我追求研究商业化有很大影响
克朗巴哈系数 = 0.70
商业化倾向与活动
问题 1：二分量表
请评价你积极制订商业化计划的程度：
0. 没有积极制订的商业化计划
1. 积极制订了一项商业化计划
问题 2：李克特五分量表
请选择从事的研究类型：
1. 基础研究
5. 应用研究
问题 3：李克特五分量表
请评价你作为研究者的角色：
1. 我开展研究，商业化是另一个部门的工作
2. 我会就这个项目提出建议，但这不是我的主要职责
3. 我会成为团队的一员，但不是团队领导
4. 我将成为项目负责人，但需要其他部门的支持
5. 我想要完全控制以确保商业化

续表

问题 4：李克特三分量表
这项研究的主要预期产出是什么？
我想要完全控制以确保商业化
1. 仅仅是出版物
2. 开发一个可申请专利的发现
3. 许可该技术
克朗巴哈系数 = 0.57

参考文献

Adams, J. 1990. "Fundamental stocks of knowledge and productivity growth." *Journal of Political Economy* 98: 673–702.

Agrawal, A. and R. Henderson. 2002. "Putting patents in context: Exploring knowledge transfer from MIT." *Management Science* 48 (1): 44–60.

Agarwal, R., D. Audretsch, and M. B. Sarkar. 2007. "The process of creative construction: Knowledge spillovers, entrepreneurship and economic growth." *Strategic Entrepreneurship Journal* 1: 263–86.

Agresti, A. 2002. *Categorical Data Analysis, in Probability and Statistics.* New York: Wiley and Sons.

Allen,S.D.,A.N.Link,andD.T.Rosenbaum.2007."Entrepreneurship and human capital: Evidence of patenting activity from the academic sector."*Entrepreneurship Theory and Practice*31(6):937–51.

Arrow, K. 1962. "The economic implications of learning by doing." *Review of Economic Studies* 29: 155–73.

AUTM (Association of University Technology Managers). *Surveys FY1991 to FY2009*. http://www.autm.net/Surveys.htm.Accessed May 10, 2011.

AUTM, AUTM US FY12. "Highlights: Association of University Technology Managers." http://www.autm.net/.Accessed October 28, 2013.

Baldini, N., R. Grimaldi, and M. Sobrero. 2006. "Institutional changes and the commercialization of academic knowledge: A study of Italian universities' patenting activities between 1965 and 2002." *Research Policy* 35: 518–32.

Baron, R. A. 2007. "Behavioral and cognitive factors in entrepreneurship: Entrepreneurs as the active element in new venture creation." *Strategic Entrepreneurship Journal* 1: 167–82.

Bercovitz, J., and M. Feldman. 2008. "Academic Entrepreneurs: Organizational Change at the Individual Level." *Organization Science* 19 (1): 69–89.

Blumenthal, D., et al. 1996. "Participation of life-science faculty in research relationships with industry." *New England Journal of Medicine* 335 (23): 1734–39.

Bowen, H. K., K. P. Morse, and D. Cannon. 2006. A123Systems: *Harvard Business School Case* (May 8): 9-606-114.

Bozeman,B.2000."Technology transfer and public policy:Areview of research and theory." *Research Policy* 29: 627–55.

Carree, M. A., and A. R. Thurik. 2003. "The Impact of Entrepreneurship on Economic Growth." In *Handbook of Entrepreneurship Research*, edited by D. B. Audretsch and Z. J. Acs, 437–71. Boston: Kluwer.

Clarysse, B., et al. 2005. "Spinning out new ventures: A typology of incubation strategies from European research institutions." *Journal of Business Venturing* 20: 183–216.

David, F. B., 1964. *Educational Measurements and Their Interpretation*. Belmont, CA: Wadsworth.

Dietz, J. S., and B. Bozeman. 2005. "Academic careers, patents, and productivity: Industry experience as scientific and technical human capital." *Research Policy* 34: 349–67.

Di Gregorio, D., and S. Shane. 2003. "Why do some universities generate more start-ups than others?" *Research Policy* 32: 209–27.

Efron, B. 2000. "The bootstrap and modern statistics." *Journal of the American Statistical Association* 95: 1293–96.

Efron, B., and R. Tibshirani. 2000. *An Introduction to the Bootstrap (Monographs on Statistics and Applied Probability)*. New York: Chapman and Hall.

Gartner, W. B., T. R. Mitchell, and K. H. Vesper. 1989. "A taxonomy of new business ventures." *Journal of Business Venturing* 4 (3): 169–86.

Global Insight. 2004. "Venture Impact 2004: Venture Captial Benefits to the U.S. Economy." White paper prepared for the National Venture Capital Association. Arlington, VA.

Jain, S., G. George, and M. Maltarich. 2009. "Academics or entrepreneurs? Investigating role identify modification of university scientists involved in commercialization activity." *Research Policy* 38: 922–35.

Kanuk, L. and C. Berenson. 1975. "Mail surveys and response rate: A literature review." *Journal of Marketing Research* 22: 440–53.

Landry, R., N. Traore, and B. Godin. 1996. "An econometric analysis of the effect of collaboration on academic research productivity." *Higher Education* 32: 283–301.

Libecap, G.D. ed. 2005. *University Entrepreneurship and Technology Transfer: Process, Design, and Intellectual Property*. San Diego, CA: Elsevier, Ltd.

Leonard-Barton, D. 1992. "Core capabilities and core rigidities: A paradox in managing new product development." *Strategic Management Journal* 13: 11–125.

Lockett, A., et al. 2005. "The creation of spin-off firms at public research institutions: Managerial and policy implications." *Research Policy* 34 (7): 981–93.

Louis, K. S., et al. 2001. "Entrepreneurship, secrecy, and productivity: A comparison of clinical and non-clinical life science faculty." *Journal of Technology Transfer* 26: 233–45.

Luthans, F., and A. D. Stajkovic. 1999. "Reinforce for performance: The need to go beyond pay and even rewards." *Academy of Management Executive*13 (2):49–57.

Markman, G.D., et al. 2005. "Innovation speed:Transferring university technology to market." *Research Policy* 34:1058–75.

Markman, G. D., D. S. Siegel, and M. Wright. 2008. "Research and technology commercialization." *Journal of Management Studies* 45(8): 1410–23.

Mosey, S., and M. Wright. 2007. "From Human Capital to Social Capital: A Longitudinal Study of Technology-Based Academic Entrepreneurs." *Entrepreneurship Theory and Practice* 31 (6): 909–35.

Mowery, D. C. 2004. "The Bayh-Dole Act and High Technology Entrepreneurship in U.S. Universities: Chicken, Egg, or Something Else?" *University Entrepreneurship Technology Transfer: Process, Design, and Intellectual Property Advances in the Study of Entrepreneurship, Innovation and Economic Growth* 16: 39–38.

Nerkar, A. 2003. "Old is gold? The value of temporal exploration in the creation of new knowledge." *Management Science* 49(2): 211–29.

Nunnally, J. C. 1967. *Psychometric Theory*. New York: McGraw-Hill.

O'Shea, R. P., et al. 2005. "Entrepreneurial Orientation, Technology Transfer and Spinoff Performance of U.S. Universities." *Research Policy* 34: 994–1009.

O'Shea, R. P., et al. 2007. "Delineating the anatomy of an entrepreneurial university: The Massachusetts Institute of Technology experience." *R&D Management* 37: 1–16.

Oppenheim, A. N. 1966. *Questionnaire Design and Attitude Measurement*. New York: Free Press.

Patton, M. Q. 2002. *Qualitative Research and Evaluation Methods*. 3rd ed. Thousand Oaks, CA: Sage.

Powers, J. B., and P. P. McDougall. 2005. "University start-up formation and technologylicensingwithfirmsthatgopublic:Aresource-based view of academic entrepreneurship."*Journal of Business Venturing* 20:291–311.

Renault, C. S. 2006. "Academic Capitalism and University Incentives for

第九章 美国东北大学：技术转移与学术型企业家研究

Faculty Entrepreneurship." *Journal of Technology Transfer* 31: 227–39.

Sekaren, U. 1992. *Research Methods for Business: A Skill Building Approach*. 2nd ed. New York: John Wiley and Sons.

Shane S., and T. Stuart. 2002. "Organizational Endowments and the Performance of University Start-Ups." *Management Science* 48 (1): 154–70.

Sherwood, A. L., and J. G. Covin. 2008. "Knowledge acquisition in university-industry alliances: An empirical investigation from a learning theory perspective." *Journal of Product Innovation Management* 25 (2): 162–79.

Siegel, D. S., and P. H. Phan. 2004. "Analyzing the Effectiveness of University Technology Transfer: Implications for Entrepreneurship Education." *University Entrepreneurship Technology Transfer: Process, Design, and Intellectual Property Advances in the Study of Entrepreneurship, Innovation and Economic Growth* 16: 1–38.

Siegel, D. S., D. Waldman, and A. N. Link. 2003. "Assessing the Impact of Organizational Practices on the Relative Productivity of University Technology Transfer Offices: An Exploratory Study." *Research Policy* 32 (1): 27–48.

Song, M. K. Podoynitsyna, H. van der Bij, and J. Halman. 2008. "Success factors in new ventures: A meta-analysis." *Journal of Product Innovation Management* 25 (1): 7–27.

Thursby, J. G., and M. C. Thursby. 2002. "Who is selling the ivory tower? Sources of growth in university licensing." *Management Science* 48 (1): 90–104.

Van Looy, B., et al. 2004. "Combining entrepreneurial and scientific performance in academia: Towards a compounded and reciprocal Matthew-effect?" *Research Policy* 33 (3): 425–41.

West, J. 2008. "Commercializing open science: Deep space communications as the lead market for Shannon Theory, 1960–73." *Journal of Management Studies* 45:1506–32.

Westhead, P., D. Ucbasaran, and M. Wright. 2005. "Decisions, Actions, and Performance: Do Novice, Serial, and Portfolio Entrepreneurs Differ?" *Journal of Small Business Management* 43 (3): 393–417.

Wiklund, J., and D. Shepherd. 2005. "Entrepreneurial orientation and small business performance: A configurational approach." *Journal of Business Venturing* 20 (1): 71–91.

Yin, R. K. 1994. *Case Study Research: Design and Methods*, Thousand Oaks: SagePublications.

Zhao, L. M., and A. Reisman. 1992. "Toward meta research on technology-transfer." *IEEE Transactions on Engineering Management* 39 (1): 13–21.

Zucker, L.G., M. R. Darby, and M. B. Brewer. 1998. "Intellectual Human Capital and the Birth of U.S. Biotechnology Enterprises." *American Economic Review* 88 (1): 290–306.